“十四五”职业教育国家规划教材

“十四五”职业教育河南省规划教材

成本核算与管理

（第二版）

主　编　耿聪慧

副主编　王金鑫　雷亢亢　郭　磊

中国财经出版传媒集团

中国财政经济出版社

图书在版编目（CIP）数据

成本核算与管理／耿聪慧主编；王金鑫，雷亢亢，郭磊副主编．--2版．--北京：中国财政经济出版社，2023.7（2025.1重印）
“十四五”职业教育国家规划教材 “十四五”职业教育河南省规划教材
ISBN 978-7-5223-2028-1

Ⅰ.①成… Ⅱ.①耿… ②王… ③雷… ④郭… Ⅲ.①成本计算-高等职业教育-教材 Ⅳ.①F231.2

中国国家版本馆CIP数据核字（2023）第034619号

责任编辑：王佳欣 通 读：杨 波
封面设计：卜建辰

成本核算与管理（第二版）
CHENGBEN HESUAN YU GUANLI（DIERBAN）

中国财政经济出版社 出版
URL：http：//www.cfeph.cn
E-mail：cfeph@cfeph.cn

社址：北京市海淀区阜成路甲28号 邮政编码：100142
营销中心电话：010-88191522
天猫网店：中国财政经济出版社旗舰店
网址：https：//zgczjjcbs.tmall.com
北京密兴印刷有限公司印刷 各地新华书店经销
成品尺寸：185mm×260mm 16开 15印张 365 000字
2023年7月第2版 2025年1月北京第2次印刷
定价：45.00元
ISBN 978-7-5223-2028-1
（图书出现印装问题，本社负责调换，电话：010-88190548）
本社质量投诉电话：010-88190744
打击盗版举报热线：010-88191661 QQ：2242791300

编写说明

现代高等职业教育突出以就业为目标，强调对学生动手能力的培养，把职业教育摆在教育改革创新和经济社会发展中更加突出的位置。为贯彻落实《关于深化现代职业教育体系建设改革的意见》《关于推动现代职业教育高质量发展的意见》和《职业教育提质培优行动计划（2020—2023 年）》（教职成〔2020〕7 号）等文件精神，更好地推进高等职业教育的发展，我们依据教育部最新颁发的《高等职业学校专业教学标准》，参照《职业教育信息化发展报告（2021 版）》精神，结合会计行业职业资格标准、会计系列资格考试大纲和用人单位对会计专业人才的需求，针对目前各高职院校会计专业的课程现状，在市场调研和专家论证的基础上编写了本教材。

在编写过程中保留了传统优秀教学方法的同时结合现代成本管理的需要，强化成本会计知识的整体应用。紧盯技术和产业升级需求，及时将新技术、新工艺、新规范纳入教材，强化教学实训相融合的教学模式，引入典型生产案例并配套信息化资源，全新打造立体化教材。本教材案例设计选用同一家制造企业典型产品成本核算资料，根据企业生产与成本管理流程设计教学内容，具体分为成本核算与管理基础工作、产品成本核算方法、现代成本管理制度、成本报表与成本分析 4 个模块，共计 12 个项目。其中，项目一是成本核算与管理基础工作，为企业进行成本核算与管理奠定基础；项目二至项目八属于产品成本核算方法的主要内容，详细介绍了现代企业产品成本核算的基本方法和辅助方法；项目九至项目十一属于现代成本管理制度的主要内容，智能化时代，企业成本会计人员不仅要掌握如何对产品成本进行核算，更要加强成本管理，对成本进行预测、决策、控制、分析等；项目十二是成本报表与成本分析，对企业的成本执行情况进行全面分析，加强成本管理。

本教材的编写特色主要体现在以下 5 个方面：

（1）以德育人。本教材在每个项目中都加入了思政元素，课程思政中融入党的二十大精神，将专业知识点与课程思政有机融合，坚持教书与育人并行，用习近平新时代中国特色社会主义思想铸魂育人，引导学生做有理想、敢担当、肯奋斗的新时代好青年。

（2）立体化。本教材不仅有配套的《成本核算与管理实训与练习》，还配有丰富的案例库、教案、课件、资料库等，丰富教师的教学资源，为教学提供有力的支持，做到坚持以应用为导向，服务教学实际需求的要求。

（3）信息化。本教材的编写团队对教材中的重难点加以提炼，录制了《成本核算与管理》线上课程，已于 2020 年 9 月在中国大学 MOOC、智慧职教、智慧树平台上线。并且，学生可以通过扫描二维码查看相关数字资源，做到边学边思，促进学生主动、有效的学习，达到现代职业教育体系的要求。

（4）系统性。本教材力求打破传统的教材编写模式，充分体现“项目导向、模块驱动”的教学理念，以任务导入作为教学引入点，力争激发学生学习兴趣，达到“教、学、做”一体化的目的。

（5）实践性。本教材的内容设计包括任务导入、知识准备和任务实施三个层次，让学生带着任务去学习，并且在任务实施过程中，一步步分析讲解企业成本核算与管理的操作流程，能够培养学生的实践操作能力。

本教材由郑州财税金融职业学院耿聪慧担任主编，郑州财税金融职业学院王金鑫、郑州财税金融职业学院雷亢亢、河南物流职业学院郭磊担任副主编，河南财政金融学院李爱红、郑州财税金融职业学院刘泽华、刘军丽、郭冠群、周丽媛参编。

本教材是科研与教学的有机结合，是编者科研项目阶段性研究成果：（1）2021 年河南省高等教育教学改革研究与实践项目——基于“人人持证，技能河南”的三层递进式 1 + X 证书制度实践与体系构建研究，项目编号 2021SJGLX909；（2）2019 年河南省高等教育教学改革研究与实践项目——“大智移云”背景下基于创新能力培养的会计专业教学模式研究与实践，项目编号 2019SJGLX804；（3）2020 年河南省高等职业学校青年骨干教师培养计划项目——“大智移云”背景下高职院校管理会计实践教学体系研究，项目编号 2020GZGG093。

本教材是河南省职业教育精品在线开放课程“智慧核算，高效管理——成本核算与管理”的配套教材，欢迎广大师生进入“智慧职教 MOOC 学院”网站搜索“智慧核算，高效管理——成本核算与管理”，点击进入王金鑫、雷亢亢等老师主讲的省级精品在线开放课程进行学习。

在编写过程中，本教材参阅了许多优秀的教材和论著，同时也走访了多家企业，在此一并致谢。由于编者水平有限，教材中难免存在不足之处，恳请读者批评指正。

本教材为用书学校任课老师提供了配套资源，请以电子邮件形式向中国财政经济出版社索取（请注明：学校、全书名、版次），E - mail：caijingjiaocai@ 163. com，亦可登录如下网址下载：http：//jiaocai. cfeph. cn。

编者

2023 年 7 月

目　录

项目一　成本核算与管理基础工作 …………………………………… 1
模块一　认知成本会计 …………………………………………… 2
模块二　明晰费用的分类 ………………………………………… 11
模块三　熟悉成本核算的要求和程序 …………………………… 14

项目二　产品成本构成要素的归集与分配 …………………………… 20
模块一　归集与分配材料费用 …………………………………… 21
模块二　归集与分配燃料、外购动力费用 ……………………… 28
模块三　归集与分配人工费用 …………………………………… 32
模块四　归集与分配折旧费用 …………………………………… 45
模块五　归集与分配辅助生产费用 ……………………………… 47
模块六　归集与分配制造费用 …………………………………… 61
模块七　归集与分配损失性费用 ………………………………… 69

项目三　生产费用在完工产品与在产品之间的分配 ………………… 78
模块一　核算在产品数量 ………………………………………… 79
模块二　分配完工产品和在产品之间费用的方法 ……………… 85
模块三　结转完工产品成本 ……………………………………… 97

项目四　产品成本核算的方法 ………………………………………… 99
模块一　熟悉生产特点和管理要求对产品成本核算的影响 …… 100
模块二　认知产品成本核算的基本方法和辅助方法 …………… 105

项目五　品种法 ……………………………………………………… 108
模块一　品种法的工作原理 ……………………………………… 109
模块二　应用品种法核算产品成本 ……………………………… 110

项目六 分批法 …… 121
模块一 分批法的工作原理 …… 122
模块二 应用分批法核算产品成本 …… 124

项目七 分步法 …… 133
模块一 分步法的工作原理 …… 134
模块二 应用分步法核算产品成本 …… 136

项目八 分类法 …… 162
模块一 分类法的工作原理 …… 163
模块二 应用分类法核算产品成本 …… 165
模块三 核算联产品和副产品的成本 …… 169

项目九 定额法 …… 173
模块一 定额法的工作原理 …… 174
模块二 应用定额法进行成本管理 …… 176

项目十 作业成本法 …… 184
模块一 作业成本法的工作原理 …… 185
模块二 应用作业成本法进行成本决策 …… 189

项目十一 标准成本法 …… 200
模块一 标准成本法的工作原理 …… 202
模块二 应用标准成本法进行成本分析 …… 205

项目十二 成本报表与成本分析 …… 216
模块一 编制成本报表 …… 218
模块二 进行成本分析 …… 222

参考文献 …… 233

项目一

成本核算与管理基础工作

项目知识点

- □ 认知成本会计
- □ 理解成本会计的含义和对象
- □ 掌握成本会计的职能
- □ 了解费用的分类
- □ 了解成本核算的基本要求
- □ 熟悉成本核算的一般程序

项目技能点

- □ 掌握成本会计的基础工作
- □ 掌握成本会计的工作流程
- □ 掌握成本会计的核算程序

职业核心能力

- □ 会区分企业成本和费用
- □ 掌握企业成本核算的一般程序

课程思政

坚持把发展经济的着力点放在实体经济上，推进新型工业化，加快建设制造强国、质量强国、航天强国、交通强国、网络强国、数字中国。

——摘自党的二十大报告

制造业是实体经济和国民经济的脊梁，成本会计岗位根植于制造业，成本核算与管理是企业经营决策者应掌握的最基本的会计技能。通过对成本核算与管理的学习，同学们能够客观和科学地认识企业发生中的成本，并以理论结合实际的方式有针对性地管理和规划资源，进而用科学理论规划人生。

导图讲解

内容导图

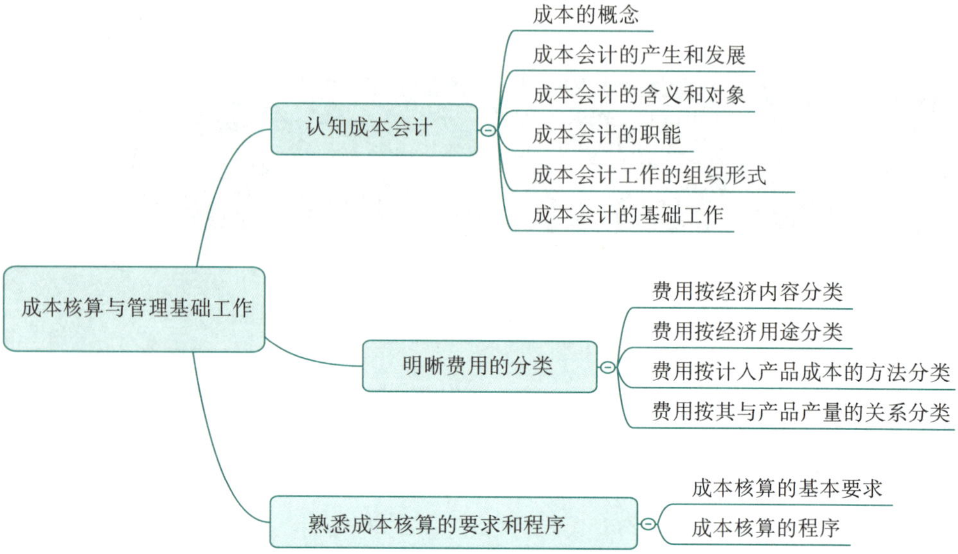

引　言

在市场经济体制下，企业的竞争主要是产品价格和质量的竞争，而价格的竞争则取决于产品成本的高低，可以说产品的生产成本关系着企业的兴衰。正因如此，如何正确地核算和分析产品成本，为企业管理层提供有价值的成本信息，就成为财务工作者的重要工作内容之一。成本会计是运用会计的基本原理和一般原则，采用一定的技术方法，对企业生产经营过程中各项资金耗费的发生，以及产品成本和劳务成本的形成进行连续、系统、全面、综合地核算和监督的一种管理活动。

模块一　认知成本会计

任务导入

河南红山仪表制造厂在经营过程中发生了以下经济业务（见表1－1）。

表1－1　河南红山仪表制造厂发生的经济业务　金额单位：元

项　目	金额
制造产品消耗的材料费用	250 000
制造产品支付的工资费用	150 000
生产设备和生产用房屋计提的折旧费用	80 000
行政管理部门办公室设备和办公用房屋计提的折旧费用	30 000

续表

项　目	金额
生产过程中发生的废品损失	5 000
购买新的生产设备支付的银行存款	500 000
对外投资支付的现金	20 000

对于以上的经济业务，哪些属于成本会计人员要进行处理的，你了解吗？本模块将带你认知成本会计。

知识准备

一、成本的概念

凡是有经济活动和业务活动的地方，就必然有成本存在，它是商品经济的产物。成本是会计理论中一个非常重要的经济概念，是经济发展到一定阶段之后才逐渐形成和完善起来的。在资本主义生产开始之前，小商品生产者为了维持再生产，要考虑补偿的问题，但是他们考虑的仅是生产资料的耗费和补偿，对劳动的耗费并不十分关心，所以当时对成本内容的理解是不完整的。进入资本主义时期，资本家为了扩大再生产、在竞争中取胜，他们主要考虑的是企业所创造的经济效益的大小。资本家除了要核算生产资料的消耗外，还要核算支付给生产工人的工资，同时要考虑是否能从销售商品所取得的收入中得到补偿。

同理，在社会生产实践中，如果一个企业所生产商品的价值不能补偿其成本耗费，就无法维持简单再生产，更谈不上盈利和扩大再生产。因此，既要看到耗费，又要重视其补偿，耗费和补偿是对立统一的。没有一定的人力、财力、物力的耗费，就谈不上补偿；补偿的内容也是其所发生的相应耗费，这就迫使每一个商品生产者不得不重视生产过程中的耗费（即成本），不得不着力加强生产耗费管理，力求用较少的生产耗费来寻求价值补偿，最大限度地获取利润，这也就使成本（耗费）与管理越来越紧密地结合在一起，从而确立了成本管理和成本会计在企业经营管理中的重要地位。

综上所述，成本是商品经济的价值范畴，是商品价值的组成部分，是企业进行生产经营活动或为达到一定的经济目的，而耗费一定的资源（人力、物力和财力），其所耗费资源的货币表现及其对象化称为成本。

随着经济社会的不断发展，成本概念的内涵和外延都处于不断变化发展之中。它有以下三方面的含义。

（1）成本属于商品经济的价值范畴，即成本是构成商品价值的重要组成部分，是商品生产中生产要素耗费的货币表现。

（2）成本具有补偿的性质。它是为了保证企业再生产而应从销售收入中得到补偿的价值。

（3）成本在本质上是一种价值牺牲。成本作为实现一定的目的而付出资源的价值牺牲，既可以是多种资源的价值牺牲，也可以是某些方面资源的价值牺牲；甚至从更广的含义来看，成本是为达到一种目的而放弃另一种目的所牺牲的经济价值。在经营决策中所用的机会成本就有这种含义。

（一）广义的成本与狭义的成本

1. 广义的成本

关于广义的成本有很多种表达，其中具有代表性的有美国会计学会（AAA）所属的成本概念与标准委员会1951年对成本的定义为：“成本是指为实现特定目的而发生或应发生的可以用货币度量的价值牺牲。”——美国会计学会给出的成本的定义本质上是一种价值牺牲。

美国会计师协会（AICPA）1957年发布的《第4号会计名词公报》对成本的定义为：“成本是指为获取资产或劳务而支付的现金或以货币衡量的转移其他资产、发行股票、提供劳务、承诺债务的数额。”——美国会计师协会发布的成本的概念涉及投资。

美国财务会计准则委员会1980年发布的《第3号财务会计概念公告》对成本的定义为：“成本是指经济活动中发生的价值牺牲，即为了消费、储蓄、交换、生产等所放弃的资源。”——美国财务会计准则委员会给出的成本的定义本质上是放弃的资源。

2. 狭义的成本

狭义的成本专指对象化的耗费，也就是分配到成本核算对象上的耗费。

成本核算对象是分配成本的客体。例如，我们核算产品成本的时候，需要将资源耗费分配给不同的产品，这时产品就是成本核算对象。产品是我们最熟悉也最为常见的成本核算对象，但是成本核算对象绝不仅仅局限于产品。成本核算对象可以是你希望知道其成本数据的任何事物，如顾客、部门、项目、作业等。当你想知道不同项目所耗费的资源时，就需要将成本分配给不同的项目，这时项目就成为成本核算对象。通俗地讲，你想知道谁的成本，谁就可以成为成本核算对象。

成本核算对象是成本会计中一个非常简单却十分重要的概念。随着成本核算对象的不断丰富，成本会计的应用领域也越来越宽。本书重点讲述产品成本的核算，因此涉及的成本核算对象主要为产品。

（二）理论成本与实际成本

1. 理论成本

我们仅从企业日常生活出发，以马克思有关商品成本的论述为理论基础，来探讨成本的内涵，马克思政治经济学中对商品成本的阐述如下。

马克思指出，按照资本主义方式生产的每一个商品的价值（W），用公式来表示是 $W=c+v+m$（式中：c 为不变资本；v 为可变资本；m 为剩余价值。），如果我们从这个商品价值中减去剩余价值（m），那么，在商品价值中剩下的就只是一个在生产要素上耗费的资本价值［c（不变资本）$+v$（可变资本)］的等价物或补偿价值，只是补偿商品是资本家自身耗费的部分，而对资本家来说，这就是商品的成本价格。

在社会主义市场经济中，商品的价值仍然由三部分组成：①已耗费的生产资料转移的价值（c）；②劳动者为自己劳动所创造的价值（v）；③劳动者为社会劳动所创造的价值（m）。从理论上讲，上述的前两部分，即 $c+v$ 是商品价值中的补偿部分，它构成商品的理论成本。

综上所述，可以将理论成本的内涵概括为：在生产经营过程中所耗费的生产资料转移的价值和劳动者为自己劳动所创造的价值的货币表现，即企业在生产经营中所耗费的资金总和。

2. 实际成本

企业在成本核算和成本管理中需要考虑的因素也是多种多样的。因此，理论成本与实际工作中所应用的成本概念有一定差别，这主要表现在以下两个方面。

（1）在实际工作中，成本的开支范围是由国家通过有关法规制度加以界定的。为了促使企业加强经济核算，减少生产损失，对于劳动者为社会劳动所创造的某些价值，如财产保险费等，以及一些不形成产品价值的损失性支出，如工业企业的废品损失、季节性和修理期间的停工损失等，也计入成本。由此可见，实际工作中的成本开支范围与理论成本包括的内容是有一定差别的。就上述的废品损失、停工损失等损失性支出来说，从实质上看，并不形成产品价值，因为它不是产品的生产性耗费，而是纯粹的损耗，其性质并不属于成本的范围。但是考虑到经济核算的要求，将其计入成本，可促使企业减少生产损失。因此，对于成本实际开支范围与内涵的背离，必须严格限制，否则，成本的核算就失去了理论依据。

（2）上述的理论成本是就企业生产经营过程中所发生的全部耗费而言的，即是一个“全部成本”的概念。在实际工作中，是将其全部对象化，从而核算产品的全部成本，还是将其按一定的标准分类，部分计入产品成本，部分计入期间费用（也称期间成本），则取决于成本核算制度。如按照我国现行会计制度的规定，工业企业应采用制造成本法核算产品成本，从而企业生产经营中所发生的全部耗费就相应地分为产品制造成本和期间费用两大部分。

成本的内涵

（三）产品成本的概念及核算对象

1. 产品成本的概念

产品成本是指企业在生产产品（包括提供劳务）过程中所发生的材料费用、职工薪酬等，以及不能直接计入而按一定标准分配计入的各种间接费用。产品成本核算是对生产经营过程中实际发生的成本、费用进行核算，并进行相应的账务处理。成本核算一般是对成本计划执行的结果进行事后的反映。企业通过产品成本核算，一方面，可以审核各项生产费用和经营管理费用的支出，分析和考核产品成本计划的执行情况，促使企业降低成本和费用；另一方面，还可以为计算利润、进行成本和利润预测提供数据，有助于提高企业生产技术和经营管理水平。

2. 产品成本的核算对象

（1）产品成本核算对象的概念。产品成本核算对象是指确定归集和分配生产费用的具体对象，即生产费用承担的客体。

（2）成本核算对象的确定。成本核算对象的确定是设立成本明细分类账户、归集和分配生产费用以及正确核算产品成本的前提。由于产品工艺、生产方式、成本管理等要求不同，产品项目不等同于成本核算对象。企业应当根据生产经营特点和管理要求来确定成本核算对象。一般情况下，对制造企业而言，大批大量单步骤生产产品或管理上不要求提供有关生产步骤成本信息的，以产品品种为成本核算对象；小批单件生产产品的，以每批或每件产品为成本核算对象；多步骤连续加工产品且管理上要求提供有关生产步骤成本信息的，以每种产品及各生产步骤为成本核算对象；产品规格繁多的，可将产品结构、耗用原材料和工艺过程基本相同的各种产品，适当合并作为成本核算对象。成本核算对象确定后，各种会计、技术资料的归集应当与此一致，一般不应中途变更，以免造成成本核算不实、结算漏账和经济责任不清的弊端。

企业内部管理有相关要求的，还可以按照现代企业多维度、多层次的管理要求，确定多元化的产品成本核算对象。多维度是指以产品的最小生产步骤或作业为基础，按照企业有关部门的生产流程及其相应的成本管理要求，利用现代信息技术，组合出产品维度、工序维度、车间班组维度、生产设备维度、客户订单维度、变动成本维度和固定成本维度等不同的成本核算对象。多层次是指根据企业成本管理需要，划分为企业管理部门、工厂、车间和班组等成本管理层次。

二、成本会计的产生和发展

（一）早期成本会计阶段（1880—1920 年）

成本会计起源于英国，后来传入美国及其他国家。随着企业生产规模的进一步扩大，市场竞争日趋激烈，生产成本越来越得到普遍的重视。这个时期的成本会计是初创阶段。当时的成本会计仅限于对生产过程中的生产消耗进行系统的汇总和计算，属于记录型成本会计。具体表现在以下五个方面。

（1）建立了材料核算和管理办法。设立材料账户和材料卡片，标明“最高库存量”和“最低库存量”，以确保材料既能保证生产的需要，又能节约使用资金；实行材料管理的“永续盘存制”，采取领料单制度控制材料耗用量。

（2）建立了工时记录和人工成本核算方法。对人工使用卡片记录工作时间和完成产量；将人工成本先按部门归集，再分配给各种产品，以便控制和准确核算人工成本。

（3）确立了间接费用的分配方法。随着生产设备的大量增加，间接费用也快速增长，先后提出了按实际数额进行分配和按间接费用分配的理论。

（4）利用分批成本核算法和分步成本核算法核算产品成本。根据制造业的生产工艺特点，选择分批核算产品成本或分步骤核算产品成本。

（5）成立了专门的成本会计组织。1919 年，美国成立了全国成本会计师联合会；同年，英国也成立了成本和管理会计师协会。他们对成本会计进行了一系列的研究，为奠定成本会计的理论基础和完善成本会计方法做出了重大贡献。

（二）近代成本会计阶段（1921—1945 年）

随着科学技术的飞速发展，企业生存的外部环境日趋复杂，对企业管理提出了越来越高的要求，从而促使成本会计不断发展。19 世纪末 20 世纪初，在制造业中发展起来的以泰勒为代表的科学管理，对成本会计的发展产生了深刻的影响。于是，美国会计学家提出的标准成本制度，脱离实验阶段进入了实施阶段，为生产过程成本控制提供了条件。在此之前，企业不重视有效的成本控制，而生产中的实际耗费情况只有在事后通过核算实际成本才知道。标准成本法的出现，使成本管理方法和成本核算方法发生了巨大的变化，成本会计进入了一个新的发展阶段。实施标准成本制度后，成本会计不仅要事后核算产品的生产成本和销售成本，还要事前制定标准成本，并据以控制日常的生产耗费和定期进行成本分析，这样成本会计的职能扩大了，且发展成为管理成本和降低成本的手段，从而使成本会计的理论和方法获得了进一步的完善和发展。它标志着成本会计已经进入了一个新的阶段——近代成本会计阶段。这一阶段是成本会计的第二次革命。

这一阶段的主要进展是：

（1）产生了标准成本制度，形成了管理成本会计的雏形；

（2）完善了预算控制方法，弹性预算的出现标志着近代成本会计的重大进步；

（3）成本会计的应用范围从工业扩大到各行各业，得到广泛的应用；

（4）芝加哥大学教授麦金斯出版的《预算控制》等大量的成本会计名著，使成本会计形成了完全独立的学科。

（三）现代成本会计阶段（1946—1980 年）

第二次世界大战以后，随着科学技术的迅速发展，生产自动化程度大大提高，产品更新速度越来越快，企业规模也越来越大，跨国公司的大量出现，使市场竞争愈演愈烈。为了适应社会经济出现的新情况，考虑现代化生产的客观要求，提高管理的现代化，运筹学、系统工程和电子计算机等各种科学技术在成本会计中得到了广泛的应用，从而使成本会计发展到了一个新阶段，即成本会计发展重点由如何事中控制成本、事后核算和分析成本转移到如何预测、决策和规划成本，形成了新型的注重管理的经营性成本会计。这一阶段成本会计的发展重点是趋向预测、规划和决策，实现最优化控制。

与传统的成本会计相比，现代成本会计更重视成本发展的前因后果，通过作业成本核算和有效控制，将成本核算与成本控制有机结合，成本控制与责任会计相辅相成，它既随着责任会计系统的发生而发生，又随着作业会计系统的形成而发展。因此，由传统的成本核算系统到现代的以作业为基础的成本核算系统，是成本会计发展的必然趋势。现代成本会计系统的形成和发展，是成本会计的第三次革命，是一场真正的成本会计革命。

（四）战略成本会计阶段（1981 年以后）

成本会计的发展历史

20 世纪 80 年代以来，英国学者西蒙首先提出战略成本管理，从 20 世纪 90 年代开始，实务界和学术界开始致力于战略成本管理研究，建立成本管理的新理论和新方法。要求成本管理的视角应从单纯的生产经营管理过程，扩展到与顾客需求及利益直接相关的、包括产品设计和产品使用环节的产品生命周期管理，同时要求企业应更加注重内部组织管理，尽可能消除各种内耗，以获取市场竞争优势。

三、成本会计的含义和对象

成本会计的对象

成本会计是运用会计的基本原理和一般原则，采用一定的技术方法，对企业生产经营过程中各项资金耗费的发生，以及产品成本和劳务成本的形成，进行连续、系统、全面、综合的核算和监督的一种管理活动。

成本会计的对象是指成本会计核算和监督的内容。制造业企业成本会计的对象是制造业企业在产品制造过程中的生产成本（或制造成本）和期间费用。随着经济的发展与科技进步，企业经营管理要求的提高，成本的概念和内容在不断发展、变化，同时，成本会计的对象也相应地发展、变化。成本会计是以成本费用为对象的一种专业会计。成本会计主要研究物质生产部门为制造产品而发生的成本，即产品的生产成本，以及企业在生产经营过程中进行日常管理、销售产品和筹集资金等所发生的各种期间费用。期间费用是为保证企业生产经营活动的正常进行而发生的，与产品生产有一定的相关关系，但通常又是在经营期间发生的，不宜直接计入产品的生产成本。因此，在企业会计实务中将期间费用单独核算，直接由当期的业务收入予以补偿。

作为成本会计的对象，不仅包括制造企业的产品生产成本和发生的期间费用，还包括其他行业企业的成本和期间费用，如农业企业、商品流通企业、运输企业、施工企业、房地产开发企业等。成本作为经济范畴，必定遍及各行各业的经济活动，这些行业企业在从事经济活动中发生的各种耗费自然也构成成本会计的对象。成本会计实际上是一种成本、费用会计。

四、成本会计的职能

成本会计的职能

成本会计作为企业的一项重要管理活动，包括成本预测、成本决策、成本计划、成本控制、成本核算、成本分析和成本考核等职能。

成本会计的各项职能互相配合、相互依存，构成一个有机整体。成本预测是成本决策的前提，成本决策是成本预测的结果；成本计划是成本决策所确定目标的具体化；成本控制是对成本计划的实施进行监督，保证决策目标的实现；成本核算是通过对企业各项生产经营费用的发生和产品成本的形成而进行核算，可以反映成本计划的实施结果，检验成本决策目标是否实现；成本核算和成本计划资料是企业进行成本分析的依据，成本分析则可以查明企业成本计划的完成程度和实际脱离计划的原因；成本考核是依据企业成本计划、成本核算和成本分析的资料对责任者进行考核和评价，是实现成本决策目标，强化成本核算作用的重要手段。

成本核算是会计核算的重要内容，包括各项生产经营费用的核算和产品成本的核算。成本核算既可以对企业实际发生的生产经营费用进行反映，核算出各种产品和劳务的实际总成本和单位成本，又可以对生产经营费用的发生和产品成本的形成进行控制，及时了解生产经营费用预算和产品成本计划。

成本分析是根据成本计划资料、成本核算资料及其他有关资料，运用一系列专门方法，揭示影响费用发生和成本形成的各种因素，评价各个因素变动对生产费用预算和产品成本计划完成情况的影响程度，挖掘企业降低成本、节约费用的潜力。

在上述内容中，成本核算是成本会计的基本职能，它不仅反映本期计划的执行情况，且能为下期乃至以后时期的成本预测、决策提供有用的资料。

五、成本会计的工作组织形式

（一）设置成本会计机构

成本会计机构是企业负责组织领导和直接从事成本会计工作的职能部门，它是企业会计机构的重要组成部分。企业应当在保证成本会计工作质量的前提下，按照节约成本会计工作的时间和费用的原则设置成本会计机构。

成本会计机构的组织分工，应当根据企业的特点和成本会计的职能来划分。在企业总部的成本会计机构内部，一般设置成本核算、成本分析和考核等专门小组。

成本会计机构的设置

（二）配备成本会计人员

在企业成本会计机构中配备优秀的及高素质的成本会计人员，是做好成本会计工作的前提。为了提高成本会计工作效率，保证成本信息的质量，在成本会计机构内部和成本会计人员中，应当建立岗位责任制，定岗、定编、定责，明确分工、各司其职。企业应当重视加强成本会计人员的职业道德教育和业务培训，做到事事有人管、人人有专责。也就是说，每一项成本会计工作要有人负责，每一个成本会计人员都要明确自己的责任。

（三）建立企业内部成本会计制度

企业成本会计机构和会计人员必须依法、依规组织成本核算。与成本会计工作有关的法律、行政法规、部门规章和制度主要有：

（1）《中华人民共和国会计法》是我国会计工作的基本法律，是制定会计方面其他法律、行政法规、部门规章和制度等的依据。依照《中华人民共和国会计法》的规定，公司、企业必须依法设置成本会计机构和配备成本会计人员，必须根据实际发生的经济业务事项，按照国家规定确认、计量和记录资产、负债、所有者权益、收入、费用和利润，不得随意改变费用、成本的确认标准或计量方法，不得虚列、多列、不列，或者少列费用、成本。

（2）《企业会计准则》是我国企业会计体系的基本准则，是指导企业进行会计核算的统一规范。企业进行成本核算应当遵守《企业会计准则》（包括基本准则、具体准则和应用指南）的规定。

（3）《企业产品成本核算制度（试行）》（财会〔2013〕17 号）。该制度分总则，产品成本核算对象，产品成本核算项目和范围，产品成本归集、分配和结转，附则 5 章 53 条，自 2014 年 1 月 1 日起施行。

（4）企业内部会计制度和成本核算方法。企业成本会计的实务必须由企业内部会计制度和成本核算方法来规范，即企业内部的会计制度和成本核算方法是企业组织费用和成本核算，处理各项具体成本会计业务的直接依据。

企业制定的内部会计制度和成本核算方法，必须符合《中华人民共和国会计法》《企业会计准则》和财政部发布的各行业成本核算方法的要求，必须适应企业内部生产经营活动和业务活动的特点，必须满足企业加强成本管理和成本监督的要求。

六、成本会计的基础工作

（一）原始记录制度

成本会计的基础工作

原始记录是最初记载企业各项业务实际情况的书面凭证。它是编制成本计划，制定各项定额、进行费用和成本核算，分析消耗定额、费用预算和成本计划完成情况的依据，也是成本管理的基础。企业应当建立健全材料采购、产品生产、人事劳资、财务会计、设备动力等方面的原始记录，统一规定各种原始记录的格式、内容和填制方法，以及填制、签署、报送、传递、存档等制度。要求职工掌握原始记录的填制方法，做到及时、准确地反映生产经营活动的情况。原始记录制度要符合企业管理和成本管理的要求，要有利于经济核算，力求简便易行，讲求实效，并根据实际使用情况和提高企业管理的要求，随时补充和修改，以充分发挥原始记录的作用。

（二）定额管理制度

定额是企业根据本单位当前的生产条件和技术水平，充分考虑各方面的因素，在生产经营成果的数量和质量，以及人力、物力、财力的消耗等方面所规定的应达到的标准。定额是企业进行成本决策、制定定额成本、编制成本计划的基础，是进行成本控制、分析和考核的依据，也是评价和衡量企业经营活动好坏的尺度。企业定额工作要求做到全、准、快。“全”就是定额要全面；“准”就是要准确地确定定额水平、提高定额的准确性；“快”就是要及时地制定定额，适时地修正定额，以经常保持定额的先进性。

（三）计量验收制度

计量验收是对各项财产物资的收入、发出、领用和退回进行正确的数量计量，并根据技术标准鉴定其质量的方法。计量验收是正确计算费用、核算成本的前提，是企业管理的必要条件。企业应当建立健全计量验收制度，设立质量检测机构，选派专人负责计量验收工作；必须明确计量器具标准，质量检验的程序和机构，各项财产物资的收、发、领、退的程序和手续要求等；必须根据企业实际情况，配备各种必要的仪器、仪表等计量工具，并定期进行检修、校正。

（四）内部结算价格制度

内部结算价格是指企业对原材料、自制零部件、半成品和内部各生产单位相互提供的劳务，制定在企业内部各部门、各生产单位之间进行结算的价格。企业应当根据内部经济核算和成本管理的需要，对原材料、辅助材料、燃料、动力、工具、配件、在产品、半成品、其他劳务等制定合理的场内计划价格，以便划分经济责任，预计经济效果。内部结算价格要尽可能符合实际，并定期进行修订，使之在计划、核算和内部结算过程中更好地发挥作用。

模块二　明晰费用的分类

任务导入

河南红山仪表制造厂在经营过程中发生了以下经济业务，其中为制造产品消耗的材料费用 250 000 元，消耗的全部材料均为前期储备材料；制造产品支付的工资费用 150 000 元；生产设备和生产用房屋计提的折旧费用 80 000 元，行政管理部门办公室设备和办公用房屋计提的折旧费用 30 000 元；生产过程中发生的废品损失 5 000 元；购买新的生产设备支付的银行存款 500 000 元；对外投资支付的现金 20 000 元。对于以上的经济业务，哪些项目计入成本？哪些项目计入费用？请尝试填入表 1－2。

表 1－2　　金额单位：元

项目＼金额	材料		工资		折旧		损失		设备		投资		合计
	成本	费用	成本	费用	成本	费用	成本	费用	成本	费用	成本	费用	
领用材料													
支付生产工人工资													
生产车间提取折旧													
行政管理部门提取折旧													
生产中的废品损失													
用银行存款购买生产设备													
使用现金对外投资													
合　计													

知识准备

制造业企业生产经营过程中的耗费是多种多样的，为了科学地进行成本管理，正确核算产品成本和期间费用，需要对种类繁多的费用进行合理分类。费用可以按经济内容、经济用途、计入产品成本的方法和产品产量关系等不同的标准进行分类，其中最基本的是按费用的经济内容和经济用途进行分类。

一、费用按经济内容分类

费用按经济内容分类

企业的生产经营过程，也是物化劳动（劳动对象和劳动手段）和活劳动的耗费过程，因而生产经营过程中发生的费用，按其经济内容分类，可划分为劳动对象方面的费用、劳动手段方面的费用和活劳动方面的费用三大类，这三类可以称为费用的三大要素。为了具体反映各种费用的构成和水平，还应在此基础上，将其进一步划分为以下八个费用要素。费用要素，就是费用按经济内容的分类。

（1）外购材料，指企业为进行生产经营而耗费的一切从外单位购进的原材料，以及主要材料、半成品、辅助材料、包装物、修理用设备和低值易耗品。

（2）外购燃料，指企业为进行生产经营而耗用的一切从外单位购进的各种固体液体和气体燃料。

（3）外购动力，指企业为进行生产经营而耗费的从外单位购进的各种动力。

（4）职工薪酬，指企业为进行生产经营而发生的各种职工薪酬。

（5）折旧费，指企业按照规定的固定资产折旧方法，对生产经营的固定资产所计算提取的折旧费用。

（6）利息支出，指企业应计入财务费用的借入款项的利息支出减利息收入后的净额。

（7）税金，指应计入企业税金及附加的各种税金，如房产税、车船税、土地使用税、印花税等。

（8）其他支出，指不属于以上各要素但应计入产品成本或期间费用的费用支出，如差旅费、租赁费、外部加工费以及保险费等。

按照以上费用要素反映的费用称为要素费用。费用按经济内容分类，可以反映企业在一定时期发生了哪些性质的费用，其数额是多少，以分析企业各个会计期间各种性质费用占全部费用的比重。

二、费用按经济用途分类

费用按经济用途可分为计入产品成本的生产费用和不计入产品成本的期间费用。应计入产品成本的生产费用，有的直接用于产品生产，有的则用于车间管理和组织车间生产。按照计入产品成本的生产费用的各种用途，可进一步划分为若干项目，即产品成本项目，简称成本项目。一般可分为以下几项：

（1）直接材料。直接材料是指直接用于产品生产，构成产品实体的原料、主要材料、外购半成品以及有助于产品形成的辅助材料。

（2）燃料及动力。燃料及动力是指直接用于产品生产的外购和自制的燃料及动力。

（3）直接人工。直接人工是指直接参加产品生产的工人工资及其他形式发放的职工薪酬。

（4）制造费用。制造费用是指直接用于产品生产，但不便于直接计入产品成本以及间接用于产品生产的各项费用。

需要说明的是，以上四个成本项目只是一般企业应该设置的主要成本项目，由于各个企业的生产特点和管理要求各不相同，所以设置的成本项目也不尽相同。例如，有的企业外购半成品、自制半成品的成本中所占比重较大，就可增设“外购半成品”“自制半成品”成本项目；有的企业需要单独核算废品损失、停工损失，则可以增设“废品损失”“停工损失”成本项目。

费用按经济用途分类

以上成本项目之和构成产品的生产成本。现行制度规定，在制造成本法下，产品成本即产品生产成本或制造成本，主要包括以上四项内容，而不包括期间费用，即用于产品销售的销售费用、用于组织和管理生产活动的行政管理费用以及筹集资金而发生的财务费用。因为期间费用与产品的生产没有直接联系，这些费用容易确定其发生的期间，而难以判别其所应归属的产品，因此在发生的当期便从当期的损益中扣除。这样做既易于保证费用分配的合理性，又有助于考核企业生产经营单位的成本管理责任及进行成本预测和决策。

费用按经济用途分类，可以正确反映产品成本的构成情况，有助于考核各项费用消耗定额和计划的执行情况，分析成本计划升降的原因，以便积极采取措施寻求降低成本的途径。

三、费用按其计入产品成本的方法分类

费用按其计入产品成本的方法，可以分为直接费用和间接费用。

直接计入费用，是指费用发生时就能明确归属于某一成本核算对象，并能直接计入该成本核算对象的费用，如某种产品生产中单独领用的材料、生产工人的计件工资等。

间接计入费用，是指费用发生时无法明确归属于某一成本核算对象。首先，必须先按地点或用途进行归集；其次，通过分配间接计入各成本核算对象的费用，如制造费用应先按车间归集；最后，采用一定的标准分配给本车间的各种产品负担。

四、费用按其与产品产量的关系分类

按与产品产量的关系，可将费用划分为变动费用和固定费用。变动费用是指费用总额随着产品产量的增减变动而成比例地增减变动的费用。产量增加，变动费用总额也增加，相反则减少，但单位产品中所包含的变动费用却基本稳定不变，如直接材料费用、生产工人的计件工资以及某些间接材料。固定费用是指与产品产量无直接关系、相对固定的费用，即产品产量在一定相关范围内增加或减少时，固定费用总额基本稳定不变，但单位产品中所包含的固定费用则会随之降低或升高。这种分类有助于企业依据产品产量的变动控制各项费用的水平，促使企业在不增加固定费用的前提下，增加产品产量，提高生产能力的利用水平。

模块三　熟悉成本核算的要求和程序

任务导入

河南红山仪表制造厂主要从事各种仪器仪表的生产和制造，各种产品由不同的车间进行生产，有些产品生产周期不同、生产步骤不同，并针对新型仪表开设新车间，设立成本会计岗位。会计学专业刚毕业的大学生小王被安排从事新车间的成本核算工作，他的工作从熟悉成本核算的基本要求开始，深入车间收集资料，了解产品的生产流程，厘清了成本核算的要求和程序。

实际工作中的成本核算要求和程序有哪些？本模块将带你揭晓答案。

知识准备

一、成本核算的基本要求

成本核算的基本要求

制造业企业是以生产产品为目的的产业部门，其基本业务活动是以生产为核心，包括供应和销售的全部经营过程。生产行为本身就是消费行为。生产过程中制造产品的同时，又是原材料、燃料、动力、机器设备和人工等的消耗过程，既是通过产品的生产和销售，取得经营收入的过程，又是将企业的资产（各种生产要素）转换为费用，导致资产的减少或负债增加的过程。费用按其是否构成产品制造成本，可以分为产品制造成本和期间费用两大类。

成本核算是按照国家有关成本费用开支范围的规定，核算企业在生产经营过程中所支出的物质消耗、劳动报酬以及有关费用支出的数额、构成和水平。成本是综合反映一个企业生产经营成果的一项重要指标，原材料和能源消耗的节约及浪费、生产工艺及设备利用是否合理以及劳动生产率的高低，都会

综合反映在产品成本的水平上。为了充分发挥成本核算的作用，对成本核算有以下要求。

（一）坚持成本核算与成本管理相结合的原则

成本核算是加强企业管理，特别是加强成本管理的重要手段，成本核算应该从满足加强企业管理的要求出发，做到成本核算与加强企业管理相结合，为企业管理和企业决策所用。因此，成本核算不仅要对企业生产费用进行事后的记录和计算，还要在生产费用发生之前进行审核和控制，审核费用支出是否符合财经政策和财经制度，是否符合计划定额，做好费用的审核工作，同时提供成本管理所需要的成本资料，成本核算必须正确、及时，只有成本资料正确，才能据以考核和分析成本计划的完成情况，才能保证国家的财政收入和企业的生产资金得到合理的补偿。同时，成本核算的正确与否，衡量的标准首先要看提供的核算资料能否满足管理的需要，这就需要从管理出发，使核算和管理相结合。

（二）正确划分各种费用的界限

《企业会计准则》要求，企业应当按照交易或者事项的经济实质进行会计确认、计量和报告。在企业生产经营活动中，会发生多种性质的支出，除了与正常生产经营活动有关的支出以外，还有资本性支出、营业外支出等。因而费用的用途也是多方面的，并非都应计入产品成本和期间费用。在进行产品核算时，应注意区分以下几个界限。

1. 正确划分收益性支出与资本性支出的界限

符合成本确认条件的收益性支出，如支付生产人员薪酬，应计入当期的成本费用；资本性支出，如购置固定资产发生的费用、用于产品生产发生的费用，应通过计提折旧、分期摊销等方式分期计入产品成本，不能直接计入当期成本费用。

2. 正确划分产品成本和期间费用

《企业会计准则——基本准则》要求，企业应当按照交易或者事项的经济特征确定会计要素。企业在正确区分各种支出和各种费用成本的基础上，还应当正确划分产品成本和期间费用的界限。企业生产经营费用包括生产费用和期间费用，生产费用构成产品成本，期间费用直接计入当期损益。为了正确核算产品成本和期间费用，对于应计入产品成本的费用，企业不得列为期间费用；应列作期间费用的支出，企业不得计入产品成本。

3. 正确划分各月份的费用界限

生产成本的核算亦要遵循权责发生制原则，分清应计入本月的生产成本和不应计入本月的生产成本。在实际工作中，权责发生制原则的应用通常应和重要性原则相结合，如果涉及的金额很小，几乎不会对成本核算产生影响的小额费用，也可以按照收付实现制处理。

4. 正确划分各种产品成本的界限

为了正确核算各种产品的成本，可以计入本期产品成本的各项生产费用，还必须在各种产品之间进行划分。

应计入本期产品成本的各项生产费用，有两种情况：一是能够直接计入某种产品成本的直接计入费用；二是多种产品共同发生的间接计入费用。正确划分各种产品成本的界限，要求凡是能够分清由某种产品成本负担的费用，应直接计入该种产品成本；凡是不能分清由哪种产品成本负担，即由几种产品共同负担的费用，应当按照受益原则，采用合理的分配标准，在各种产品之间进行分配之后，再计入各种产品的成本。

5. 正确划分本月完工产品与在产品的费用界限

对于跨期完工的产品，应采用一定的成本核算方法，将本月归集的生产费用在完工产品与在产品之间进行分配，以便正确核算结转完工产品成本，确定期末在产品成本。

生产费用在本期完工产品和期末在产品之间进行分配，应当注意以下两点：首先是生产费用在本期完工产品和期末在产品之间的分配，应当分成本项目进行，因为不同成本项目的费用发生情况不同；其次是在本期完工产品和期末在产品之间进行分配的生产费用数额是该产品承担的生产费用合计数，即期初在产品成本加上本期发生的生产费用。

（三）按照企业内部需要进行成本核算

应当按照相关法律、法规以及会计制度的要求，结合本企业的管理要求，对生产经营过程中实际发生的各种劳动耗费进行计算、归集和分配，并把相关的成本信息传递给相关的使用者，并为对外报告和对内报告提供准确、详细的信息。

（四）编制产品成本报表的要求

企业一般应当按月编制产品成本报表，全面反映企业生产成本、成本计划执行情况、产品成本及其变动情况等。由于各个企业的成本管理需求差异较大，且产品成本报表往往涉及企业的核心商业机密，所以成本报表属于内部报表，其内容可以根据企业的具体需求灵活设计。

二、成本核算的程序

（一）成本核算科目设置

为了全面进行成本核算，达到核算成本和控制成本的目的，提供管理上所需要的各种成本资料，企业一般设置一系列成本、费用核算的会计科目。其主要分为两大类：一类是核算各项要素费用的科目；另一类是核算产品成本的科目。下面将对这两大类科目进行详细介绍。

1. 核算各项要素费用的会计账户

企业在一定时期发生于生产中的各种耗费，称为生产费用，生产费用不外乎是劳动对象活动、劳动中的必要劳动和劳动资料三方面的消耗，这种按费用的经济内容不同所进行的分类，在会计上称为生产费用要素。

为了核算各项要素费用的发生、归集和分配，应设置“原材料”“材料成本差异”“周转材料”等反映劳动对象耗费的账户；设置“应付职工薪酬”等反映劳动力耗费的账户；设置“累计折旧”等反映劳动资料耗费的账户。

2. 核算产品成本的会计账户

为了便于归集和分配生产费用，核算产品成本，企业应设置“生产成本”“劳务成本”“制造费用”等成本会计账户。

“生产成本”账户用来核算企业进行工业性生产，包括生产各种产品（产成品、自制半成品）、自制材料、自制工具、自制设备、提供劳务等所发生的各项生产费用。“生产成本”账户下设置“基本生产成本”和“辅助生产成本”两个明细账户。生产过程中发生的直接材料、直接人工，可直接计入“基本生产成本”账户借方的有关成本项目中，其他间接费用先在“制造费用”账户中进行归集，期末再按一定的标准分配计入有关产品的成本。已完工并已验收入库的产成品及自制半成品的成本，应按实际成本从本账户的贷方转出。该账户的期末借方余额表示尚未加工完成的各种在产品的成本。“辅助生产成本”明细账户归集的费用，期末根据生产的产品以及为其他部门提供的产品和劳务，按一定的标准分配给受益对象，分配转出后，期末无余额。

“合同履约成本”账户核算企业为履行当前或预期取得的合同所发生的、不属于其他企业会计准则规范范围且按照本准则应当确认为一项资产的成本。企业因履行合同而产生的毛利不在本账户核算。本账户可按合同种类，分别按“服务成本”“工程施工”等项目进行明细核算。

企业发生上述合同履约成本时，借记本账户，贷记“银行存款”“应付职工薪酬”“原材料”等账户；对合同履约成本进行摊销时，借记“主营业务成本”“其他业务成本”等账户，贷记本账户。涉及增值税的，还应进行相应的处理。本账户期末借方余额，反映企业尚未结转的合同履约成本。

“制造费用”账户用来核算企业为生产产品和提供劳务而发生的各项间接费用，包括企业生产部门（生产车间）发生的水电费、固定资产折旧、无形资产摊销、车间管理人员的薪酬、劳动保护费、国家规定的有关环保费用、季节性和修理期间的停工损失等。实际发生各项制造费用记入该账户的借方，月末按照适当的分配方法分配转出制造费用时，记入该账户的贷方，除季节性生产企业或采用累计分配法分配制造费用的企业外，该账户月末一般无余额。

上述成本、费用会计账户，存在着相互依存关系，形成了一个严密、完整的成本核算账户体系。

（二）成本核算的一般程序

成本核算的一般程序是指对企业在生产经营过程中发生的各项费用，按照成本核算的要求，逐步进行归集和分配，最后核算出各种产品的成本和各项期间费用的基本过程，根据前述的成本核算要求和费用的分类，可将成本核算的一般程序归纳如下。

（1）确定成本核算对象。成本核算对象是生产费用的归集对象和生产耗费的承担者，是设置产品成本明细账，核算产品成本的前提，正确确定成本核算对象是做好成本管理工作的关键和基础。企业应当根据生产经营特点和管理要求，确定成本核算对象，归集成本费用，核算产品的生产成本。制造企业一般按照产品品种、批次订单或生产步骤等确定产品成本核算对象。

产品规格繁多的企业，可以将产品结构、耗用原材料和工艺过程基本相同的产品，适当合并为成本核算对象。

（2）正确处理费用的跨期预提工作。包括将本月实际支出而应该留待以后月份摊销的费用，计入待摊费用；将以前月份开支的待摊费用中应由本月负担的费用，摊入本月的成本；将本月尚未开支但应由本月负担的费用，预提计入本月的成本。也就是说，要正确划分费用的界限，进而根据核算对象的特点及成本形成的过程、方式，设计具体的核算项目。

（3）将应计入本月产品成本的各项生产费用，在各种产品之间按照成本项目进行分配和归集，核算出按成本项目反映的各种产品的成本。这是本月生产费用在各种产品之间横向的分配和归集。

（4）对于月末既有完工产品又有在产品的情况，应将月初在产品费用与本月生产费用之和在完工产品和在产品之间进行分配，核算出完工产品和期末在产品成本。

根据成本核算的基本步骤，结合企业设置的成本、费用会计科目体系，设计出产品成本的一般程序图，如图 1－1 所示。

成本核算的一般程序

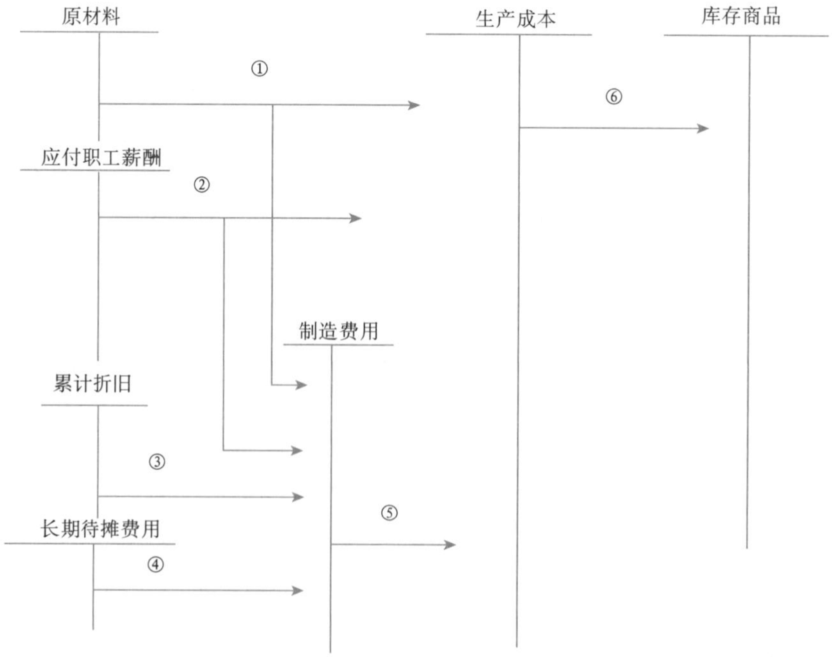

图 1－1　产品成本核算的一般程序

说明：

①生产产品发生的直接材料费用和发生在制造费用中的消耗性材料费用。

②生产产品发生的直接人工费用和发生在制造费用中的职工薪酬费用。

③发生的生产用固定资产的折旧费用。

④发生的长期待摊费用摊销。

⑤分配的制造费用。

⑥结转完工产品的实际成本。

项目总结

成本会计是会计学科体系中的一个重要分支，主要是应用于制造企业的一种专业会计。成本会计的核算对象可以概括为：企业生产经营过程中发生的产品成本和期间费用。成本会计的基本职能是反映和监督，另外进行成本预测、控制、考核、分析和决策等，也是成本会计的重要职能。成本会计工作的组织包括成本会计机构的设置、成本会计人员的配备及成本会计制度的制定和执行三个方面的内容。

成本是指企业为生产产品、提供劳务而发生的各项耗费。费用是指企业日常活动中发生的、会导致企业经济利益减少的、与向所有者分配利润无关的经济利益的总流出。

项目二
产品成本构成要素的归集与分配

项目知识点

- □ 理解要素费用的分配原则
- □ 掌握要素费用分配的标准与方法
- □ 了解制造费用的归集范围
- □ 了解废品损失和停工损失的含义
- □ 掌握材料费用、人工费用、动力费用的归集与分配
- □ 掌握辅助生产费用、制造费用的归集与分配

项目技能点

- □ 能够处理实际工作中各种材料费用的核算
- □ 能够正确核算和分配人工费用、动力费用
- □ 能够正确进行各要素费用分配的账务处理
- □ 能够采用不同的方法对辅助生产费用进行分配
- □ 能够对废品损失和停工损失进行账务处理

职业核心能力

- □ 材料费用、人工费用的分配方法
- □ 辅助生产费用的分配方法
- □ 制造费用的分配方法
- □ 废品损失和停工损失的归集与分配

课程思政

全党同志务必不忘初心、牢记使命，务必谦虚谨慎、艰苦奋斗，务必敢于斗争、善于斗争，坚定历史自信，增强历史主动，谱写新时代中国特色社会主义更加绚丽的华章。

——摘自党的二十大报告

“三个务必”再次强调“谦虚谨慎、艰苦奋斗”。项目二产品成本构成要素的归集与分配，是产品成本核算的起点，会计核算中的重要原则之一就是谨慎性，“宁可预计可能的损失，不可预计可能的收益”，是管理者对于不确定性的一个审慎反应。在减轻代理冲突、避免诉讼风险中起着积极作用，有助于预警和化解风险，也是建立社会主义市场经济的客观要求。

导图讲解

内容导图

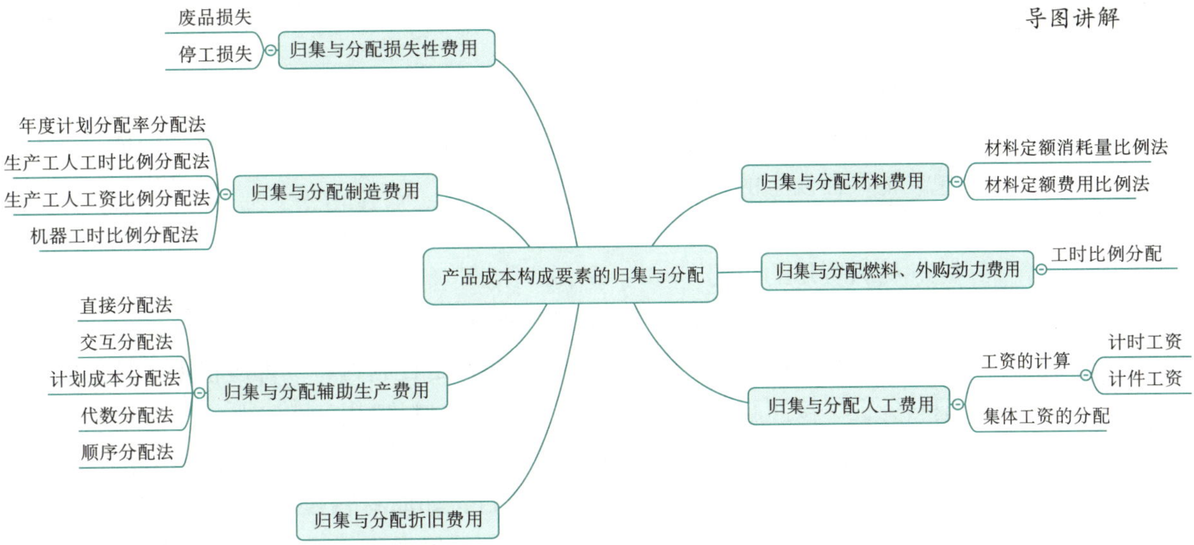

引　言

料工费是成本的三大要素，简单的三个字，却让很多成本会计焦头烂额。如何准确完整地核算成本？需要具备哪些技能？本项目将围绕料工费的分配方法展开讨论。

模块一　归集与分配材料费用

任务导入

随着市场经济的发展，市场竞争日趋激烈，企业要想进行成本管理和控制，必须合理并且正确地核算产品的成本。而要了解产品的成本，首先要了解企业产品成本的结构，即产品成本的构成要素。在明确产品成本构成要素的前提下，更要清楚其构成要素的来龙去脉，即各构成要素的归集与分配，其中材料费用的归集与分配对产品成本的核算显得尤为重要。因为材料是制造业企业生产加工的劳务对象，是产品生产中必不可少的物质要素。在制造业企业中，材料费用是构成产品成本的主要生产费用。因此，材料费用的核算对于正确进行产品成本核算，加强成本费用的控制和管理具有极其重要的意义。河南红山仪表制造厂是一家典型的制造业企业，生产多种产品并耗用多种材料，该厂的成本会计需要提供准确的产品成本信息，其中材料费用的归集与分配和提供准确的成本信息就成为该公司成本会计人员必须掌握的技能。成本会计可以帮助企业完成产品成本的材料费用项目的核算，为本企业降低成本提高企业利润奠定基础。

知识准备

一、材料费用的概述

材料费用包括企业在生产经营过程中因耗费原材料、燃料、低值易耗品、包装物等而发生的费用。

二、材料费用的分配

（一）材料的用途及费用列支的一般渠道

企业耗用的材料，无论是外购材料还是自制材料，都应根据审核后的领、退料凭证，按照材料的用途进行分配，将材料费用计入产品成本或期间费用。其中，直接用于基本生产产品的材料费用，应记入“生产成本——基本生产成本”账户及其明细账的有关成本项目，如原材料或燃料项目。直接用于辅助生产的材料费用应记入“生产成本——辅助生产成本”账户及其明细账的有关成本项目。生产车间一般耗用的材料，应记入“制造费用”账户。属于期间费用的，应分别记入“销售费用”“管理费用”账户及其明细账的有关费用项目。

（二）材料费用分配的原则

对于应记入“直接材料”项目的，构成产品实体的原材料及主要材料、外购半成品和有助于产品形成的辅助材料，应列入直接材料项目。如果是为生产某种产品所耗用的材料，可根据领料凭证直接记入该种产品成本的直接材料项目；如果是为生产几种产品所共同耗用的材料，属于间接计入费用的，应选择恰当的分配标准，在几种产品之间计算分配后，才能记入各种产品成本的原材料项目。原材料费用分配标准有很多，一般可以按照产品的重量、体积等分配。在材料消耗定额比较准确的情况下，通常采用的分配方法是材料定额消耗量比例法和材料定额费用比例法。

小贴士：

由一种产品负担的费用可直接计入产品成本，由几种产品共同耗用的各种费用都需要采用适当的方法分配计入成本对象。

（三）材料费用分配的标准与方法

1. 材料定额消耗量比例法

材料定额消耗量比例法是指以定额耗用量作为分配标准的一种费用分配方法。材料消耗定额简称材料定额，是指在节约和合理使用材料的条件下，生产单位合格产品所需要消耗一定品种规格的材料、半成品、配件和水、电、燃料等数量标准。

这种方法的计算步骤是：首先，计算某种产品材料定额消耗量；其次，计算单位原材料定额消耗量应分配的原材料实际消耗量（材料消耗量分配率）；再次，计算出某种产品应分摊的材料数量；最后，计算出某种产品应分摊的材料费用。

表 2－1 所示为材料定额消耗量比例法的计算步骤及公式。

表 2－1　　材料定额消耗量比例法计算公式

材料费用计算步骤	计算公式
（1）确定待分配材料消耗量	几种产品共同实际消耗材料总量
（2）确定分配的标准（各种产品材料定额消耗量）	各种产品材料定额消耗量之和 = $\sum$（某种产品实际产量 × 单位产品材料消耗定额）
（3）计算材料消耗量分配率	材料消耗量分配率 = $\frac{\text{材料实际消耗总量}}{\text{各种产品材料定额消耗量之和}}$
（4）计算各种产品应分摊的材料数量	各种产品应分摊的材料数量 = 该种产品材料定额消耗量 × 材料消耗量分配率
（5）计算各种产品应分摊的材料费用	各种产品应分摊的材料费用 = 该种产品应分摊的材料数量 × 材料单价

采用这种方法，能够考核原材料消耗定额的执行情况，有利于加强原材料消耗的实物管理，但是分配的计算工作比较烦琐。

小贴士：

定额消耗量≠消耗定额

2. 材料定额费用比例法

材料定额费用比例法是指以定额费用作为分配标准的一种费用分配方法。在几种产品共同耗用原材料的种类比较多的情况下，为简化分配计算工作，可以按照各种材料的定额费用的比例分配原材料实际费用。

这种方法的计算步骤是：首先，计算各种产品材料定额费用；其次，计算单位材料定额费用应分配原材料实际费用；最后，计算各种产品应分配的材料实际费用。

表 2－2 所示为材料定额费用比例法计算步骤及公式。

表 2－2　　材料定额费用比例法计算步骤及公式

材料费用计算步骤	计算公式
（1）确定待分配原材料费用	几种产品共同耗用的实际材料费用总额
（2）确定分配的标准（各种产品原材料定额费用）	各种产品原材料定额费用之和 = $\sum$（某种产品实际产量 × 单位产品原材料定额费用）
（3）计算原材料费用分配率	原材料费用分配率 = $\frac{\text{各种产品原材料实际费用总额}}{\text{各种产品原材料定额费用之和}}$
（4）计算各种产品应分配的实际原材料费用	各种产品应分配的实际原材料费用 = 某种产品原材料定额费用 × 原材料费用分配率

小贴士：

如果有余料退库和废料回收业务，应根据退料凭证和废料交库凭证，扣减原领用的材料费用。月末已领未用的材料，如果下月生产还需要用，应办理假退料手续，以冲减当月生产费用。

材料定额消耗量比例法

对于间接计入产品成本的辅助材料，如果是耗用在主要材料上，可以按主要材料的耗用量比例分配；如果耗用的辅助材料与产品的产量有关，也可以按产品产量比例分配；如果辅助材料的消耗定额比较准确，还可以按辅助材料的定额消耗量或定额比例分配。

任务实施

任务实施一　材料定额消耗量比例法

202×年5月河南红山仪表制造厂生产A、B两种产品，共同耗用甲材料12 000千克，材料售价为4元/千克。其中，A产品实际生产80件，B产品实际生产100件，A产品单位消耗定额为50千克/件，B产品单位消耗定额为60千克/件。按产品耗用的原材料定额消耗量比例进行分配，分配结果如下。

步骤一：确定待分配材料消耗量。

A、B两种产品共同实际消耗材料总量：12 000千克

步骤二：确定分配的标准（计算各种产品材料定额消耗量）。

A产品原材料定额消耗量＝80×50＝4 000（千克）

B产品原材料定额消耗量＝100×60＝6 000（千克）

步骤三：计算材料消耗量分配率。

原材料定额消耗量分配率＝12 000÷(4 000＋6 000)

＝1.2

步骤四：计算各种产品应分摊的材料数量。

A产品应分配的材料数量＝4 000×1.2＝4 800（千克）

B产品应分配的材料数量＝6 000×1.2＝7 200（千克）

步骤五：计算各种产品应分摊的材料费用。

A产品应分配的材料费用＝4 800×4＝19 200（元）

B产品应分配的材料费用＝7 200×4＝28 800（元）

步骤六：根据上述结果，编制“原材料费用分配表”（见表2－3）。

表2－3　**原材料费用分配表**

202×年5月

产品名称	产量（件）	单位消耗定额（千克/件）	定额消耗量（千克）	分配率	原材料实际耗用量（千克）	单价（元/千克）	原材料费用（元）
A产品	80	50	4 000		4 800	4	19 200
B产品	100	60	6 000		7 200	4	28 800
合计			10 000	1.2	12 000		48 000

步骤七：根据“原材料费用分配表”，编制会计分录。

借：生产成本——基本生产成本——A产品　　19 200

——B 产品　　28 800

贷：原材料——甲材料　　48 000

采用该种方法计算分配原材料费用，不仅能计算出每种产品应分配的材料费用，而且还能计算出每种产品耗用材料的实际数量，为考核材料消耗定额的执行情况提供资料，有利于加强成本的核算和管理，但计算比较麻烦。为了简化材料费用的分配工作，对于不需要考核材料实际耗用量的企业，也可直接分配原材料费用，仍以本例数据计算。

步骤一：确定待分配原材料费用总额。

A、B 两种产品共同消耗的原材料费用总额 = 12 000 × 4
= 48 000（元）

步骤二：确定分配的标准（计算各种产品材料定额消耗量）。

A 产品原材料定额消耗量 = 80 × 50 = 4 000（千克）

B 产品原材料定额消耗量 = 100 × 60 = 6 000（千克）

步骤三：计算原材料消耗费用分配率。

原材料消耗费用分配率 = 48 000 ÷ (4 000 + 6 000)
= 4.8（元/千克）

步骤四：计算各种产品应分摊的材料费用。

A 产品应分配的材料费用 = 4 000 × 4.8 = 19 200（元）

B 产品应分配的材料费用 = 6 000 × 4.8 = 28 800（元）

步骤五：填制“原材料费用分配表”（见表 2-4）。

表 2-4　原材料费用分配表

202×年 5 月

产品名称	产量（件）	单位消耗定额（千克/件）	定额消耗量（千克）	分配率（元/千克）	原材料费用（元）
A 产品	80	50	4 000		19 200
B 产品	100	60	6 000		28 800
合计			10 000	4.8	48 000

步骤六：根据原材料费用分配表，编制会计分录。

借：生产成本——基本生产成本——A 产品　　19 200

——B 产品　　28 800

贷：原材料——甲材料　　48 000

任务实施二　材料定额费用比例法

202×年 7 月河南红山仪表制造厂生产 A、B 两种产品，共同耗用两种主要材料，共计 21 600 元。本月生产 A 产品 100 件，B 产品 50 件。A 产品原材料消耗定额为：甲材料 5 千克/件，乙材料 6 千克/件；B 产品原材料消耗定额为：甲材料 8 千克/件，乙材料 6 千克/件。甲材料售价为 10 元/千克，乙材料售价为 6 元/千克。分配结果如下。

材料定额费用比例法

步骤一：确定待分配原材料费用。

A、B 两种产品共同耗用的实际材料费用总额：21 600 元

步骤二：计算各种产品原材料定额费用。

A 产品：甲材料定额费用 = 100 × 5 × 10 = 5 000（元）

乙材料定额费用 = 100 × 6 × 6 = 3 600（元）

A 产品定额费用 = 5 000 + 3 600 = 8 600（元）

B 产品：甲材料定额费用 = 50 × 8 × 10 = 4 000（元）

乙材料定额费用 = 50 × 6 × 6 = 1 800（元）

B 产品定额费用 = 4 000 + 1 800 = 5 800（元）

步骤三：计算材料费用分配率。

材料费用分配率 = 21 600 ÷ (8 600 + 5 800) = 1.5

步骤四：计算各种产品应分配的实际材料费用。

A 产品：8 600 × 1.5 = 12 900（元）

B 产品：5 800 × 1.5 = 8 700（元）

步骤五：根据上述结果，编制“共同耗用原材料费用分配表”（见表 2-5）。

表 2-5　共同耗用原材料费用分配表

202×年 7 月

<table>
<tr><th rowspan="2">产品名称</th><th rowspan="2">产量（件）</th><th rowspan="2">材料种类</th><th colspan="3">单位费用定额</th><th rowspan="2">定额费用（元）</th><th rowspan="2">分配率</th><th rowspan="2">分配金额（元）</th><th rowspan="2">原材料费用（元）</th></tr>
<tr><th>消耗定额（千克/件）</th><th>单价（元/千克）</th><th>金额（元/件）</th></tr>
<tr><td rowspan="2">A 产品</td><td rowspan="2">100</td><td>甲</td><td>5</td><td>10</td><td>50</td><td>5 000</td><td></td><td>7 500</td><td rowspan="2">12 900</td></tr>
<tr><td>乙</td><td>6</td><td>6</td><td>36</td><td>3 600</td><td></td><td>5 400</td></tr>
<tr><td rowspan="2">B 产品</td><td rowspan="2">50</td><td>甲</td><td>8</td><td>10</td><td>80</td><td>4 000</td><td></td><td>6 000</td><td rowspan="2">8 700</td></tr>
<tr><td>乙</td><td>6</td><td>6</td><td>36</td><td>1 800</td><td></td><td>2 700</td></tr>
<tr><td>合计</td><td></td><td></td><td></td><td></td><td></td><td>14 400</td><td>1.5</td><td></td><td>21 600</td></tr>
</table>

步骤六：根据“共同耗用原材料费用分配表”，编制会计分录。

借：生产成本——基本生产成本——A 产品　　12 900

　　　　　　　　　　　　　　——B 产品　　8 700

　贷：原材料——甲材料　　13 500

　　　　　　——乙材料　　8 100

在实际工作中，材料费用分配的核算并不是从企业材料发出的总分类核算中单独抽出进行的，而是作为材料发出总分类核算的内容一并进行。因此，发出材料的总分类核算根据发料凭证汇总表进行，而不是直接根据材料费用分配表进行。

任务实施三　材料费用分配汇总表的编制及材料费用分配的账务处理

202×年7月河南红山仪表制造厂会计部门根据仓库提供的领退料凭证，按照领用车间、部门和用途定期汇总的材料费用总额为600 000元。其中，基本生产车间生产甲产品耗用材料费用20 000元，生产乙产品耗用材料费用30 000元；生产甲、乙产品共同耗用材料费用450 000元；基本生产车间一般耗用材料费用20 000元；供水车间耗用材料费用18 000元；供电车间耗用材料费用22 000元；厂部管理部门耗用材料费用40 000元。甲、乙产品的产量分别为7 500件和15 000件。甲、乙产品共同耗用材料费用按产品产量比例分配。要求编制“材料费用分配汇总表”（见表2－6）并进行相应的账务处理。

步骤一：编制“材料费用分配汇总表”，如表2－6所示。

表2－6　材料费用分配汇总表

202×年7月　　金额单位：元

应借科目			成本费用项目	直接计入费用	分配计入费用		费用合计
					分配标准（件）	分配金额（分配率：20元/件）	
生产成本	基本生产成本	甲产品	直接材料	20 000	7 500	150 000	170 000
		乙产品	直接材料	30 000	15 000	300 000	330 000
		小计		50 000	22 500	450 000	500 000
制造费用			机物料消耗	20 000			20 000
生产成本	辅助生产成本	供水车间	直接材料	18 000			18 000
		供电车间	直接材料	22 000			22 000
		小计		40 000			40 000
管理费用			材料费	40 000			40 000
合　计				150 000		450 000	600 000

步骤二：根据“材料费用分配汇总表”编制材料费用分配的会计分录。

借：生产成本——基本生产成本——甲产品　170 000
　　　　　　　　　　　　　　——乙产品　330 000
　　生产成本——辅助生产成本——供水车间　18 000
　　　　　　　　　　　　　　——供电车间　22 000
　　制造费用　20 000
　　管理费用　40 000
　　贷：原材料　600 000

步骤三：根据材料费用分配的会计分录登记生产成本、制造费用明细账（如本项目模块五中表2－20所示和本项目模块六中表2－37所示）。

模块二 归集与分配燃料、外购动力费用

任务导入

产品成本构成要素中，燃料和外购动力费用也是必不可少的，要清楚燃料和外购动力费用的来龙去脉，必须明确燃料和外购动力费用的归集与分配。河南红山仪表制造厂是一家典型的制造业企业，生产多种产品，耗用燃料和外购动力费用。该公司的成本会计需要提供准确的产品成本信息，其中燃料和动力费用的归集与分配和提供准确的成本信息就理所当然成为该公司成本会计人员必须掌握的技能。成本会计可以帮助企业完成产品成本的燃料和外购动力费用的核算，为本企业降低成本、提高企业利润奠定了基础。

知识准备

一、燃料费用的分配

（一）燃料的用途及费用列支的一般渠道

生产过程中使用的燃料，从成本构成的属性来看，燃料费用是原材料费用中的一部分。因此，其费用归集与分配的方法与材料费用大致相同。当燃料在产品成本中所占比重不大时，从燃料是原材料中的一类考虑，可以将其并入“直接材料”成本项目；当燃料费用在产品成本中所占比例较大时，可在产品成本中专设“燃料及动力”成本项目，对燃料和动力进行单独核算。

（二）燃料费用分配的原则

单独核算“燃料及动力”成本项目的企业，燃料费用的分配原则与原材料费用的分配原则相同，对于直接用于某种产品生产的燃料费用，直接记入“生产成本——基本生产成本”账户中的“燃料及动力”成本项目。

直接用于产品生产但为多种产品共同耗用而分不清由哪种产品耗用的燃料费用，则应采取适当的分配标准，在各种产品当中进行分配，记入“生产成本——基本生产成本”账户下各产品成本明细账的“燃料及动力”成本项目；对于辅助生产车间耗用的燃料，应列入“生产成本——辅助生产成本”账户中的“燃料及动力”成本项目；基本生产车间一般耗用的燃料，应列入“制造费用”总账所属明细账的有关费用项目；管理部门耗用的燃料，应列入“管理费用”总账所属明细账的有关费用项目。

（三）燃料费用分配的标准与方法

分配多种产品共同耗用的燃料费用时，采用的分配标准一般为产品的重量、体积、所耗原材料的数量和费用，也可以采用燃料的定额耗用量或定额

费用等。多种产品共同耗用的燃料费用的计算分配方法可比照多种产品共同耗用的材料费用的计算分配方法。

假设在单独设置“燃料和动力”成本项目的情况下，只有蒸汽车间耗用燃料，分配时编制如下会计分录。

借：生产成本——辅助生产成本——蒸汽车间

贷：原材料——燃料和动力

二、外购动力费用的分配

（一）外购动力的用途及费用列支的一般渠道

外购动力费用是指企业生产经营过程中从外部购入各种动力所支付的各项费用，包括外购电力费、蒸汽费、燃气费等。

外购动力费用的归集，就是确定各部门本期外购动力费用的消耗数额。一般情况下，应当按当月有关计量装置记录确认的实际消耗量乘以合同或协议规定的单价来计算。在实际工作中，抄录计量仪器的消耗量与成本核算期以及支付外购动力费用的时间往往不一致，抄录消耗量的日期一般在月末前几天，成本核算通常在月末，实际支付往往在次月初。在生产稳定费用发生均衡的情况下，这一差异对各月动力费用核算的正确性影响甚微，可忽略不计。因此，每月末应支付给供应单位的外购动力费用就构成本期应计入产品成本和有关费用的外购动力费用总额。

外购动力费用的分配应按外购动力的用途，将其费用记入相应的成本、费用账户。产品生产用的动力费用，应记入“生产成本——基本生产成本”账户；辅助生产用的动力费用，应记入“生产成本——辅助生产成本”账户；车间管理用的动力费用，应记入“制造费用”账户；厂部管理用的动力费用，应记入“管理费用”账户。

（二）外购动力费用分配的原则

分配外购动力费时，应由财会部门根据所支付的外购动力费用额以及各部门耗用外购动力的数量，通过编制“动力费用分配表”进行分配。

基本生产车间生产产品用的动力，如电解用电力、烘干用蒸汽、炼钢用氧气，以及可以按产品确定消耗定额的动力用电等，应以“燃料和动力”成本项目记入“基本生产成本明细账”和“产品成本核算单”中。对于几种产品共同耗用的动力费用，一般按恰当的方法进行分配。

（三）外购动力费用分配的标准与方法

当企业生产多种产品时，外购动力费用需要在各种产品之间进行分配，分配时可按计量仪器记录的耗用数量及单价计算，也可按生产工时（实际或定额）比例、定额消耗量比例、机器工时数比例分配。

表2-7所示为外购动力费用分配的计算步骤及公式。

表 2－7 外购动力费用分配的计算步骤及公式（如以生产工时为标准）

材料费用计算步骤	计算公式
（1）确定待分配外购动力费用	几种产品共同耗用的外购动力费用总额
（2）确定分配的标准（如生产工时）	各种产品生产工时之和 = $\sum$（某种产品实际产量 × 单位产品生产工时）
（3）计算动力费用分配率	费用分配率 = $\frac{\text{各种产品共同耗用的外购动力费用总额}}{\text{各种产品生产工时之和}}$
（4）计算各种产品应分配的动力费用	某种产品应分配的外购动力费用 = 该种产品生产工时 × 费用分配率

动力费用的核算

任务实施

任务实施一　燃料费用分配汇总表的编制及燃料费用分配的账务处理

河南红山仪表制造厂 202×年 7 月份发生燃料费用 220 000 元，其中基本生产车间生产甲、乙产品共同耗费的燃料费用 50 000 元，基本生产车间一般耗用10 000 元；供水车间耗用燃料 15 000 元；供电车间耗用燃料 120 000 元；厂部管理部门耗用燃料 25 000 元；甲、乙产品耗用燃料的数量分别为 2 000 千克和3 000 千克，甲、乙产品共同耗用燃料费用按两种产品耗用燃料数量比例分配。要求编制“燃料费用分配汇总表”（见表 2－8）并进行相应的账务处理。

步骤一：编制“燃料费用分配汇总表”（见表 2－8）。

表 2－8 燃料费用分配汇总表

202×年 7 月　　金额单位：元

应借科目			成本费用项目	直接计入费用	分配计入费用		费用合计
					分配标准（千克）	分配金额（分配率：10 元/千克）	
生产成本	基本生产成本	甲产品	燃料及动力		2 000	20 000	20 000
		乙产品	燃料及动力		3 000	30 000	30 000
		小计			5 000	50 000	50 000
制造费用			燃料费	10 000			10 000
生产成本	辅助生产成本	供水车间	燃料及动力	15 000			15 000
		供电车间	燃料及动力	120 000			120 000
		小计		135 000			135 000
管理费用			燃料费	25 000			25 000
合　计				170 000		50 000	220 000

步骤二：根据“燃料费用分配汇总表”编制会计分录。

借：生产成本——基本生产成本——甲产品　20 000
　　　　　　　　　　　　　　——乙产品　30 000
　　生产成本——辅助生产成本——供水车间　15 000
　　　　　　　　　　　　　　——供电车间　120 000
　　制造费用　10 000
　　管理费用　25 000
　　贷：原材料——燃料　220 000

步骤三：根据燃料费用分配的会计分录登记生产成本、制造费用明细账（如本项目模块五中表2－20所示和本项目模块六中表2－37所示）。

任务实施二　外购动力费用的分配方法、外购动力费用分配汇总表编制及费用分配的账务处理

河南红山仪表制造厂202×年7月份耗用动力费，如耗用电力费用，共耗电力800 000千瓦时，电力费用合计400 000元，其中机加工车间直接用于产品生产用电力600 000千瓦时，照明用电力20 000千瓦时，供水车间用电力80 000千瓦时，供电车间用电力60 000千瓦时（假定供电车间需要耗用外购电力费用，后同），厂部管理部门照明用电力40 000千瓦时。要求按用电量计算分配电力费用，电力费用于下月支付。

步骤一：计算外购电力费用分配率。

$$分配率=\frac{400\ 000}{800\ 000}=0.5\ （元/千瓦时）$$

步骤二：计算各车间、部门应分配的电力费用。

机加工车间产品分配电力费用＝600 000×0.5＝300 000（元）

机加工车间照明分配电力费用＝20 000×0.5＝10 000（元）

供水车间分配电力费用＝80 000×0.5＝40 000（元）

供电车间分配电力费用＝60 000×0.5＝30 000（元）

厂部管理部门分配电力费用＝40 000×0.5＝20 000（元）

接上例，假设机加工车间没有分产品安装电表，本月生产甲产品的机器工时为60 000工时，生产乙产品的机器工时为40 000工时。要求按机器工时比例计算甲、乙产品应分配的外购电力费用。

步骤一：计算机加工车间产品用外购电力费用分配率。

$$分配率=\frac{300\ 000}{60\ 000+40\ 000}=3\ （元/工时）$$

步骤二：计算甲、乙产品应分配的外购电力费用。

甲产品应分配的外购电力费用＝60 000×3＝180 000（元）

乙产品应分配的外购电力费用＝40 000×3＝120 000（元）

步骤三：编制“外购动力费用分配汇总表”（见表2－9）。

表 2－9　　外购动力费用分配汇总表

<table>
<tr><th colspan="3" rowspan="2">应借科目</th><th rowspan="2">成本费用项目</th><th rowspan="2">用电量（千瓦时）</th><th rowspan="2">直接计入（0.5 元/千瓦时）</th><th colspan="2">分配计入费用</th><th rowspan="2">费用合计（元）</th></tr>
<tr><th>分配标准（工时）</th><th>分配金额（分配率：3 元/工时）</th></tr>
<tr><td rowspan="3">生产成本</td><td rowspan="3">基本生产成本</td><td>甲产品</td><td>燃料及动力</td><td></td><td></td><td>60 000</td><td>180 000</td><td>180 000</td></tr>
<tr><td>乙产品</td><td>燃料及动力</td><td></td><td></td><td>40 000</td><td>120 000</td><td>120 000</td></tr>
<tr><td>小计</td><td></td><td>600 000</td><td></td><td>100 000</td><td>300 000</td><td>300 000</td></tr>
<tr><td colspan="3">制造费用</td><td>电费</td><td>20 000</td><td>10 000</td><td></td><td></td><td>10 000</td></tr>
<tr><td rowspan="3">生产成本</td><td rowspan="3">辅助生产成本</td><td>供水车间</td><td>燃料及动力</td><td>80 000</td><td>40 000</td><td></td><td></td><td>40 000</td></tr>
<tr><td>供电车间</td><td>燃料及动力</td><td>60 000</td><td>30 000</td><td></td><td></td><td>30 000</td></tr>
<tr><td>小计</td><td></td><td>140 000</td><td>70 000</td><td></td><td></td><td>70 000</td></tr>
<tr><td colspan="3">管理费用</td><td>电费</td><td>40 000</td><td>20 000</td><td></td><td></td><td>20 000</td></tr>
<tr><td colspan="3">合　计</td><td></td><td>800 000</td><td>100 000</td><td></td><td>300 000</td><td>400 000</td></tr>
</table>

步骤四：根据“外购动力费用分配汇总表”（见表 2－9）编制会计分录。

借：生产成本——基本生产成本——甲产品　180 000
　　　　　　　　　　　　　　——乙产品　120 000
　　生产成本——辅助生产成本——供水车间　40 000
　　　　　　　　　　　　　　——供电车间　30 000
　　制造费用　10 000
　　管理费用　20 000
　　贷：应付账款——供电公司　400 000

步骤五：根据外购动力费用分配的会计分录登记生产成本、制造费用明细账（如本项目模块五中表 2－20 所示和本项目模块六中表 2－37 所示）。

模块三　归集与分配人工费用

任务导入

企业聘请员工从事生产经营活动，应付给职工合理的劳动报酬，这些应付的职工薪酬包括哪些内容？有没有给职工办理“社保”？企业如何代扣代缴职工的个人所得税？人工费用如何归集与分配？河南红山仪表制造厂是一家典型的制造业企业，生产多种产品并耗用人工费用，公司的成本会计需要提供准确的产品成本信息，其中人工费用的归集与分配和提供准确的成本信息理所当然成为该公司成本会计人员必须掌握的技能。成本会计可以帮助企业完成产品成本的人工费用核算，为本企业降低成本、提高企业利润奠定基础。

知识准备

一、职工薪酬概述

《企业会计准则》规定，职工薪酬是指企业为了获取职工提供的服务而给予各种形式的报酬以及其他相关支出。

职工，是指与企业订立劳动合同的所有人员，含全职、兼职和临时职工，也包括虽未与企业订立劳动合同但由企业正式任命的人员。

职工薪酬作为一种耗费构成企业的人工费用，通常以工资和工资总额体现。

工资是根据职工劳动的数量和质量，在一定时期内以货币形式支付给各个职工的劳动报酬。工资总额是指单位在一定时期内支付给全体职工劳动报酬的总和。

计入产品成本的工资薪酬包括以下内容。

（一）工资、奖金、津补贴

1. 计时工资

计时工资是按照计时工资标准和工作时间支付给职工的劳动报酬。计时工资标准是根据每一位职工所从事劳动的技术难度、熟练程度、劳动强度确定的单位时间（如月、日或小时）内应得的工资额。

2. 计件工资

计件工资是按职工所完成的工作量和计件单价计算和支付的劳动报酬。单价是指完成单位工作量应得的工资额。在实际工作中包括限额计件、累进计件等工资制。

3. 奖金

奖金是指在标准工资以外，支付给职工的超额劳动报酬和由于增收节支而给予职工的奖励。奖金包括生产奖、节约奖、竞赛奖、其他经常性奖金等。

4. 津贴和补贴

津贴和补贴是指为补偿职工特殊或额外劳动消耗和因其他特殊原因而支付给职工的津贴，以及为保证职工工资水平不受物价上升影响而支付给职工的物价补贴。津贴和补贴包括补偿职工特殊或额外劳动消耗的津贴、保健性津贴和技术性津贴、物价补贴等。

5. 加班加点工资

加班加点工资是指按规定因职工在法定工作时间以外从事的劳动而支付给职工的加班加点的劳动报酬。

6. 在特殊情况下支付的工资

在特殊情况下支付的工资是指按国家规定在某些非工作时间内支付给职工的工资，以及按规定支付给职工附加工资和保留工资等。非工作时间内支付的工资包括职工病假、工伤假、产假、探亲假等期间按计时工资标准或计件工资标准的一定比例计算和支付的工资。

（二）社会保险费

社会保险费，是指企业按照国务院、各地方人民政府规定的基准和比例计算，向税务局缴纳的医疗保险费、工伤保险费和生育保险费等。

（三）设定提存计划

设定提存计划，是指向独立的基金缴存固定费用后，企业不再承担进一步支付义务的离职后福利计划。如我国基本养老保险、失业保险属于国际财务报告准则中所称的设定提存计划。

（四）职工福利费

职工福利费，主要包括职工因公负伤赴外地就医路费、职工生活困难补助、未实行医疗统筹企业职工医疗费用，以及按规定发生的其他职工福利支出。

（五）工会经费和职工教育经费

工会经费和职工教育经费，是指企业根据《中华人民共和国工会法》的规定，为了改善职工文化生活、为职工学习先进技术和提高文化水平和业务素质，用于开展工会活动和职工教育及职业技能培训等相关支出。

（六）非货币性福利

非货币性福利，是指企业以自己的产品或外购商品发放给职工的福利。

（七）其他与获得职工提供的服务相关的支出

必须注意的是，企业向职工支付的报酬并不一定都属于工资的核算范畴。如职工出差期间享受的误餐补助、交通补助，职工集资享受的利润分成，对外支付的劳务费等，均不能纳入企业的工资总额。

二、工资的计算

（一）工资薪酬核算的基础工作

为了正确地计算和分配工资费用，企业应做好各项工资费用核算的基础工作。各单位应根据本企业生产、管理和工资制度的具体要求，建立和健全所需的工资核算原始凭证，保证各项原始记录的准确、真实和完整。各项原始记录包括考勤记录、产量和工时记录。

1. 考勤记录

考勤记录是按月登记职工出勤、缺勤时间和具体原因的原始记录，它是计算计时工资、加班加点工资的依据。一般应按车间、班组分别设置考勤簿，根据在册人员，按姓名分行逐日登记；月末，考勤簿应经车间部门负责人检查和签章，再交由会计部门核算，即可作为计算职工工资的依据。除考勤簿外，考勤记录还可以卡片形式按职工分别设立，通常是每人每年或每月一张，在年初、月初或职工录用、调入时设立，在人员发生变动时根据人事部门的通知将卡片在内部单位之间转移或注销。

2. 产量和工时记录

产量和工时记录是登记工人或生产班组在出勤时间内完成产品的数量、质量和生产这些产品所耗工时数量的原始记录。产量和工时记录，不仅登记每个职工的实物产量和实用工时，而且登记每件产品的工时消耗定额和按实物产量与工时定额计算的定额工时。

由于各个企业或车间的生产作业和劳动组织方式不同，所以产量和工时记录的内容和格式也有很大差别。一般应包括的基本内容有产品作业或订单名称、车间班组名称、工人姓名、编号、产品数量、实际工时和定额工时，以及产品质量和废品数量等。产量和工时记录，也应由车间、部门主管检查、签字，经会计部门审核后作为计算计件工资的依据。

根据产量和工时记录计算每个工人或小组的计件工资，核算各种产品成本中的工资成本。

（二）工资、奖金、津补贴的计算

工资的计算是企业直接工资费用归集的基础。由于各类企业实行的工资制度不同，具体的计算方法应根据企业的具体规定进行。以下介绍两种常用方法，即计时工资和计件工资的计算方法。

1. 计时工资的计算

（1）月薪制下计时工资的计算。月薪制下的计时工资是根据职工的月工资标准扣除缺勤工资计算的。目前，我国企业与职工的工资结算是按月进行的，称为月薪制。在月薪制下，不论各月的日历天数有多少，每月的标准工资是相同的，职工只要出满一个月应出勤的天数，就可以得到月标准工资。在月薪制下，虽然职工各自的月工资标准是相同的，但由于职工每月出勤和缺勤的情况不同，故每月的应得计时工资也不尽相同。

在职工有缺勤的情况下，计算有缺勤的职工的计时工资有两种方法：

方法一，按月工资标准扣除缺勤天数应扣工资额计算得到；

方法二，直接根据职工的出勤天数计算。

具体计算步骤如表 2－10 所示。

表 2－10　　计时工资下直接根据职工出勤天数的计算公式

步　骤	计时工资
（1）日标准工资	日标准工资＝月标准工资÷平均每月工作日数
（2）某职工应得计时工资	某职工应得计时工资＝该职工月标准工资－（事假、旷工天数×日标准工资）－（病假天数×日标准工资×病假扣款率）

从上述公式中可以看出，要计算小时工资，首先应根据月标准工资计算日标准工资，即日工资率。公式中的平均每月工作日数有两种计算方法：一种是按全年平均每月日数 30 天计算得出每月的日标准工资；另一种是按全年日历数 365 天减去 104 个双休日和 11 个法定节假日，再除以 12 个月，得到的每月平均工作日数 20.83 日计算，进而得到每月的日标准工资。

综上所述，一般有四种方法计算应付的月工资（见表 2－11）。具体采用哪一种方法，由企业自行确定，但一经确定，就不得随意变动。

表 2-11 计算应付月工资的四种方法比较

日标准工资	计算月工资	月应付计时工资计算公式
按30日计算日标准工资	按出勤日数算	日标准工资=月标准工资÷30 应付计时工资=本月出勤天数×日标准工资+病假天数×日标准工资×(1-病假扣款率)
	按扣除缺勤日数算	日标准工资=月标准工资÷30 应付计时工资=月标准工资-(事假天数×日标准工资)-(病假天数×日标准工资×病假扣款率)
按20.83日计算日标准工资	按出勤日数算	日标准工资=月标准工资÷20.83 应付计时工资=本月出勤天数×日标准工资+病假天数×日标准工资×(1-病假扣款率)
	按扣除缺勤日数算	日标准工资=月标准工资÷20.83 应付计时工资=月标准工资-(事假天数×日标准工资)-(病假天数×日标准工资×病假扣款率)

（2）日薪制下计时工资的计算。日薪制下的计时工资是根据职工的出勤天数和日标准工资计算的。这里采用的日标准工资通常可以月标准工资除以全年法定平均每月工作日计算的日标准工资为标准。日薪制下计时工资的计算公式如下：

应付计时工资=出勤日数×日标准工资

日标准工资的计算方法同前所述。

2. 计件工资的计算

计件工资是按产量记录的个人或小组完成的合格品数量乘以规定的计件单价计算支付的工资。此外，生产中产生的废品，如果是因材料缺陷造成的，应按计件单价照付工资；如果是由加工失误造成的，则不付计件工资。计件工资的计算公式为：

应付计件工资=(合格品数量+废品数量)×计件单价

公式中的数量资料应以产量记录为依据，计件单价是根据加工单位产品所需耗用的定额工时乘以该产品的小时工资率计算求得的。计件工资按照结算对象的不同，可分为个人计件工资和集体计件工资两种。

（1）个人计件工资。职工的个人计件工资是根据每个生产工人完成的工作量乘以计件单价并支付给个人的报酬。如果某个工人在月份内生产几种产品，并且各种产品有着不同的计件单价，则应按下式计算其应付计件工资：

应付计件工资=月内每种产品的产量之和×该产品计件单价

（2）集体计件工资。集体计件工资是根据集体完成的工作量乘以计件单价计算求得整个集体应得计件工资后，再采用适当的方法，将其在集体成员内部进行分配的一种计件工资计算和支付的方法。集体计件工资在集体内部各成员之间的分配，应考虑各成员的工作时间长短和工作质量的高低，工作质量的高低通常可根据各成员的工资等级差别来确定。因此，可将工作时间与各成员的小时工资率的乘积（即计时工资）作为分配标准进行集体内部计件工资的分配。

具体计算步骤如表 2－12 所示。

表 2－12　集体计件工资计算表

工资分配步骤	计算公式
（1）计算集体应付工资的总额	集体应付工资 = Σ（计件工资 × 完工产品件数）
（2）计算工资分配率	工资分配率 = 集体应付工资 ÷ 集体出勤工资
（3）个人的应得工资	个人的应得工资 = 工资分配率 × 个人出勤工资

计时工资和计件工资以外的属于工资总额组成部分的各种奖金、津贴、补贴、加班加点工资以及在特殊情况下支付的工资，按照国家和企业的有关规定计算，这里不再详述。

（三）社会保险费、设定提存计划、福利费、非货币性福利的计算

1. 社会保险费、设定提存计划、住房公积金

除了每月计算应付职工工资、奖金、津补贴外，企业还负担职工的社会保险费、设定提存计划（养老保险）、住房公积金等，具体内容总结为“六险二金”，其按工资总额计算的缴存比例不同城市或地区、不同企业或单位不尽相同，如表 2－13 所示。

表 2－13　“六险二金”一般缴存比例总结

类　别	企业负担（%）	个人负担（%）
基本养老保险	19	8
补充养老保险（企业年金）	8	4
失业保险	1～1.5	0.5
基本医疗保险	6～9	2
补充医疗保险	不超过职工工资总额 5% 标准内的部分，在计算应纳税所得额时准予扣除；超过的部分，不予扣除	
工伤保险	0.5～2	
生育保险	0.5	
住房公积金	5～12	5～12

说明：其中基本养老保险、基本医疗保险和失业保险这三种险是由企业和个人共同缴纳的保费；工伤保险和生育保险完全由企业承担，个人不需缴纳。需注意的是“五险”是法定的，而“一金”不是法定的。

2. 职工福利费

职工福利费主要包括职工因公负伤赴外地就医路费、职工生活困难补助、未实行医疗统筹企业职工医疗费用，以及按规定发生的其他职工福利支出。

《企业会计准则第 9 号——职工薪酬》规定：企业发生的职工福利费，应当在实际发生时根据实际发生额计入当期损益或相关资产成本。

3. 非货币性福利

非货币性福利是指企业以非货币性资产支付给职工的薪酬，主要包括企业以自产产品和外购商品发放给职工作为福利、将企业拥有的资产无偿提供给职工使用、为职工无偿提供医疗保健服务等。

新准则规定：企业发生的非货币性福利费，应当在实际发生时根据实际发生额计入当期损益或相关资产成本。

（四）工资计算依据与计算部门以及工资计算单

职工薪酬的内涵

（1）计算依据与计算部门。实务中，企业按照劳动工资制度的规定，由劳动工资部门每月按车间或部门根据个人考勤记录、工时记录、产量记录、工资标准、工资等级等编制“工资结算单”，单内分职工类别和每一职工分别填写应付职工薪酬。

（2）工资计算单（工资结算单）。工资结算单一般一式三份：一份按职工姓名裁成“工资条”，连同实发工资一起发放给职工，以便职工查对；一份作为劳资部门劳动工资统计的依据；一份经过职工签收后作为工资结算和付款的原始凭证。

三、人工费用的分配

（一）职工种类及工资费用分配的一般渠道

小贴士：

各项费用的分配都是按谁受益、谁负担的原则进行分配。

小贴士：

计件工资可直接归属成本核算对象，不需分配。

（1）从事主要产品生产的生产工人的职工薪酬，记入“生产成本——基本生产成本”账户及所属明细账中的“直接人工”成本项目。

（2）生产车间管理人员和技术人员的职工薪酬属间接生产费用，记入“制造费用”账户。

（3）辅助生产车间人员的职工薪酬，记入“生产成本——辅助生产成本”账户。

（4）行政管理部门人员的职工薪酬，记入“管理费用”账户。

（5）专设销售机构人员的职工薪酬，记入“销售费用”账户。

（二）工资费用分配的方法

（1）在计件工资形式下，生产工人的薪酬属直接计入费用，应直接记入产品成本明细账。

（2）在计时工资形式下，如果只生产一种产品，生产工人薪酬可以直接记入该产品生产成本明细账的“直接人工”成本项目中；如果生产多种产品，生产工人的薪酬属于间接计入费用，应按照一定的分配方法进行分配后，记入各种产品成本明细账的“直接人工”成本项目中。分配标准通常是按各种产品的生产工时（实际或定额工时）比例进行分配。其计算公式如表 2 - 14 所示。

表 2－14　生产工时比例法分配人工费用的步骤及公式

工资及福利费用分配步骤	计算公式
（1）确定待分配的生产工人工资总额	各生产工人工资合计数
（2）计算各产品的生产总工时（实际或定额）	产品生产总工时＝Σ［某种产品的实际产量×该产品生产工时（实际或定额）］
（3）计算生产工人工资分配率	生产工人工资分配率＝生产工人工资总额÷产品的生产总工时（实际或定额）
（4）计算各种产品应分配的工资额	各种产品应分配的工资额＝各产品生产工时（实际或定额）×生产工人工资分配率

（三）工资费用分配表（结算汇总表）

“工资结算汇总表”（分配表）：财会部门将“工资结算单”进行汇总，编制“工资结算汇总表”（格式如表 2－15 所示），作为月份终了编制“职工薪酬费用分配汇总表”（见表 2－18）的依据。

表 2－15　工资结算汇总表　金额单位：元

隶属部门		基本工资				奖金	缺勤扣款	应发工资	代缴社会保险费					代缴个税	实发工资
		职务工资	工龄工资	学历工资	合计				养老保险	医疗保险	失业保险	住房公积金	合计		
生产车间	生产工人														
	管理人员														
供水车间															
供电车间															
销售机构															
管理部门															
基建工程															
合计															

说明：员工个人的养老保险、医疗保险、失业保险这“三险”的缴纳是法定的，其他险金的缴纳不是法定的。

（四）社会保险费、设定提存计划、福利费、工会经费、职工教育经费及非货币性福利的分配

企业为职工缴纳的社会保险费、设定提存计划、福利费、工会经费、职工教育经费及非货币性福利，应当按照职工所在岗位进行分配，分别借记“生产成本”“制造费用”“管理费用”“销售费用”“在建工程”“研发支出”等账户，贷记“应付职工薪酬”账户。

小贴士：

工会经费、职工教育经费应根据国家规定的基准，从成本费用中提取，其提取比例分别为应付职工工资总额的 2% 和 2.5%。

任务实施

任务实施一　计时工资的计算

河南红山仪表制造厂某工人的月工资标准为 1 200 元，202×年 7 月份有

31 天，该工人请事假 3 天、病假 2 天，星期日休假 8 天，出勤 18 天。根据该工人的工龄，其病假工资按工资标准的 80% 计算。该工人的病假和事假期间没有节假日。要求：按照上述四种方法分别计算该工人 7 月份的标准工资。

职工薪酬的核算

第一种，按 30 日计算日标准工资，按出勤日数计算月工资。

步骤一：计算日标准工资。

日标准工资 = 1 200 ÷ 30 = 40（元）

步骤二：计算应付月工资。

应付出勤工资 = 40 × (18 + 8) = 1 040（元）

应付病假工资 = 40 × 2 × 80% = 64（元）

应付月工资 = 1 040 + 64 = 1 104（元）

第二种，按 30 日计算日标准工资，按缺勤日数扣除计算月工资。

步骤一：计算日标准工资。

日标准工资 = 1 200 ÷ 30 = 40（元）

步骤二：计算应付月工资。

应扣事假工资 = 40 × 3 = 120（元）

应扣病假工资 = 40 × 2 × 20% = 16（元）

应付月工资 = 1 200 − 120 − 16 = 1 064（元）

第三种，按 20.83 日计算日标准工资，按出勤日数计算月工资。

步骤一：计算日标准工资。

日标准工资 = 1 200 ÷ 20.83 = 57.61（元）

步骤二：计算应付月工资。

应付出勤工资 = 57.61 × 18 = 1 036.98（元）

应付病假工资 = 57.61 × 2 × 80% = 92.18（元）

应付月工资 = 1 036.98 + 92.18 = 1 129.16（元）

第四种，按 20.83 日计算日标准工资，按缺勤日数扣除计算月工资。

步骤一：计算日标准工资。

日标准工资 = 1 200 ÷ 20.83 = 57.61（元）

步骤二：计算应付月工资。

应扣事假工资 = 57.61 × 3 = 172.83（元）

应扣病假工资 = 57.61 × 2 × 20% = 23.04（元）

应付月工资 = 1 200 − 172.83 − 23.04 = 1 004.13（元）

任务实施二　计件工资的计算

河南红山仪表制造厂某工人加工甲、乙两种产品。甲产品的工时定额为 50 分钟，乙产品的工时定额为 45 分钟。该工人的小时工资率为 12 元。本月该工人一共加工了甲产品 200 件、乙产品 400 件，则这个月该工人的计件工资为：

甲产品计件单价 = 12 × (50 ÷ 60) = 10（元）

乙产品计件单价 = 12 × (45 ÷ 60) = 9（元）

应付计件工资 $=200\times10+400\times9=5\ 600$（元）

任务实施三　工资费用的核算

河南红山仪表制造厂基本生产车间生产甲、乙两种产品，本月发生的生产工人的计时工资共计48 000元。甲产品完工1 200件，乙产品完工600件，单件产品工时定额为：甲产品2小时，乙产品1小时；基本生产车间生产产品耗用的工资为20 000元，其中甲产品8 000元，乙产品12 000元；基本生产车间管理人员工资3 000元；辅助生产车间耗用的工资为9 000元，其中供水车间3 000元，供电车间6 000元；厂部管理人员工资10 000元；销售人员工资7 000元。按照国家规定企业按应付工资的9.8%负担社会保险费，应付工资的29.5%计提设定提存计划，应付工资的2%计提工会经费，应付工资的1.5%计提职工教育经费。

要求：（1）计算并分配甲、乙两种产品各自应负担的工资费用。

（2）填制"工资费用分配表"（见表2－16）并编制相应会计分录。

（3）填制"职工薪酬费用分配表"（见表2－17）并编制相应会计分录。

解析：

（1）计算并分配甲、乙两种产品各自应负担的工资费用。

步骤一：计算各产品的定额工时。

甲产品定额工时 $=1\ 200\times2=2\ 400$（小时）

乙产品定额工时 $=600\times1=600$（小时）

步骤二：计算生产工人工资分配率。

生产工人工资分配率 $=48\ 000\div3\ 000=16$（元/小时）

步骤三：计算各种产品应分配的工资额。

甲产品应负担的工资费用 $=2\ 400\times16=38\ 400$（元）

乙产品应负担的工资费用 $=600\times16=9\ 600$（元）

（2）填制"工资费用分配表"并编制相应会计分录。

步骤一：编制"工资费用分配表"，如表2－16所示。

表2－16　河南红山仪表制造厂工资费用分配表　金额单位：元

应借科目		成本或费用项目	直接记入	分配记入		工资费用合计
				生产工时（小时）	分配金额	
基本生产成本	甲产品	工资	8 000	2 400	38 400	46 400
	乙产品	工资	12 000	600	9 600	21 600
	小计		20 000	3 000	48 000	68 000
辅助生产成本	供水	工资	3 000			3 000
	供电	工资	6 000			6 000
	小计		9 000			9 000

续表

应借科目	成本或费用项目	直接记入	分配记入		工资费用合计
			生产工时（小时）	分配金额	
制造费用	工资	3 000			3 000
管理费用	工资	10 000			10 000
销售费用	工资	7 000			7 000
合计		49 000	3 000	48 000	97 000

步骤二：根据表 2－16 编制工资费用分配的会计分录。

借：生产成本——基本生产成本——甲产品　　46 400
　　　　　　　　　　　　　——乙产品　　21 600
　　　　　——辅助生产成本——供水　　3 000
　　　　　　　　　　　　　——供电　　6 000
　　制造费用　　3 000
　　管理费用　　10 000
　　销售费用　　7 000
　　贷：应付职工薪酬——工资　　97 000

步骤三：根据工资费用分配的会计分录登记入生产成本、制造费用等明细账。

（3）编制“职工薪酬费用分配表”并编制相应会计分录。

步骤一：根据表 2－16 编制“职工薪酬费用分配表”，如表 2－17 所示。

表 2－17　河南红山仪表制造厂职工薪酬费用分配表　　金额单位：元

应借科目		成本或费用项目	工资费用合计	①社会保险费（9.8%）	②设定提存计划（29.5%）	③工会经费（2%）	④职工教育经费（1.5%）	①＋②＋③＋④合计
基本生产成本	甲产品	薪酬	46 400	4 547.2	13 688	928	696	19 859.2
	乙产品	薪酬	21 600	2 116.8	6 372	432	324	9 244.8
	小计		68 000	6 664	20 060	1 360	1 020	29 104
辅助生产成本	供水	薪酬	3 000	294	885	60	45	1 284
	供电	薪酬	6 000	588	1 770	120	90	2 568
	小计		9 000	882	2 655	180	135	3 852
制造费用		薪酬	3 000	294	885	60	45	1 284
管理费用		薪酬	10 000	980	2 950	200	150	4 280
销售费用		薪酬	7 000	686	2 065	140	105	2 996
合计			97 000	9 506	28 615	1 940	1 455	41 516

步骤二：根据表 2－17 编制职工薪酬费用分配的会计分录。

借：生产成本——基本生产成本——甲产品 19 859.2
——乙产品 9 244.8
——辅助生产成本——供水车间 1 284
——供电车间 2 568
制造费用 1 284
管理费用 4 280
销售费用 2 996
贷：应付职工薪酬——社会保险费 9 506
——设定提存计划 28 615
——工会经费 1 940
——职工教育经费 1 455

步骤三：根据职工薪酬费用分配的会计分录登记生产成本、制造费用等明细账。

任务实施四 职工福利费的核算

河南红山仪表制造厂现有员工 200 人，其中生产工人 120 人，车间管理人员 15 人，行政管理人员 45 人，销售人员 20 人。本月 1 日，支付每位员工食堂补贴 500 元，共 100 000 元。本月 2 日开出转账支票拨付食堂经费 200 000 元。

步骤一：编制本月 1 日转账支付员工食堂补贴的会计的分录。

借：应付职工薪酬——职工福利费 100 000
贷：银行存款 100 000

步骤二：编制本月 2 日开出转账支票拨付食堂经费的会计分录。

借：应付职工薪酬——职工福利费（食堂） 200 000
贷：银行存款 200 000

步骤三：编制本月月末根据员工服务对象分配的会计分录。

借：生产成本 180 000
制造费用 22 500
管理费用 67 500
销售费用 30 000
贷：应付职工薪酬——职工福利费 300 000

任务实施五 根据“工资结算汇总表”编制“职工薪酬费用分配汇总表”并进行相应的账务处理

河南红山仪表制造厂 202×年 7 月份“工资结算汇总表”（格式如表 2-15 所示，具体数据略）中所列应付职工薪酬总额为 250 000 元，其中，基本生产车间生产工人工资 150 000 元，基本生产车间管理人员和技术人员工资 30 000 元，供水车间人员工资 26 000 元，供电车间人员工资 14 000 元，行政管理部门人员工资 12 000 元，专设销售机构人员工资 18 000 元。基本生产车间生产甲、乙两种产品的实际工时分别为 40 000 工时和 60 000 工时，按实际生产工时比例分配基本生产车间生产工人工资。要求根据该企业“工资结算汇总表”编制“职工薪酬费用分配汇总表”（见表 2－18）并进行相应的账务处理。

步骤一：编制“职工薪酬费用分配汇总表”（见表 2－18）。

表 2－18 **职工薪酬费用分配汇总表**

202×年 7 月 金额单位：元

应借科目			成本费用项目	直接计入费用	分配计入费用		费用合计
					分配标准（工时）	分配金额（分配率：1.50 元/工时）	
生产成本	基本生产成本	甲产品	直接人工		40 000	60 000	60 000
		乙产品	直接人工		60 000	90 000	90 000
		小计			100 000	150 000	150 000
制造费用			薪酬费	30 000			30 000
生产成本	辅助生产成本	供水车间	直接人工	26 000			26 000
		供电车间	直接人工	14 000			14 000
		小　计		40 000			40 000
管理费用			薪酬费	12 000			12 000
销售费用			薪酬费	18 000			18 000
合　计				100 000		150 000	250 000

步骤二：根据“职工薪酬费用分配汇总表”编制会计分录。

借：生产成本——基本生产成本——甲产品　60 000
　　　　　　　　　　　　　——乙产品　90 000
　　生产成本——辅助生产成本——供水车间　26 000
　　　　　　　　　　　　　——供电车间　14 000
　　制造费用　30 000
　　管理费用　12 000
　　销售费用　18 000
　　贷：应付职工薪酬——工资　250 000

步骤三：根据人工费用分配的会计分录登记生产成本、制造费用明细账（如本项目模块五中表 2－20 和本项目模块六中表 2－37 所示）。

模块四　归集与分配折旧费用

任务导入

折旧费用是产品成本构成要素之一，要清楚折旧费用的来龙去脉，就要明确折旧费用的归集与分配。河南红山仪表制造厂是一家典型的制造业企业，企业生产多种产品，车间有机床等设备、厂部有管理用设备等固定资产，对固定资产应按期计提折旧费。公司的成本会计需要提供准确的产品成本信息，其中折旧费用的归集与分配和提供准确的成本信息无疑成为该公司成本会计人员必须掌握的技能。成本会计可以帮助企业完成产品成本的折旧费用的核算，为本企业降低成本提高企业利润奠定基础。

归集与分配折旧费用

知识准备

一、固定资产折旧费用概述

（一）折旧的定义

固定资产由于使用而发生损耗，其价值也要逐渐减少，直至报废。因为使用时间长，使用中损耗的价值就逐渐地、部分地转移到成本、费用中去。这部分转移到成本、费用中去的价值就是固定资产折旧，折旧分期计入成本、费用，称为折旧费用。

《企业会计准则第 4 号——固定资产》规定，企业应对所有固定资产按月计提折旧，除非是已经提足折旧仍然继续使用的固定资产和单独计价入账的土地。

在计算固定资产折旧时，应适当考虑企业固定资产的多样性，什么样的固定资产要计提折旧，什么样的固定资产不需要计提折旧。而固定资产的增加或减少一般是在经营过程中发生的，何时开始或停止计提折旧，也成为计提折旧的主要问题。

（二）计提折旧的范围

计提折旧的固定资产包括：房屋和建筑物、机器设备、仪器仪表、运输车辆、工具器具、以经营租赁方式租出的固定资产、以融资租赁方式租入的固定资产。

不可以计提折旧的固定资产包括：以经营租赁方式租入的固定资产、已提足折旧继续使用的固定资产、未提足折旧提前报废的固定资产、破产（关停）企业的固定资产、在建工程项目在交付使用前的固定资产以及以前已经估价单独入账的土地等。

（三）计提折旧的时间

根据规定，月份内开始使用的固定资产，当月不提折旧，从下月起开始计提；月份内减少或者停用的固定资产，当月仍然计提折旧，从下月起停止计提。也就是按应计折旧的固定资产的月初账面余额计提折旧。提足折旧的逾龄使用固定资产不再计提折旧，提前报废的固定资产，其净损失计入企业营业外支出，不得补提折旧。

（四）折旧的方法

企业应当根据与固定资产有关的经济利益的预期实现方式，合理选择折旧方法。我国会计准则中可选用的折旧方法包括年限平均法、工作量法、双倍余额递减法和年数总和法。固定资产的折旧方法一经确定，不得随意变更。如需变更应当符合固定资产准则第十九条的规定。

（五）折旧的列支渠道

固定资产在长期使用过程中保持实物形态不变，但其价值随着固定资产的使用和时间的推移而逐渐减少，这部分减少的价值就是固定资产折旧，它应以折旧费用的形式计入产品成本和期间费用。折旧费用按照固定资产的使用车间、部门进行汇总，然后与生产单位（车间）、部门的其他费用一起分配计入产品成本和期间费用，即借记“制造费用”“管理费用”“销售费用”等账户，贷记“累计折旧”账户。

二、固定资产折旧费用的核算

折旧费用的分配是通过编制“折旧费用分配表”进行的，据此编制会计分录，登记有关总账及其所属明细账。

任务实施

任务实施　固定资产折旧的核算

河南红山仪表制造厂 202×年 7 月的“折旧费用分配表”如表 2－19 所示。河南红山仪表制造厂将固定资产分类计提折旧，机器设备的月折旧率为 0.5%，房屋建筑物的月折旧率为 0.4%。

步骤一：编制“折旧费用分配表”（见表 2－19）。

表 2－19　折旧费用分配表

202×年 7 月　　　　金额单位：元

部门	机器设备原值	折旧额（折旧率 0.5%）	房屋建筑物原值	折旧额（折旧率 0.4%）	合计
基本生产车间	800 000	4 000	1 500 000	6 000	10 000
辅助生产车间——供电车间	30 000	150	400 000	1 600	1 750
辅助生产车间——供水车间	200 000	1 000	630 000	2 520	3 520

续表

部门	机器设备原值	折旧额（折旧率0.5%）	房屋建筑物原值	折旧额（折旧率0.4%）	合计
小计	230 000	1 150	1 030 000	4 120	5 270
行政管理部门			500 000	2 000	2 000
专设销售机构			600 000	2 400	2 400
合计	1 030 000	5 150	3 630 000	14 520	19 670

步骤二：根据“折旧费用分配表”编制会计分录。

借：制造费用　10 000
　　生产成本——辅助生产成本——供电车间　1 750
　　　　　　　　　　　　　　——供水车间　3 520
　　管理费用　2 000
　　销售费用　2 400
　　贷：累计折旧　19 670

步骤三：根据折旧费用分配的会计分录登记生产成本、制造费用明细账（如本项目模块五中表2－20和本项目模块六中表2－37所示）。

模块五　归集与分配辅助生产费用

任务导入

假设河南红山仪表制造厂有一个基本生产车间，供电、供水两个辅助生产车间，各辅助车间相互提供的劳务不多，为了简化核算程序，企业在进行辅助生产费用核算时，没有设置“制造费用——辅助生产车间”账户，间接费用直接记入“生产成本——辅助生产成本”账户，辅助生产成本明细账按费用项目设置，在分配辅助生产费用时，采用了直接分配法。

该企业在辅助生产费用核算时，总账和明细账的设置是否科学？辅助费用分配方法的选择正确吗？

知识准备

一、辅助生产费用的归集

辅助生产是企业生产的重要组成部分，它的任务是为基本生产车间、管理部门等提供产品或劳务。正确核算辅助生产产品和劳务的成本，并进行合理分配，对正确核算产品成本具有十分重要的意义。

（一）辅助生产费用的概念

1. 辅助生产车间的概念

制造业企业的生产车间按其生产性质不同，可分为基本生产车间和辅助生产车间两类。基本生产车间是指从事产品生产的车间，如汽车制造企业的装配车间、喷漆车间等，基本生产车间是企业的主要生产单位。辅助生产车间是为基本生产车间、管理部门等提供各种辅助产品或劳务的服务部门，如为基本生产车间和企业其他部门提供劳务的供电车间、供水车间、运输车间、锅炉车间等，辅助生产车间是企业的辅助生产单位。

2. 辅助生产费用的概念

辅助生产费用是指辅助生产车间为开展生产活动而发生的费用，其实质就是辅助生产车间生产的产品或提供劳务的成本。由于辅助生产车间生产的产品或提供的劳务首先是为基本生产车间服务的，这部分辅助生产费用必然成为企业产品成本的组成部分；其次是为企业其他部门服务的，也就成为企业的期间费用；最后如有为外单位服务的则为企业的销售成本。很显然，辅助生产产品和劳务成本的高低，对于企业的产品成本和期间费用的高低有着很大影响，并且只有确定辅助生产产品和劳务的成本分配以后，才能核算企业产品的成本和确定期间费用。这就决定了辅助生产车间所发生的费用，必须单独进行归集与核算，并将其分别计入各受益对象中。

（二）辅助生产费用的归集与分配程序

辅助生产成本费用的归集与分配程序如图 2－1 所示。

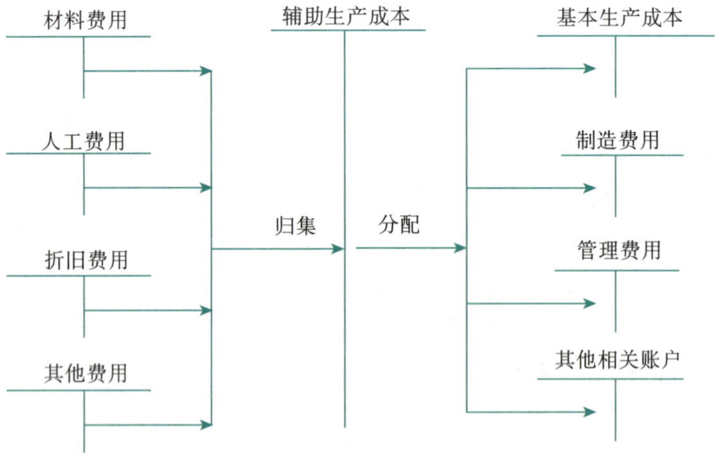

图 2－1　辅助生产成本费用的归集与分配程序

（三）辅助生产费用的归集设置的账户与归集方法

1. 辅助生产费用归集设置的账户

辅助生产费用应通过“生产成本——辅助生产成本”账户进行归集。“生产成本——辅助生产成本”账户是成本类账户，用以核算企业所发生的辅助生产费用，按辅助生产车间设置明细账，明细账按费用项目或成本项目设置。各车间发生的辅助生产费用，记入该账户的借方，生产完工的辅助产品或分配转出的劳务，记入该账户的贷方。

2. 辅助生产成本费用归集的方法

按照辅助生产车间发生的间接费用的不同归集方法，辅助生产费用的归集主要有以下两种方法。

（1）辅助生产车间不单独设置“制造费用”明细账。辅助生产车间发生的费用，无论直接费用还是间接费用，都直接记入“生产成本——辅助生产成本”账户。这种方法适用于只生产一种产品或提供一种劳务的辅助生产车间，其所发生的所有费用都是直接计入成本，都可以直接记入“生产成本——辅助生产成本”明细账相应的专栏内。其格式和登记方法见表2－20。

表2－20　供水车间辅助生产成本明细账

202×年7月　　单位：元

年		凭证号数	摘　要	材料费	燃料费	动力费	薪酬费	折旧费	合计
月	日								
			材料费用分配汇总表	18 000					18 000
			燃料费用分配汇总表		15 000				15 000
			动力费用分配汇总表			40 000			40 000
			职工薪酬费用分配表				26 000		26 000
			折旧费用分配表					3 520	3 520
			合计	18 000	15 000	40 000	26 000	3 520	102 520
			分配转出	18 000	15 000	40 000	26 000	3 520	102 520

说明：表2－20的登记依据是项目二表2－6、表2－8、表2－9、表2－18和表2－19的会计分录。实际工作中为了简化核算，通常采用不通过“制造费用”账户核算辅助生产成本的方法。

（2）辅助生产车间单独设置“制造费用”明细账。对于生产多种产品或提供多种劳务的辅助生产车间，其发生的所有耗费都应区分直接费用和间接费用，辅助生产车间直接用于产品或劳务的费用，借记“生产成本——辅助生产成本”账户；辅助生产车间发生的制造费用，先在“制造费用——辅助生产车间”账户的借方进行归集，然后从“制造费用——辅助生产车间”账户的贷方，直接转入或分配转入相应的“生产成本——辅助生产成本”账户的借方。其账务处理方法见表2－21，辅助生产成本明细账见表2－20。这是通过设置“制造费用”账户归集辅助生产成本的核算方法。

二、辅助生产费用的分配

归集在“生产成本——辅助生产成本”账户借方的辅助生产费用，由于各辅助生产车间的产品或劳务种类不同，其转出与分配程序也不一样。辅助生产主要是为基本生产和管理部门提供劳务，但辅助生产之间也相互提供劳务。如供电车间为供水车间提供电力、供水车间为供电车间提供供水劳务。这时，为了核算电力成本，需要核算供水劳务成本；为了核算供水劳务成本，又要核算电力成本。因此，辅助生产费用的核算与成本核算比较复杂。

在实际工作中，通常采用直接分配法、交互分配法、计划成本分配法、代数分配法、顺序分配法对辅助生产费用进行分配，下面对这五种方法进行具体讲解。

（一）直接分配法

直接分配法是指不考虑辅助生产车间相互提供产品或劳务，而将所发生的费用全部分配至辅助生产车间以外的各受益对象的分配方法，如表 2－21 所示。

表 2－21　　直接分配法的计算步骤及公式

直接分配法计算步骤	计算公式
（1）确定待分配费用总额	某辅助生产车间归集的费用总额
（2）确定辅助生产车间以外的各受益单位耗用的劳务总量	辅助生产车间以外的各受益单位耗用的劳务总量＝该车间提供的劳务总量－其他辅助车间耗用的劳务量
（3）计算费用分配率	$费用分配率=\frac{该辅助车间待分配的费用总额}{辅助生产车间以外的受益单位耗用的劳务(或产品)总量}$
（4）计算辅助生产车间以外的各受益单位应分配的费用	辅助生产车间以外的各受益单位应分配的费用＝该车间、部门（或产品）耗用劳务总量×分配率

辅助生产费用的直接分配法

直接分配法简便易行，但采用这种方法，辅助生产车间之间相互提供的劳务没有参与分配，因而各辅助生产车间的成本费用不完整，不利于考核辅助生产成本费用水平，也影响分配到辅助生产车间以外的其他各车间、部门的劳务费用数额的准确性。该方法一般适用于辅助生产车间提供产品或劳务较少的企业。

（二）交互分配法

小贴士：交互分配法适用于相互提供劳务较多的辅助生产。

交互分配法，是指辅助生产费用，先在各辅助生产车间之间进行交互分配，然后再将辅助生产车间交互分配后的实际费用（交互分配前的费用加上交互分配转入的费用减去交互分配转出的费用），向辅助生产车间以外的各受益对象之间进行分配的一种方法。

计算程序如下：

第一步，将各个辅助生产车间发生的直接费用首先在各个辅助生产车间之间进行交互分配。相关计算步骤及公式见表 2－22。

表 2－22　　交互分配（辅助生产车间内部之间的分配）的计算步骤及公式

交互分配计算步骤	计算公式
（1）确定交互分配前待分配的费用	某辅助生产车间交互分配前归集的费用
（2）确定该辅助车间提供的劳务总量	该辅助车间提供的劳务总量

续表

交互分配计算步骤	计算公式
（3）计算交互费用分配率	$交互费用分配率=\frac{\text{某辅助生产车间(部门)交互分配前的费用总额}}{\text{该辅助生产车间(部门)提供的劳务(或产品)总量}}$
（4）计算某辅助生产车间（部门）应分配的费用	某辅助生产车间（部门）应分配的费用＝该辅助生产车间（部门）耗用数量×费用分配率

第二步，各个辅助生产车间在直接费用的基础上，加上交互分配来的费用，减去交互分配去的费用，再在除辅助生产车间之外的其他受益车间之间进行分配（即外部分配）。相关计算步骤及公式见表2－23。

表2－23　　外部分配（辅助生产车间外部之间的分配）的计算步骤及公式

外部分配计算步骤	计算公式
（1）确定交互分配后待分配的费用	某辅助生产车间（部门）交互分配后的费用总额＝该辅助车间（部门）交互分配前的费用总额＋从其他辅助生产车间分配转入的费用－交互分配转出的费用
（2）确定该辅助生产车间（部门）提供给外部受益对象的劳务总量	该辅助生产车间（部门）提供给外部受益对象的劳务总量＝该车间提供的劳务总量－其他辅助车间耗用的劳务量
（3）计算外部分配费用分配率	$费用分配率=\frac{\text{某辅助生产车间(部门)交互分配后的费用总额}}{\text{该辅助生产车间(部门)提供给外部受益对象的劳务(或产品)总量}}$
（4）计算辅助生产车间外部某受益对象应分配的费用	辅助生产外部车间某受益对象应分配的费用＝该受益对象接受的产品（劳务）总量×费用分配率

从以上内容可见，交互分配法克服了直接分配法的缺点，提高了分配结果的正确性，但由于进行两次分配，因而计算工作量有所增加，又由于交互分配的费用分配率是根据交互分配以前的待分配费用计算的，不是该辅助生产的实际单位成本，因此分配结果不是十分准确。这种方法适用于各辅助生产车间相互提供产品或劳务较多的企业。

辅助生产费用的交互分配法

（三）计划成本分配法

计划成本分配法是指按辅助生产费用的计划单位成本和各受益单位耗用的劳务数量分配辅助生产费用的一种方法。辅助生产为各受益单位提供的产品或劳务，一律按产品或劳务的实际耗用量和计划单位成本进行分配。辅助生产车间实际发生的费用（包括辅助生产交互分配转入的费用在内）与按计划单位成本分配转出的费用之间的差额，也就是辅助生产产品或劳务的成本差异，可以追加分配给辅助生产以外的各受益单位，为了简化计算工作，也可以全部记入“管理费用”账户。采用这种方法分配辅助生产费用时，可分为以下两个步骤进行。

第一，按计划成本分配费用。根据各产品、车间、部门实际耗用的产品或劳务数量和预先确定的计划单位成本核算分配辅助生产费用。

小贴士：

采用计划成本分配法时，必须注意计划单位成本的准确性，这种方法一般只适合于制定的计划单位成本比较准确的企业采用。也正因为如此，费用分配的差额一般不会很大，可全部计入管理费用。所以采用这种分配方法，其结果是否准确，主要取决于计划单位成本的准确程度。

第二，结转分配成本差异。核算辅助生产车间实际成本和计算按计划单位成本分配出去的计划成本的差异，进行调整分配。

相关计算公式如表 2－24 所示。

表 2－24 计划成本分配法的计算步骤及公式

计算步骤	计算公式
（1）确定某车间计划单位成本	该辅助生产车间的计划单价
（2）计算某辅助生产车间对外分配计划总成本	某辅助生产车间对外分配计划总成本＝该辅助生产车间提供的劳务总量×该车间计划单位成本
（3）计算该辅助生产车间耗用其他辅助生产车间的费用	该辅助生产车间耗用其他辅助生产车间的费用＝该辅助生产车间实际耗用量×其他辅助生产车间的计划单价
（4）计算某辅助生产车间实际总成本	某辅助生产车间实际总成本＝该辅助生产车间归集的生产费用＋其他辅助车间分配转入的计划成本
（5）计算某辅助生产车间成本差异	某辅助生产车间成本差异＝该辅助车间实际总成本－该辅助车间对外分配的计划成本

代数分配法

采用计划成本分配法时，由于预先制定了产品和劳务的计划单位成本，各种辅助生产费用只需要分配一次，故简化和加速了分配的计算工作；同时能反映和考核辅助生产成本计划的执行情况以及各受益单位的成本，有利于分清企业内部各单位的经济责任。该方法适用于实行厂内经济核算、计划成本较为准确、管理水平较高的企业。

（四）代数分配法

代数分配法是指依据辅助生产费用成本与业务量之间的数量关系，运用代数中解多元方程的基本原理，首先核算各辅助生产车间的单位成本，再对全部受益对象进行分配的方法。

辅助生产费用的计划成本分配法

代数分配法依据的原理如下：

某辅助生产车间生产产品或劳务实际总成本＝辅助生产车间能够分出去的费用

即：辅助生产车间生产产品或劳务实际总成本＝某辅助生产车间在费用分配前直接归集的产品或劳务总成本＋该辅助生产车间消耗其他辅助生产产品或劳务应分入的费用

采用代数分配法时，劳务费用分配结果比较准确，但在实际工作中，如果辅助生产车间较多，而且辅助生产车间之间提供的劳务比较复杂，则计算工作较为烦琐，因而这种方法在会计工作已经实现电算化的企业中采用比较适宜。

（五）顺序分配法

顺序分配法是按各辅助生产车间相互之间受益的多少确定辅助生产费用的分配顺序，受益少的排在前面，受益多的排在后面。每个辅助生产车间的费用只对排在其后的辅助生产车间及其他受益单位进行分配，而不考虑排在其前面的各辅助生产车间相互耗用劳务的因素。

其计算公式为：

$$\text{单位成本}=\frac{\text{分配前费用}+\text{从排在前面的辅助生产车间分进的费用}}{\text{劳务总量}-\text{提供给排在前面的辅助生产车间的劳务量}}$$

采用顺序分配法分配辅助生产费用计算方法简便。但是，由于排列在前的辅助生产车间不承担耗用排列在后辅助生产车间的费用，因此分配结果不是十分准确。该分配方法适用于辅助生产车间较多，相互耗用的劳务金额相差较大的企业。

小贴士：

顺序分配法按照受益多少排列顺序，并不是指受益数量的多少，而是指受益金额的大小。

小贴士：

顺序分配法适用于各辅助生产车间相互之间耗用劳务量的多少有明显顺序的情况。

顺序分配法

综上所述，不难看出，直接分配法分配费用程序简便，但当各个辅助生产车间相互提供劳务价值量差异较大时，会影响费用分配的正确性，所以只能在各个辅助生产车间相互提供的劳务价值量大体相当的情况下使用；交互分配法分配结果比较准确，但是在企业辅助生产车间较多的情况下，分配程序比较复杂，计算工作量也较大；计划成本分配法也是一种分配结果不够准确的方法，但是，在计划成本比较科学、事前成本管理水平较高的情况下，能大大减少费用分配的工作量；代数分配法，从理论上讲，是分配结果最为准确的一种方法，但是在企业辅助生产车间较多的情况下，手工解多元线性方程组的难度较大，技术推广较难，然而，在计算机技术日益普及的情况下，多元线性方程组求解的速度极大提高，所以这种方法具有较广泛的应用前景。顺序分配法分配结果虽然不是十分准确，但计算方法简便。在实际工作中，应该根据各种不同情况，在保证会计信息质量的前提下选择合适的分配方法，以减轻会计人员的工作量。

任务实施

任务实施一 单独设置“制造费用”账户核算辅助生产成本

河南红山仪表制造厂辅助生产车间生产包装物一批，单独核算辅助生产制造费用。202×年7月发生费用如下：

（1）辅助车间生产包装物领用原材料5 800元，辅助车间一般性耗用材料300元。

（2）辅助车间生产工人工资7 600元，其他人员工资2 000元。

（3）按工资总额30%的比例提取社会保险费。

（4）计提固定资产折旧费3 200元。

（5）以银行存款支付水电费1 200元，邮电费200元，办公费700元，共计2 100元。

（6）包装物完工，结转实际成本。

要求：根据上述经济业务，单独设置“制造费用”账户进行账务处理，并登记制造费用明细账和辅助生产成本明细账。

步骤一：会计人员根据领料单、工资结算单、付款凭证等归集要素费用。

①借：生产成本——辅助生产成本——直接材料 5 800
　　制造费用——辅助生产车间 300
　　贷：原材料 6 100

②借：生产成本——辅助生产成本——直接人工 7 600
　　制造费用——辅助生产车间 2 000
　　贷：应付职工薪酬——工资 9 600

③借：生产成本——辅助生产成本——直接人工 2 280
　　制造费用——辅助生产车间 600
　　贷：应付职工薪酬——社会保险费 2 880

④借：制造费用——辅助生产车间 3 200
　　贷：累计折旧 3 200

⑤借：制造费用——辅助生产车间 2 100
　　贷：银行存款 2 100

步骤二：根据记账凭证登记制造费用明细账，汇总并结转辅助生产车间的制造费用。

本月辅助生产车间发生的制造费用 = 300 + 2 000 + 600 + 3 200 + 2 100
= 8 200（元）

⑥借：生产成本——辅助生产成本——制造费用 8 200
　　贷：制造费用——辅助生产车间 8 200

步骤三：根据记账凭证登记辅助生产成本明细账，结转包装物的实际成本（如表 2 – 25、表 2 – 26 所示）。

⑦借：周转材料——包装物 23 880
　　贷：生产成本——辅助生产成本 23 880

表 2 – 25 **辅助生产车间制造费用明细账**

202 × 年 7 月 金额单位：元

摘要	材料费	薪酬费	折旧费	水电费	邮电费	办公费	合计	转出
分配材料费	300						300	
分配工资		2 000					2 000	
分配保险费		600					600	
计提折旧费			3 200				3 200	
付其他费用				1 200	200	700	2 100	
结转制造费								8 200
合 计	300	2 600	3 200	1 200	200	700	8 200	8 200

表 2－26　**辅助生产车间辅助生产成本明细账**

202×年7月　　金额单位：元

摘要	直接材料	直接人工	制造费用	合计	转出
分配材料费	5 800			5 800	
分配工资费		7 600		7 600	
分配保险费		2 280		2 280	
结转制造费用			8 200	8 200	
结转包装物					23 880
合计	5 800	9 880	8 200	23 880	23 880

任务实施二　直接分配法

河南红山仪表制造厂设供电、供水车间两个辅助生产车间。202×年7月供水车间发生费用102 520元，提供水26 630吨，其中供电车间耗用1 000吨，基本生产车间耗用20 000吨，行政管理部门耗用5 630吨。供电车间发生费用188 960元，供电量380 500千瓦时，其中供水车间耗用2 580千瓦时，乙产品耗用280 000千瓦时，基本生产车间耗用90 000千瓦时，行政管理部门耗用7 920千瓦时，该厂辅助生产车间的制造费用不通过“制造费用”账户核算。

要求：采用直接分配法分配辅助生产成本。

步骤一：确定待分配费用总额。

供电：188 960元；供水：102 520元。

步骤二：确定辅助生产车间以外的各受益单位耗用的劳务总量。

供电：380 500－2 580＝377 920（千瓦时）；供水：26 630－1 000＝25 630（吨）

步骤三：计算费用分配率。

$$供电车间费用分配率=\frac{188\ 960}{377\ 920}=0.5\ （元/千瓦时）$$

$$供水车间费用分配率=\frac{102\ 520}{25\ 630}=4\ （元/吨）$$

步骤四：计算辅助生产车间以外的各受益单位应分配的费用。

电费分配：乙产品应承担的电费＝280 000×0.5＝140 000（元）

基本生产车间应承担的电费＝90 000×0.5＝45 000（元）

行政管理部门应承担的电费＝7 920×0.5＝3 960（元）

水费分配：基本生产车间应承担的水费＝20 000×4＝80 000（元）

行政管理部门应承担的水费＝5 630×4＝22 520（元）

步骤五：填制“辅助生产费用分配表”（见表2－27）。

表 2－27

辅助生产费用分配表（直接分配法）

202×年 7 月

金额单位：元

<table>
<tr><td rowspan="3">劳务供应车间</td><td rowspan="3">待分配费用</td><td rowspan="3">对外提供劳务量</td><td rowspan="3">分配率</td><td colspan="6">分配对象及数额</td><td rowspan="3">合计</td></tr>
<tr><td colspan="2">乙产品</td><td colspan="2">基本生产车间</td><td colspan="2">行政管理部门</td></tr>
<tr><td>数量</td><td>金额</td><td>数量</td><td>金额</td><td>数量</td><td>金额</td></tr>
<tr><td>供电车间</td><td>188 960</td><td>377 920（千瓦时）</td><td>0.5（元/千瓦时）</td><td>280 000（千瓦时）</td><td>140 000</td><td>90 000（千瓦时）</td><td>45 000</td><td>7 920（千瓦时）</td><td>3 960</td><td>188 960</td></tr>
<tr><td>供水车间</td><td>102 520</td><td>25 630（吨）</td><td>4（元/吨）</td><td></td><td></td><td>20 000（吨）</td><td>80 000</td><td>5 630（吨）</td><td>22 520</td><td>102 520</td></tr>
<tr><td>合计</td><td>291 480</td><td></td><td></td><td></td><td>140 000</td><td></td><td>125 000</td><td></td><td>26 480</td><td>291 480</td></tr>
</table>

步骤六：根据“辅助生产费用分配表”（见表 2－27），编制会计分录。

借：生产成本——基本生产成本——乙产品　　140 000
　　制造费用——基本生产车间　　125 000
　　管理费用　　26 480
　贷：生产成本——辅助生产成本——供水车间　　102 520
　　　　　　　　　　　　　　——供电车间　　188 960

任务实施三　交互分配法

河南红山仪表制造厂设有供电、供水两个辅助生产车间，202×年 7 月分别发生的费用为：供电车间 10 000 元；供水车间 3 600 元。各车间、部门耗用辅助生产的劳务数量如表 2－28 所示。

表 2－28

辅助生产车间劳务数量汇总表

202×年 7 月

<table>
<tr><td rowspan="2">劳务名称</td><td rowspan="2">计量单位</td><td colspan="5">受益对象耗用情况</td><td rowspan="2">合计</td></tr>
<tr><td>供电车间</td><td>供水车间</td><td>一车间</td><td>二车间</td><td>管理部门</td></tr>
<tr><td>电</td><td>千瓦时</td><td></td><td>3 000</td><td>25 000</td><td>10 000</td><td>3 000</td><td>41 000</td></tr>
<tr><td>水</td><td>吨</td><td>300</td><td></td><td>400</td><td>300</td><td>200</td><td>1 200</td></tr>
</table>

根据上述资料采用交互分配法分配辅助生产费用，编制“辅助生产费用分配表”，具体核算过程如下：

第一，交互分配。

步骤一：确定交互分配前待分配的费用。

供电车间 10 000 元；供水车间 3 600 元。

步骤二：确定该辅助车间提供的劳务总量。

供电车间 41 000 千瓦时；供水车间 1 200 吨。

步骤三：计算交互费用分配率。

供电车间交互分配率＝10 000÷41 000＝0.243 9（元/千瓦时）

供水车间交互分配率＝3 600÷1 200＝3（元/吨）

步骤四：计算某辅助生产车间（部门）应分配的费用。

供电车间向供水车间的交互分配额 = 3 000 × 0.243 9
= 731.70（元）

供水车间向供电车间的交互分配额 = 300 × 3 = 900（元）

步骤五：编制交互分配的会计分录。

借：生产成本——辅助生产成本——供电车间　900
　　　　　　　　　　　　　——供水车间　731.7
　贷：生产成本——辅助生产成本——供水车间　900
　　　　　　　　　　　　　　——供电车间　731.7

第二，对外部分配。

步骤一：确定交互分配后待分配的费用。

供电车间交互分配后的费用 = 10 000 + 900 − 731.70
= 10 168.30（元）

供水车间交互分配后的费用 = 3 600 + 731.70 − 900
= 3 431.70（元）

步骤二：确定该辅助生产车间提供给外部受益对象的劳务总量。

供电车间：41 000 − 3 000 = 38 000（千瓦时）

供水车间：1 200 − 300 = 900（吨）

步骤三：计算外部分配费用分配率。

供电车间对外分配率 = 10 168.30 ÷ 38 000
= 0.267 6（元/千瓦时）

供水车间对外分配率 = 3 431.70 ÷ 900 = 3.813（元/吨）

步骤四：计算辅助生产车间外部某受益对象应分配的费用。

电费分配：

一车间应承担的电费 = 25 000 × 0.267 6 = 6 690（元）

二车间应承担的电费 = 10 000 × 0.267 6 = 2 676（元）

管理部门应承担的电费 = 10 168.30 − 6 690 − 2 676
= 802.30（元）

水费分配：

一车间应承担的水费 = 400 × 3.813 = 1 525.20（元）

二车间应承担的水费 = 300 × 3.813 = 1 143.90（元）

管理部门应承担的水费 = 200 × 3.813 = 762.60（元）

步骤五：根据步骤四的计算结果编制会计分录。

借：制造费用——一车间　8 215.20
　　　　　　——二车间　3 819.90
　　管理费用　1 564.90
　贷：生产成本——辅助生产成本——供电车间　10 168.30
　　　　　　　　　　　　　　——供水车间　3 431.70

第三，填制“辅助生产费用分配表”（见表2－29）。

表2－29 辅助生产费用分配表（交互分配法）

202×年7月

辅助生产车间		供电车间			供水车间			合计（元）
		数量（千瓦时）	分配率（元/千瓦时）	金额（元）	数量（吨）	分配率（元/吨）	金额（元）	
待分配费用		41 000	0.243 9	10 000	1 200	3	3 600	13 600
交互分配	供电车间				300		900	900
	供水车间	3 000		731.70				731.70
对外分配的辅助费用		38 000	0.267 6	10 168.30	900	3.813	3 431.70	13 600
对外分配	一车间	25 000		6 690	400		1 525.20	8 215.20
	二车间	10 000		2 676	300		1 143.90	3 819.90
	管理部门	3 000		802.30	200		762.60	1 564.90
合计		38 000		10 168.30	900		3 431.70	13 600

注：尾差调整计入管理部门的费用。

任务实施四 计划成本分配法

沿用任务实施三中表2－28的资料，该企业供电车间提供的每千瓦时电的计划成本为0.29元，供水车间提供的每吨水的计划成本为2.70元。按计划成本分配法分配辅助生产费用，如表2－30所示。

步骤一：确定某车间计划单位成本。

供电：0.29元/千瓦时；供水：2.70元/吨

步骤二：核算某辅助生产车间对外分配计划总成本。

供电：41 000×0.29＝11 890（元）

供水：1 200×2.70＝3 240（元）

步骤三：核算该辅助生产车间耗用其他辅助生产车间的费用。

供电车间耗用供水车间的水费＝300×2.70＝810（元）

供水车间耗用供电车间的电费＝3 000×0.29＝870（元）

步骤四：核算某辅助生产车间实际总成本。

供电车间实际成本＝10 000＋810＝10 810（元）

供水车间实际成本＝3 600＋870＝4 470（元）

步骤五：计算某辅助生产车间成本差异。

供电车间成本差异＝10 810－11 890＝－1 080（元）

供水车间成本差异＝4 470－3 240＝1 230（元）

步骤六：填制“辅助生产费用分配表”（见表2－30）。

表 2－30　**辅助生产费用分配表（计划成本分配法）**

202×年 7 月

辅助生产车间	供电车间		供水车间		合计（元）
	数量（千瓦时）	金额（元）	数量（吨）	金额（元）	
待分配费用	41 000	10 000	1 200	3 600	13 600
计划单位成本		0. 29		2. 70	
供电车间			300	810	810
供水车间	3 000	870			870
一车间	25 000	7 250	400	1 080	8 330
二车间	10 000	2 900	300	810	3 710
管理部门	3 000	870	200	540	1 410
计划成本合计	41 000	11 890	1 200	3 240	15 130
辅助生产实际成本		10 810		4 470	15 280
辅助生产成本差异		－1 080		1 230	150

步骤七：根据“辅助生产费用分配表”（见表 2－30）编制会计分录。

（1）编制按计划成本分配辅助生产费用的会计分录。

借：制造费用——一车间　　8 330
　　　　　　——二车间　　3 710
　　生产成本——辅助生产成本——供电车间　　810
　　　　　　　　　　　　　　——供水车间　　870
　　管理费用　　1 410
　　贷：生产成本——辅助生产成本——供电车间　　11 890
　　　　　　　　　　　　　　　　——供水车间　　3 240

（2）调整辅助生产成本差异时，将辅助生产成本差异计入管理费用，超支差异用蓝字补加，节约差异用红字冲减。

借：管理费用　　150
　　贷：生产成本——辅助生产成本——供电车间　　[1 080]
　　　　　　　　　　　　　　　　——供水车间　　1 230

任务实施五　代数分配法

沿用任务实施三交互分配法中表 2－28 的资料，说明代数分配法的分配步骤。

步骤一：根据各辅助生产车间相互提供产品或劳务的数量，求解联立方程式，核算辅助生产产品或劳务的单位成本。

设：供电车间提供的每千瓦时电的单位成本为 x，

供水车间提供的每吨水的单位成本为 y，

则建立的联立方程为：$\begin{cases}10\ 000+300y=41\ 000x \\ 3\ 600+3\ 000x=1\ 200y\end{cases}$

解方程组得：x =0. 270 8，y =3. 677 0

计算结果表明：每千瓦时电的单位成本为0. 270 8 元。

每吨水的单位成本为3. 677 0 元。

步骤二：根据各受益单位（包括辅助生产内部和外部各单位）耗用产品或劳务数量及单位成本，计算分配辅助生产费用。

根据计算结果，编制“辅助生产费用分配表”，如表2 –31 所示。

表2 –31　　**辅助生产费用分配表（代数分配法）**

202×年7 月　　金额单位：元

辅助生产车间			供电车间	供水车间	合计
待分配辅助生产费用			10 000	3 600	13 600
辅助车间提供劳务量			41 000（千瓦时）	1 200（吨）	
单位成本			0. 270 8	3. 677 0	
受益对象	供电车间	耗用数量		300（吨）	
		分配金额		1 103. 10	1 103. 10
	供水车间	耗用数量	3 000（千瓦时）		
		分配金额	812. 40		812. 40
	一车间	耗用数量	25 000（千瓦时）	400（吨）	
		分配金额	6 770	1 470. 80	8 240. 80
	二车间	耗用数量	10 000（千瓦时）	300（吨）	
		分配金额	2 708	1 103. 10	3 811. 10
	管理部门	耗用数量	3 000（千瓦时）	200（吨）	
		分配金额	812. 70	735. 40	1 548. 10
合计			11 103. 10	4 412. 40	15 515. 50

注：尾差调整计入管理部门的费用。

在表2 –31 中，供电车间已分配费用总额11 103. 10 元和供水车间已分配费用总额4 412. 40 元与其应分配总额是一致的。

供电车间为：10 000 +1 103. 10 =11 103. 10（元），

供水车间为：3 600 +812. 40 =4 412. 4（元）。

步骤三：根据“辅助生产费用分配表”编制会计分录。

借：生产成本——辅助生产成本——供电车间　　1 103. 10
　　　　　　　　　　　　　　——供水车间　　812. 40
　　制造费用——一车间　　8 240. 80
　　　　　　——二车间　　3 811. 10
　　管理费用　　1 548. 10
　　贷：生产成本——辅助生产成本——供电车间　　11 103. 10
　　　　　　　　　　　　　　　　——供水车间　　4 412. 40

任务实施六　顺序分配法

沿用任务实施三交互分配法中表 2－28 的资料，采用顺序分配法对辅助生产费用进行分配。

步骤一：填制“辅助生产费用分配表”（见表 2－32）。

表 2－32　辅助生产费用分配表（顺序分配法）

202×年 7 月　　金额单位：元

项目		供水车间		供电车间		合计
		供应数量（吨）	分配金额	供应数量（千瓦时）	分配金额	
直接发生的费用			3 600		10 000	
分配转入的费用					900	
待分配的费用			3 600		10 900	
劳务总量		1 200		38 000		
费用分配率			3（元/吨）		0. 286 8（元/千瓦时）	
受益对象	供水车间					
	供电车间	300	900			900
	一车间	400	1 200	25 000	7 170	8 370
	二车间	300	900	10 000	2 868	3 768
	管理部门	200	600	3 000	862	1 462

供水车间费用分配率＝3 600 ÷ 1 200＝3（元/吨）

$$供电车间费用分配率=\frac{10\ 000+900}{41\ 000-3\ 000}=0.286\ 8（元/千瓦时）$$

步骤二：根据“辅助生产费用分配表”编制会计分录。

借：制造费用——一车间　8 370
　　　　　　——二车间　3 768
　　管理费用　1 462
　　生产成本——辅助生产成本——供电车间　900
　　贷：生产成本——辅助生产成本——供水车间　3 600
　　　　　　　　　　　　　　　——供电车间　10 900

模块六　归集与分配制造费用

任务导入

河南红山仪表制造厂在生产产品的过程中，除了产品直接耗用各种材料费用、发生人工费用和其他直接费用外，还会发生各种间接费用，这些间接费用通过“制造费用”账户进行归集和分配。制造费用是产品成本的重要组成部分，其核算是否准确，直接影响产品成本的可靠性。所以，加强制造费用的控制管理，组织好制造费用的核算，对正确核算产品成本具有重要意义。

知识准备

一、制造费用的含义及内容

小贴士：

直接生产费用≠直接计入费用；间接生产费用≠间接计入费用。

制造费用是指生产车间为生产产品或提供劳务而发生的应该计入产品成本，但没有专设成本项目的各项生产费用。制造费用主要包括以下几个方面。

（1）间接用于产品生产的各种费用。例如，机物料消耗、车间辅助人员的薪酬费、车间生产用房屋及建筑物的折旧费、租赁费和保险费、车间生产用的照明费、取暖费、运输费、劳保费以及季节性停工损失等。

（2）直接用于产品生产，但管理上不要求或核算上不便于单独核算，因而没有专设成本项目的各项费用。例如，机器设备的折旧费、生产工具摊销。

（3）生产车间为组织和管理生产而发生的费用。例如，车间管理人员的薪酬费、车间管理用房屋及建筑物的折旧费、车间管理用具的摊销、车间管理用的照明费、水费、取暖费、办公费等。

二、制造费用的归集和列支渠道

小贴士：

制造费用的项目有的可以按照费用的经济用途设立，如将用于车间办公方面的各项支出设立“办公费”项目；也可以按照费用的经济内容设立，如将车间生产用房屋及建筑物的折旧费、机器设备的折旧费、车间管理用房屋及建筑物的折旧费合并，设立“折旧费”项目。

制造费用的归集和分配是通过“制造费用”账户进行的，该账户按车间（基本生产车间、辅助生产车间）设置明细账，账内按照费用项目设立专栏，分别反映各车间各项制造费用的支出情况。

制造费用发生时，根据前述的各项费用分配表及有关的付款凭证、转账凭证，借记“制造费用”账户，贷记“原材料”“应付职工薪酬”“银行存款”“累计折旧”等账户；期末，将制造费用分配计入有关的成本核算对象，借记“生产成本——基本生产成本”账户，贷记“制造费用”账户。除季节性生产企业外，期末结转以后“制造费用”账户应无余额。

三、制造费用的分配标准与方法

为了正确核算产品成本，在归集汇总了制造费用以后，还必须于期末将其分配给各受益对象。如果车间只生产一种产品，则归集的制造费用属于直接费用，可以直接计入该种产品成本，不存在制造费用分配的问题。如果车间生产多种产品，则归集的制造费用属于间接费用，这时应采用适当的方法对制造费用进行分配，分别计入各种产品的成本。

制造费用的分配方法有很多，主要包括生产工人工时（实耗工时或定额工时）比例分配法、生产工人工资比例分配法、机器工时比例分配法、年度计划分配率分配法等。由于各车间制造费用水平不同，所以制造费用应该按照各车间分别进行分配，而不得将各车间的制造费用统一起来在整个企业范围内进行分配。

（一）生产工人工时比例分配法

生产工人工时比例分配法是按照各种产品所用生产工人工时的比例分配制造费用的一种方法。其计算公式如表 2－33 所示。

表 2－33　生产工人工时比例分配法的计算步骤及公式

计算步骤	计算公式
（1）确定待分配的制造费用	某车间归集的制造费用总额
（2）计算该车间产品生产工时总额	该车间生产的各种产品生产工时之和
（3）计算制造费用分配率	制造费用分配率＝制造费用总额÷车间各种产品生产工时总额
（4）计算某种产品应分配的制造费用	某种产品应分配的制造费用＝该种产品生产工时×制造费用分配率

按生产工时比例分配制造费用是较为常用的一种分配方法，它能将劳动生产率的高低与产品负担费用的多少联系起来，分配结果比较合理。但是必须组织好产品生产工时的记录和核算工作，以保证生产工时的正确、可靠。

（二）生产工人工资比例分配法

生产工人工资比例分配法是以各种产品的生产工人工资的比例分配制造费用的一种方法。其计算公式如表 2－34 所示。

表 2－34　生产工人工资比例分配法的计算步骤及公式

计算步骤	计算公式
（1）确定待分配的制造费用	某车间归集的制造费用总额
（2）计算该车间产品生产工人工资总额	该车间生产的各种产品生产工人工资之和
（3）计算制造费用分配率	制造费用分配率＝制造费用总额÷各产品生产工人工资总额
（4）计算某种产品应分配的制造费用	某种产品应分配的制造费用＝该种产品生产工人工资×制造费用分配率

采用该种分配方法，核算工作较为简便，但是这种方法适用于各种产品生产机械化程度大致相同的企业，否则会影响费用分配的合理性。如机械化程度低的产品，所用工资费用多，分配的制造费用也多；反之，机械化程度高的产品，所用工资费用少，分配的制造费用也少，这就出现了不合理的情况。

（三）机器工时比例分配法

机器工时比例分配法是按照各种产品所用机器设备运转时间的比例分配制造费用的一种方法。其计算公式如表 2－35 所示。

表 2－35　　机器工时比例分配法的计算步骤及公式

计算步骤	计算公式
（1）确定待分配的制造费用	某车间归集的制造费用总额
（2）计算该车间各种产品机器工时总额	该车间各种产品所耗用的机器工时之和
（3）计算制造费用分配率	制造费用分配率＝制造费用总额÷各产品机器工时之和
（4）计算某种产品应分配的制造费用	某产品应分配的制造费用＝该产品所耗机器工时×制造费用分配率

小贴士：

机器工时比例分配法适用于机械化、自动化程度较高的生产。

采用这种方法，必须正确组织各种产品所耗用机器工时的记录工作，以保证生产工时的准确性。该方法的计算程序、原理与生产工人工时比例分配法基本相同。

（四）年度计划分配率分配法

年度计划分配率分配法是无论各月实际发生的制造费用是多少，每月各种产品成本中的制造费用都按年度计划确定的计划分配率分配的一种方法。其计算公式如表 2－36 所示。

表 2－36　　年度计划分配率分配法的计算步骤及公式

计算步骤	计算公式
（1）确定待分配的年度制造费用计划总额	本年度制造费用计划总额
（2）年度各种产品计划定额总工时	年度各种产品计划产量定额总工时＝Σ（某产品全年计划产量×单位产品的工时定额）
（3）计算年度计划分配率	年度计划分配率＝$\frac{\text{年度制造费用计划总额}}{\text{年度各种产品计划定额总工时}}$
（4）确定各月某产品实际产量定额工时	各月某产品实际产量定额工时＝该月该产品实际产量×单位产品的工时定额
（5）计算各月某种产品应分配的制造费用	各月某种产品应分配的制造费用＝该月该种产品实际产量定额工时×年度计划分配率

小贴士：

年度计划分配率分配法适用于季节性生产企业。

小贴士：

制造费用的分配方法，可以由企业主管部门统一规定，也可以由企业根据具体情况自行规定；一经确定不能随意变更，以保持前后期成本资料的可比性。

按年度计划分配率分配制造费用，核算工作较为简便，特别适用于季节性生产的企业。因为在这种生产企业中，每月发生的制造费用相差不多，但生产的淡季和旺季产量相差悬殊，如果按实际费用进行分配，各月单位成本中的制造费用就会忽高忽低，不利于成本分析与考核。而按年度计划分配率分配制造费用，有利于均衡各月的产品成本水平。但是，采用这种分配方法，必须有较高的计划管理工作水平，否则年度制造费用的计划数脱离实际数太大，会影响企业成本核算的准确性。

任务实施

任务实施一　制造费用明细账的登记与分配

202×年7月，河南红山仪表制造厂基本生产车间生产甲、乙两种产品，现根据本月成本费用分配表（见表2－6、表2－8、表2－9、表2－18、表2－19及表2－27）来登记制造费用明细账，已知甲产品生产工时为40 000小时，乙产品生产工时为60 000小时。

制造费用的分配

要求：根据表2－6、表2－8、表2－9、表2－18、表2－19及表2－27，登记202×年7月基本生产车间制造费用明细账，并采用生产工时比例法分配制造费用，同时进行相应账务处理。

步骤一：登记基本生产车间制造费用明细账（见表2－37）。

表2－37　　**基本生产车间制造费用明细账**

202×年7月　　金额单位：元

日期	摘要	机物料	燃料费	水电费	薪酬费	折旧费	其他	合计
略	材料费用分配汇总表	20 000						20 000
	燃料费用分配汇总表		10 000					10 000
	动力费用分配汇总表			10 000				10 000
	职工薪酬费用分配汇总表				30 000			30 000
	折旧费用分配表					10 000		10 000
	辅助生产费用分配表			45 000			80 000	125 000
	合计	20 000	10 000	55 000	30 000	10 000	80 000	205 000
	分配转出	20 000	10 000	55 000	30 000	10 000	80 000	205 000

步骤二：根据表2－37的数据，分配基本生产车间制造费用（见表2－38）。

表2－38　　**制造费用分配表**

202×年7月

产品名称	生产工时（小时）	分配率（元/小时）	分配额（元）
甲产品	40 000	2.05	82 000
乙产品	60 000	2.05	123 000
合计	100 000		205 000

步骤三：根据表2－38，编制分配制造费用的会计分录。

借：生产成本——基本生产成本——甲产品　　82 000
　　　　　　　　　　　　　——乙产品　　123 000
　贷：制造费用——一车间　　　　　　　　205 000

任务实施二　生产工人工时比例分配法

202×年7月河南红山仪表制造厂一车间的制造费用为6 500元，二车间的制造费用为4 800 元。一车间生产甲、乙两种产品，甲产品生产工人工时为2 600 小时，乙产品生产工人工时为2 400 小时；二车间只生产一种产品——丙产品。计算步骤如下：

步骤一：计算甲、乙产品应负担的制造费用。

车间的制造费用分配率 =6 500 ÷(2 600 +2 400)

=1. 30（元/小时）

甲产品应负担的制造费用 =2 600 ×1. 30 =3 380（元）

乙产品应负担的制造费用 =2 400 ×1. 30 =3 120（元）

步骤二：编制“制造费用分配表”，如表2 –39 所示。

表2 –39 **制造费用分配表**

202 × 年7 月 车间名称：一车间

项目 受益对象	生产工人工时（小时）	分配率（元/小时）	分配金额（元）
甲产品	2 600	1. 30	3 380
乙产品	2 400	1. 30	3 120
合计	5 000		6 500

步骤三：根据“制造费用分配表”编制相应会计分录。

借：生产成本——基本生产成本——甲产品 3 380

——乙产品 3 120

贷：制造费用——一车间 6 500

步骤四：计算二车间丙产品应负担的制造费用。

由于二车间只生产一种产品，所以制造费用不存在分配问题，直接转入“生产成本——基本生产成本”账户。

借：生产成本——基本生产成本——丙产品 4 800

贷：制造费用——二车间 4 800

任务实施三 生产工人工资比例分配法

202 × 年7 月河南红山仪表制造厂一车间制造费用总额为6 500 元，假如该车间工人工资为计件工资，总计13 000 元，其中生产甲产品工人工资7 500 元，生产乙产品工人工资5 500 元。计算步骤如下：

步骤一：计算甲、乙产品应分配的制造费用。

制造费用分配率 =6 500 ÷(7 500 +5 500) =0. 50

甲产品应分配的制造费用 =7 500 ×0. 50 =3 750（元）

乙产品应分配的制造费用 =5 500 ×0. 50 =2 750（元）

步骤二：编制“制造费用分配表”，如表2 –40 所示。

表 2－40

制造费用分配表

202×年 7 月　　车间名称：一车间

项目 / 受益对象	生产工人工资（元）	分配率	分配金额（元）
甲产品	7 500	0.50	3 750
乙产品	5 500	0.50	2 750
合计	13 000		6 500

步骤三：根据“制造费用分配表”编制相应会计分录。

借：生产成本——基本生产成本——甲产品　　3 750
　　　　　　　　　　　　　　——乙产品　　2 750
　贷：制造费用——一车间　　　　　　　　　　6 500

任务实施四　机器工时比例分配法

202×年 7 月河南红山仪表制造厂一车间的制造费用为 6 500 元，甲、乙两种产品机器工时总额为 2 500 小时，其中甲产品机器工时为 1 500 小时，乙产品机器工时为 1 000 小时。计算步骤如下：

步骤一：计算甲、乙产品应分配的制造费用。

制造费用分配率＝6 500÷(1 500＋1 000)＝2.60（元/小时）

甲产品应分配的制造费用＝1 500×2.60＝3 900（元）

乙产品应分配的制造费用＝1 000×2.60＝2 600（元）

步骤二：填制“制造费用分配表”，如表 2－41 所示。

表 2－41

制造费用分配表

202×年 7 月　　车间名称：一车间

项目 / 受益对象	产品机器工时（小时）	分配率（元/小时）	分配金额（元）
甲产品	1 500	2.60	3 900
乙产品	1 000	2.60	2 600
合计	2 500		6 500

步骤三：根据“制造费用分配表”（见表 2－41）编制相应会计分录。

借：生产成本——基本生产成本——甲产品　　3 900
　　　　　　　　　　　　　　——乙产品　　2 600
　贷：制造费用——一车间　　　　　　　　　　6 500

任务实施五　年度计划分配率分配法

河南红山仪表制造厂一车间生产甲、乙两种产品，本年度该车间制造费用计划总额为 81 000 元，本年计划生产甲产品 5 000 件、乙产品 3 000 件，单位产品定额工时为甲产品 18 小时，乙产品 15 小时。202×年 7 月一车间实际生产甲产品 400 件、乙产品 350 件，实际发生制造费用 6 500 元。经查，月初“制造费用——一车间”明细账有贷方余额 300 元。该工厂按年度计划分配率分配法分配制造费用。其计算步骤如下：

步骤一：确定一车间待分配的年度制造费用计划总额为 81 000 元。

步骤二：计算年度各种产品计划定额总工时。

甲产品年度计划产量定额工时 = 5 000 × 18 = 90 000（小时）

乙产品年度计划产量定额工时 = 3 000 × 15 = 45 000（小时）

年度各种产品计划定额总工时 = 90 000 + 45 000 = 135 000（小时）

步骤三：计算年度计划分配率。

年度计划分配率 = 81 000 ÷ 135 000 = 0.60（元/小时）

步骤四：计算甲、乙产品应分配的制造费用。

甲产品本月实际产量定额工时 = 400 × 18 = 7 200（小时）

乙产品本月实际产量定额工时 = 350 × 15 = 5 250（小时）

本月甲产品分配的制造费用 = 7 200 × 0.60 = 4 320（元）

本月乙产品分配的制造费用 = 5 250 × 0.60 = 3 150（元）

步骤五：编制分配制造费用的会计分录。

借：生产成本——基本生产成本——甲产品　　4 320
　　　　　　　　　　　　　　——乙产品　　3 150
　贷：制造费用——一车间　　　　　　　　　　7 470

本例中，一车间 202×年 7 月实际发生的制造费用数额为 6 500 元，该数额小于按照该月实际产量和年度计划分配率转出的制造费用为 7 470 元。因此，采用这种分配方法，制造费用明细账及总账可能有月末余额（借方或贷方），各月月末余额不必处理，累积到年底。“制造费用”账户如果有年末余额，就是全年制造费用实际发生额与计划分配额的差额，一般应在年末调整计入 12 月份的产品成本，借记“生产成本——基本生产成本”账户，贷记“制造费用”账户。如果实际发生额大于计划分配额，用蓝字补记；如果实际发生额小于计划分配额，用红字冲减。调整后，“制造费用”账户年末无余额。相关计算公式如表 2－42 所示。

表 2－42　　年度计划分配率分配法下年末制造费用差异分摊的计算步骤及公式

计算步骤	计算公式
（1）计算差异额分配率	$差异额分配率=\frac{累计差异额}{按年度计划分配率分配的制造费用}$
（2）计算某产品应分配的差异额	某产品应分配的差异额 = 该产品按计划分配率分配的制造费用 × 差异额分配率

模块七　归集与分配损失性费用

任务导入

损失性费用是指企业由于生产组织不合理、经营管理不善、生产工人未执行技术操作、规程等原因造成的人力、物力、财力上的损失，主要包括废品损失、停工损失以及在产品的盘亏和毁损等。从理论上来讲，这些损失不形成产品价值，不应该计入产品成本。但是在实际应用时，为了促进企业加强经济管理、减少损失，而将这些与生产有直接关系的损失计入产品成本。正确反映和控制损失性费用，对于降低产品成本、增强企业竞争力、提高经济效益和社会效益具有重要意义。

知识准备

生产损失是指在生产过程中发生的不能正常产出的各种耗费。通常情况下，可将其归为四类：一是生产损耗；二是生产废料；三是废品损失；四是停工损失。这四类中的前两类，在成本核算时已经进行了考虑，有的被计入产品成本，有的变卖或作价入库成为收入。因此，真正属于成本核算中的生产损失主要是指废品损失和停工损失。

一、废品的含义及分类

废品是指质量不符合规定的技术标准，不能按原定用途使用，或者需要加工修理后才能按原定用途使用的在产品、半成品和产成品。凡质量不符合规定技术标准，但经检验部门检验不需要返修即可降价出售的产品，在实际工作中称为次品，不属于废品的范畴，其降价损失体现为销售损益，不作为废品损失处理。

废品按其能否和是否需要修复可分为可修复废品和不可修复废品。可修复废品是指该废品在技术上可以修复且修复费用的支出是经济合算的，不可修复废品是指该废品在技术上是不可修复的，或者虽能修复但在经济上不合算。

废品按其产生的原因不同可分为料废品和工废品。料废品是指由于材料质量、规格、性能不符合要求而制造的废品。工废品是指在生产过程中由于加工工艺技术、工人操作方法、技术水平等方面的缺陷所制造的废品。无论废品是料废品还是工废品，都必须分清产生的原因，以便追究经济责任。

废品损失的含义

二、废品损失的含义及列支渠道

废品损失是指生产过程中因产生废品所形成的损失，包括可修复废品的修复费用和不可修复废品的生产成本扣除废品残值及过失人赔款后的净损失。在生产过程中产生废品时，应填写“废品通知单”。“废品通知单”是进行废品损失核算的原始凭证，在单内应详细填写废品的名称、产生废品的原因、工序、责任人、处理意见等。

为了考核和控制各生产单位的废品损失，在成本项目中应增设“废品损失”成本项目，并增设“废品损失”总分类账户，也可以不设此账户，只在“生产成本”总分类账户下设置的“废品损失”明细账户中进行废品损失的核算即可。“废品损失”账户的借方登记发生的可修复废品的修复费用、不可修复废品的生产成本，贷方登记应由保险公司、责任人赔偿的损失和结转的废品净损失。月末将发生的不可修复废品净损失由“废品损失”账户的贷方转入“生产成本”账户下的“废品损失”成本项目，且由当月合格产品负担。“废品损失”账户应分不同的基本生产车间并按废品的品种或批别分别设置明细账，其格式如表 2－43 所示。

表 2－43 **废品损失明细账**

202×年 7 月

××车间　单位：元

××年		摘　要	产品名称及废品损失金额			
月	日		甲产品	乙产品	丙产品	……………
7	31	可修复废品的修复费用： 直接材料 直接人工 制造费用 小　计				
		不可修复废品的生产成本： 直接材料 直接人工 制造费用 小　计				
		减：废品残值				
		责任人赔款				
		废品净损失				

小贴士：

产品销售以后发生的废品属于产品“三包”损失，记入销售费用，不作为废品损失核算。

三、废品损失的核算

可修复废品和不可修复废品损失的核算程序，如图 2－2 所示。

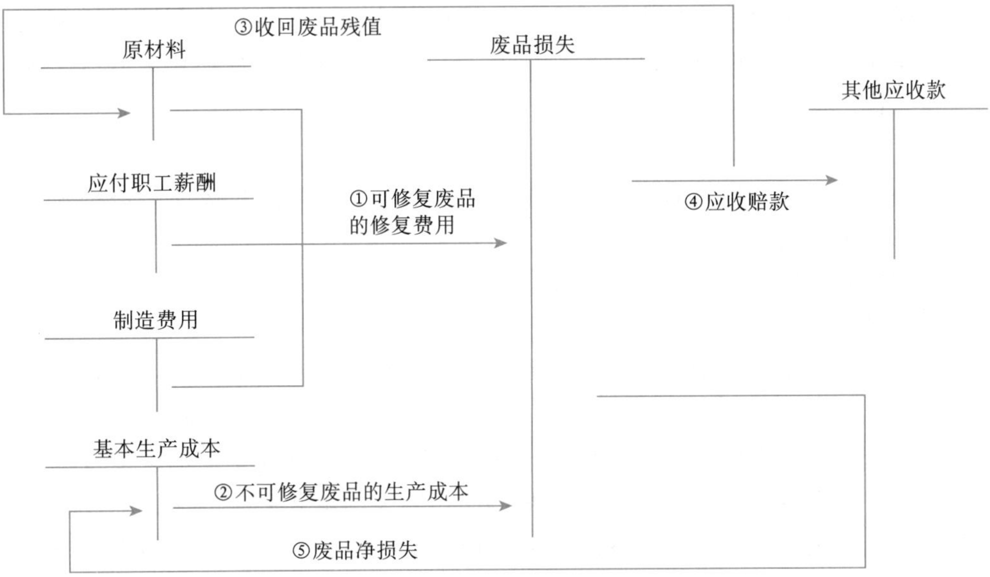

图2－2 废品损失核算程序

说明：

①归集修复废品发生的料、工、费，记入“废品损失”账户；

②结转不可修复废品的生产成本，将其转入“废品损失”账户；

③回收残料价值，冲减废品损失；

④确定责任赔款，冲减废品损失；

⑤结转废品净损失，将其转入基本生产成本账户“废品损失”专栏。

可修复废品的损失是修复过程中发生的修复费用。因此，可修复废品在返修以前发生的生产费用，应留在“基本生产成本”账户内，对返修过程中发生的修复费用，可根据材料费用、人工费用、制造费用分配表的分配结果进行归集，记入“废品损失”账户，如果有责任人赔款，则冲减“废品损失”账户金额。

不可修复废品损失发生时，由于其成本与合格品是捆绑在一起的，因此，必须采用一定的方法将不可修复废品的生产成本与合格品生产成本进行分离，并将不可修复废品的生产成本从生产成本账户中转出，待确定不可修复废品的净损失后，再将不可修复废品的净损失转回生产成本账户，由全部合格品共同承担不可修复废品的净损失。

不可修复废品的生产成本通常有两种核算方法，即按废品所耗实际费用核算和按定额成本核算。

按废品所耗实际费用核算废品生产成本，是指按成本项目将实际发生的生产费用在合格品与废品之间进行分配。其原材料费用按合格品与废品的数量比例进行分配，通常情况下，废品的数量是根据投料程度来确定的，其余成本项目可按合格品和废品的工时比例分配，废品所耗工时要根据“废品通知单”等原始记录确定。

按定额成本核算废品生产成本，是指根据废品的数量、各项消耗定额及计划单价核算不可修复废品的生产成本。一般适合在定额资料比较齐全、准确度较高的情况下使用。

小贴士：

凡是本月发生的修复费用，无论被修废品是在本月发现还是在以前月份发现，均作为本月废品损失进行归集。

（一）不可修复废品损失的核算

不可修复废品损失的核算涉及两方面内容，即不可修复废品报废损失的计算和对损失的会计处理。

归集和分配不可修复废品损失，首先要核算截至报废时已经发生的废品成本。其计算公式如下：

废品成本＝废品应负担的材料费＋废品应负担的人工费＋废品应负担的制造费用

确定废品成本后，减去残料价值即为不可修复废品损失。不可修复废品报废损失减去从过失人处应收回的赔偿款，即为不可修复废品净损失。不可修复废品在未发现前是与合格产品一起投入生产的，因而各项费用也是合并在一起计算的。因此，上述公式中的各项应负担的费用是采用一定的分配方法从生产总费用中分离出来的，通常有以下两种计算方法：一是按废品所耗用实际费用计算；二是按废品所耗用定额费用计算。

不可修复废品损失（实际费用法核算）

1. 按实际费用计算

采用这一方法，就是在废品报废时根据废品和合格品发生的全部实际费用，采用一定的分配方法，在合格品与废品之间进行分配，核算出废品的实际成本，从“生产成本——基本生产成本”账户的贷方转入“废品损失”账户的借方。

按废品的实际生产成本核算废品损失，虽然符合实际，但核算工作量较大。

不可修复废品损失（定额费用法核算）

2. 按定额费用计算

这种方法是将不可修复废品按照定额费用核算其成本，再将废品的定额成本扣除残料的回收价值，即为废品损失，不考虑实际发生的费用。

小贴士：

废品损失会造成合格产品的单位成本提高。

采用定额费用核算废品成本，方法简便、计算及时，有利于控制废品损失，故应用较为广泛。此方法适用于定额成本资料较完善、准确的企业。

（二）可修复废品损失的核算

可修复废品损失是指在废品修复过程中所发生的修复费用，包括为修复废品所耗用的直接材料、直接人工、制造费用等。可修复废品发生的各种修复费用，应根据各种费用分配表归集在“废品损失”账户及其有关明细账的借方，如有残值回收和应收赔偿款，应抵减废品成本，即分别根据废料交库单和有关结算凭证，将残料价值由“废品损失”账户的贷方转入“原材料”等有关账户的借方，将应收赔偿款由“废品损失”账户的贷方转入“其他应收款”账户的借方；将废品净损失（即修复费用减去残值和赔偿款的差额）由“废品损失”账户的贷方转入“生产成本——基本生产成本”账户借方的“废品损失”成本项目。

可修复废品损失核算

四、停工损失的核算

停工损失是指企业或生产车间、班组在停工期间内（非季节性停工期间）发生的各项费用，包括停工期内支付的生产工人的工资和所耗用的燃料和动力费，以及应负担的制造费用等。

企业停工的原因多种多样，时间有长有短，范围有大有小，为了简化核算手续，只在超过一定时间和范围时，才核算停工损失。由于自然灾害引起的停工损失，应按规定转为营业外支出；其他停工损失，如原材料供应不足、机器设备发生故障，以及计划减产等原因造成的停工损失，应计入产品成本。停工时车间应填写停工报告单，并将经有关部门审核的停工报告单作为停工损失核算的根据。停工损失既可以单独核算，也可以不单独核算。为了简化核算工作，辅助生产车间一般不单独核算停工损失。

停工损失的归集和分配，是通过设置“停工损失”账户进行的。该账户应按车间和成本项目进行明细核算，其借方登记生产单位发生的各项停工损失，贷方登记应由过失人或过失单位缴纳的赔偿款，以及应转出和分配到产品成本中的停工损失。该账户一般无余额。

过失单位、过失人或保险公司的赔偿款，应从“停工损失”账户的贷方转入“其他应收款”等账户的借方；属于自然灾害的部分，转入“营业外支出”账户的借方；应由本月产品成本负担的部分，则转入“生产成本——基本生产成本”账户的借方。

> **小贴士：**
> 在单独核算废品损失和停工损失的企业中，将应计入本月产品成本的生产费用全部归集在“基本生产成本”账户的借方，并在各产品成本明细账本月发生额中按“直接材料”“直接人工”“制造费用”“废品损失”“停工损失”等成本项目分别反映。

任务实施

任务实施一　不可修复废品损失的核算（按实际费用核算）

202×年7月河南红山仪表制造厂一车间生产甲产品200件，完工后在质检过程中发现其中有20件为不可修复废品。该产品成本明细账所注明合格品和废品共同发生的生产费用为：原材料费用84 000元，直接人工费用12 000元，制造费用6 500元，合计102 500元。原材料是在生产开始时一次投入的，因而原材料费用应按合格品数量180件（200－20）和废品数量20件的比例进行分配；其他费用按生产工人工时比例分配。生产工时为：合格品2 400小时，废品200小时，合计2 600小时。废品回收的残料计价280元，应收过失人赔款800元。

步骤一：根据上述资料，编制“不可修复废品损失计算表”（见表2－44）。

表 2－44　　一车间不可修复废品损失计算表（按实际费用计算）

产品名称：甲产品　　202×年7月　　金额单位：元

项目	数量（件）	直接材料	生产工时（小时）	直接人工	制造费用	合计
合格品和废品生产费用	200	84 000	2 600	12 000	6 500	102 500
费用分配率		420 （元/件）		4.62 （元/小时）	2.50 （元/小时）	
废品生产成本	20	8 400	200	924	500	9 824
减：残料回收价值		280				280
废品损失		8 120		924	500	9 544

步骤二：根据“不可修复废品损失计算表”，编制会计分录。

（1）将废品生产成本从“生产成本——基本生产成本”账户及其所属明细账户的贷方转出：

借：废品损失——车间——甲产品　　9 824
　贷：生产成本——基本生产成本——甲产品（直接材料）　8 400
　　（直接人工）　924
　　（制造费用）　500

（2）回收残料价值：

借：原材料　　280
　贷：废品损失——车间——甲产品　　280

（3）应收过失人赔款：

借：其他应收款　　800
　贷：废品损失——车间——甲产品　　800

（4）将废品净损失 8 744（9 824－280－800）元转入同种合格品的成本，记入甲产品成本明细账“废品损失”成本项目：

借：生产成本——基本生产成本——甲产品（废品损失）　8 744
　贷：废品损失——车间——甲产品　　8 744

任务实施二　不可修复废品损失的核算（按定额费用计算）

202×年7月河南红山仪表制造厂对完工产品质检时，发现甲产品有20件为不可修复废品，残料回收价值280元。甲产品每件定额成本为：直接材料410元，直接人工4.80元，制造费用2.30元。

步骤一：根据上述资料，编制“不可修复废品损失计算表”（见表2－45）。

表 2－45　一车间不可修复废品损失计算表（按定额费用计算）

202×年 7 月

产品名称：甲产品　金额单位：元

项目	直接材料	直接人工	制造费用	合计
单位定额费用	410	4.80	2.30	417.1
废品定额成本	8 200	96	46	8 342
减：残料回收	280			
废品损失	7 920	96	46	8 062

步骤二：根据“不可修复废品损失计算表”，编制会计分录。

（1）按定额成本结转废品生产成本时：

借：废品损失——车间——甲产品　8 342

　贷：生产成本——基本生产成本——甲产品（直接材料）　8 200

　　（直接人工）　96

　　（制造费用）　46

（2）回收残料价值时：

借：原材料　280

　贷：废品损失——车间——甲产品　280

（3）将废品净损失 8 062（8 342－280）元转入同种合格品成本时：

借：生产成本——基本生产成本——甲产品（废品损失）　8 062

　贷：废品损失——车间——甲产品　8 062

任务实施三　可修复废品损失的核算

202×年 7 月，河南红山仪表制造厂一车间生产的甲产品中有 6 件可修复废品，修复耗用 A 材料 820 元，人工费用 500 元，应分摊制造费用 250 元，残料收回 86 元，查明原因后，应由责任人赔偿 400 元。

根据上述资料，编制会计分录如下：

步骤一：归集可修复废品的修复费用时：

借：废品损失——一车间——甲产品　1 570

　贷：原材料——A 材料　820

　　应付职工薪酬　500

　　制造费用——一车间　250

步骤二：应收责任人赔款时：

借：其他应收款——××责任人　400

贷：废品损失——一车间——甲产品 400

步骤三：残料价值回收入账时：

借：原材料 86

贷：废品损失——一车间——甲产品 86

步骤四：净损失 1 084 元（1 570 - 400 - 86）结转时：

借：生产成本——基本生产成本——甲产品（废品损失） 1 084

贷：废品损失——一车间——甲产品 1 084

任务实施四 停工损失的核算

河南红山仪表制造厂基本生产车间生产丙产品，由于设备大修理停工 5 天，停工期间应支付生产工人工资 5 000 元；按停工工时和生产工时比例分配，停工期间应分配的制造费用为 980 元。

要求：根据上述业务归集和分配该车间停工损失并进行账务处理。

步骤一：归集停工损失时：

借：停工损失——基本生产车间 5 980

贷：应付职工薪酬——工资 5 000

制造费用 980

步骤二：结转停工损失时：

借：生产成本——基本生产成本（停工损失） 5 980

贷：停工损失——基本生产车间 5 980

项目总结

本项目共有七个模块，详细讲解了制造业企业产品成本要素费用的归集与分配。

模块一主要介绍了材料费用核算的过程，即对生产经营过程中发生的材料费用根据领料凭证归集和分配到有关成本核算对象的过程。间接材料费用分配时可以采用材料定额消耗量比例分配法、材料定额费用比例分配法等分配方法。

模块二主要介绍了企业的外购动力费用是按用途进行分配的，在分配时应遵守的原则是：各受益对象有记录的，直接根据记录核算计入各受益对象的成本；没有记录的，可按生产工时比例、机器功率时数比例或定额耗用量比例分配。为了加强企业能源耗费的核算和管理，对此项耗费比较大的企业，在产品成本项目里专设“燃料和动力”项目反映，如果此项耗费较少，也可直接分配计入制造费用。

模块三主要介绍了人工费用。产品成本中的“直接人工费用”是指直接从事产品生产的生产工人的薪酬。货币性职工薪酬总额是指企业在一定时期内以货币形式直接支付给本企业全部职工的劳动报酬总额。职工薪酬费用的归集，是对企业本月发生的职工薪酬费用总额进行汇总的过程。职工薪酬费用的分配，是将企业职工薪酬总额作为一种费用，按其用途计入各种产品成本和期间费用，或由规定的资金来源开支的过程。

职工薪酬费用的分配原则是，直接进行产品生产的生产工人的职工薪酬，记入产品成本的“直接人工”成本项目，生产多种产品时应按照产品的生产工时比例或其他分配标准分配后记入各种产品成本的“直接人工”成本项目；生产车间管理人员和技术人员的职工薪酬属间接生产费用，记入“制造费用”账户；辅助生产车间人员的职工薪酬，记入“生产成本——辅助生产成本”账户；行政管理部门人员的职工薪酬，记入“管理费用”账户，专设销售机构人员的职工薪酬，记入“销售费用”账户。同时贷记“应付职工薪酬”账户。

非货币性福利是指企业以自产商品或其他有形资产发放给职工，或向职工无偿提供使用企业的资产，或为职工无偿提供外购商品、提供医疗保健服务等形式发放的福利。企业向职工提供的非货币性薪酬应当分不同情况进行处理。

模块四主要介绍了折旧费用的分配，一般是通过编制费用分配表进行的，并根据分配表确定的项目分别计入产品成本和期间费用等。

模块五主要介绍了辅助生产费用的归集与分配。企业生产过程中发生的辅助生产费用可以根据企业生产经营的特点和成本管理的需要采用直接分配法、交互分配法、计划成本分配法和代数分配法进行分配。

模块六主要介绍了制造费用的归集与分配。制造费用是企业为生产产品而发生的应该计入产品成本，但没有专设成本项目的各项生产费用。这些费用中，有的在发生时直接记入“制造费用”账户，有的则分配归集到“制造费用”账户。归集到“制造费用”账户的生产费用，在会计报告期末要采用适当的方法分配到有关的产品成本中。分配的基本原则是：在生产一种产品的情况下，直接转入；在生产多种产品的情况下，一般可按生产工时比例、生产工人工资比例、机器工时比例或年度计划分配率等方法分配计入不同的产品成本。

模块七主要介绍了损失性费用，损失性费用是生产过程中发生的不能形成正常产出的各种耗费，主要包括废品损失和停工损失两大部分。废品损失是指生产过程中产生的各种废品所形成的报废损失和修复费用；停工损失是指企业或生产车间、班组在停工期间内（非季节性停工期间）发生的各项费用。废品损失又可分为可修复废品损失和不可修复废品损失。可修复废品损失是指将废品修复成合格品而发生的修复费用；不可修复废品损失是指废品的生产成本，如果有残值收入，要将其扣除。废品损失和停工损失的归集是通过专设“废品损失”和“停工损失”两个账户进行的，月末根据不同原因将其净额转入“生产成本——基本生产成本”账户、“其他应收款”账户或“营业外支出”账户等。

通过本项目的学习，我们按照成本核算的一般流程，系统学习了产品成本构成要素的归集与分配方法。通过各项工作任务的执行，了解到一个优秀的成本会计应该根据企业的实际情况选择恰当的分配方法，综合使用，才能保证成本信息的准确性、有效性，这也是成本会计学的魅力所在。

项目三
生产费用在完工产品与在产品之间的分配

项目知识点

- □ 了解在产品收发结存的核算
- □ 了解在产品清查的主要内容
- □ 掌握完工产品与在产品之间分配费用的方法
- □ 掌握完工产品成本的结转

项目技能点

- □ 能够理解在产品数量与完工产品成本核算的关系
- □ 能够运用在产品按所耗原材料费用计算法核算产品成本
- □ 能够运用约当产量法核算产品成本
- □ 能够运用在产品成本按定额成本核算法核算产品成本
- □ 能够运用定额比例法核算产品成本

职业核心能力

- □ 熟练掌握并能够灵活运用约当产量法
- □ 掌握并能够灵活运用定额成本法
- □ 掌握并能够灵活运用定额比例法

课程思政

我们必须坚定历史自信、文化自信，坚持古为今用、推陈出新，把马克思主义思想精髓同中华优秀传统文化精华贯通起来。

——摘自党的二十大报告

项目三中运用的公式：期初在产品成本 + 本期发生的生产成本 = 本期完工产品成本 + 期末在产品成本，该公式最早的雏形是我国古代的四柱结算法，即：旧管 + 新收 = 开除 + 实在，四柱结算法的创立和运用，在我国会计发展史上占有十分重要的地位。它为我国会计分析方法的产生创造了基本条件，同时为我国由单式记账发展到复式记账奠定了基础，比起西方同原理同作用的“平衡结算法”，它的出现要早好几百年。因此，其原理的会计理论价值也得到了中外会计史学家的高度重视和一致肯定。

内容导图

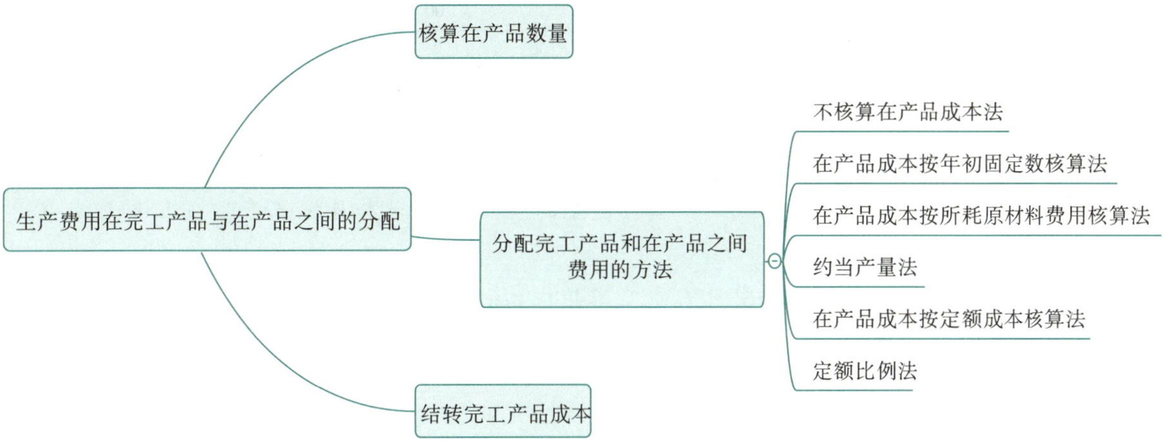

引　言

导图讲解

在项目二中所引述的河南红山仪表制造厂产品成本核算过程中，通过各项费用的归集和分配，应计入本月各种产品的费用都计入该厂所产各型号的产品成本明细账中。一般来说，企业在期末都会有部分产品完工、部分产品未完工的情况，因而需要将一定时期的生产费用在已完工产品和未完工产品之间进行分配，从而最终核算出完工产品的成本。本项目主要讲述了在产品的含义及在产品的日常核算，着重讲述了生产费用在完工产品与在产品之间分配的六种方法，六种方法中重点讲述了约当产量法、在产品按定额成本核算法和定额比例法。通过完工产品与在产品之间成本的核算，可以了解制造业企业产品成本构成以及成本的核算以及完成生产费用的分配后对完工产品成本进行结转的方法。

模块一　核算在产品数量

任务导入

在激烈的市场竞争中，企业要想进行成本控制，必须要合理正确地划分费用并核算产品的成本。了解产品的成本，先要了解企业产品的构成。要想正确核算完工产品成本，在产品成本的核算显得尤为重要。

202×年1月河南红山仪表制造厂月初在产品和本月生产成本资料如表3-1所示。

表3-1 河南红山仪表制造厂月初在产品和本月生产成本资料 金额单位：元

成本项目	直接材料	直接人工	制造费用
月初在产品成本	2 000	800	1 500
本月生产成本	10 000	3 700	5 700

202×年1月河南红山仪表制造厂月末完工产品数量是2 000件，月末在产品500件。

根据下面的公式：

月初在产品成本+本月发生的生产成本=本月完工产品成本+月末在产品成本

你可以核算出月末完工产品成本和在产品成本吗？本模块将带你解决这个问题。

知识准备

在产品的内涵

一、在产品的含义

在产品有广义和狭义之分，广义在产品是对于整个企业而言的，是指没有完成全部生产过程，不能作为产品销售的产品。狭义在产品是对某一生产单位和某一生产步骤而言的，仅指本单位或本步骤正在加工的在制品。广义在产品和狭义在产品之间的类型如表3-2所示。

表3-2 广义在产品和狭义在产品的类型

广义在产品	狭义在产品
（1）正在各生产单位（分厂、车间）加工的在制品 （2）已经完成一个或多个步骤，尚未最终加工完成的且需要继续加工的自制半成品	（1）本单位正在加工的在制品 （2）本步骤正在加工的在制品

需要指出的是，狭义在产品不包括本生产单位或本生产步骤已经完工转出的自制半成品。在产品继续加工，完成所有生产过程或生产步骤，验收入库后可以对外销售，即为完工产品。

二、在产品数量和完工产品成本核算的联系

制造业企业在生产过程中发生的生产费用，经过在各种产品之间进行归集和分配以后，应计入本月各种产品成本的生产费用，都已集中反映在“生产成本——基本生产成本”账户及其所属各种产品成本核算单中。为了核算

产品成本还需要加上期初在产品成本，然后将其在本期完工产品和期末在产品之间进行分配，核算出本月完工产品成本和期末在产品成本。完工产品的成本核算应视本月产品完工的具体情况而定，大致可以分以下三种情况。

（1）该产品本月全部完工，没有月末在产品，那么本月完工产品总成本等于生产成本的合计数。如果该产品月初也没有在产品，则本月完工产品的总成本等于本月发生的生产成本。

（2）如果该产品本月没有完工产品，那么计入该种产品的全部生产成本就是期末在产品成本。

（3）如果该产品本月既有完工产品又有在产品，那么该种产品本月发生的生产成本加月初在产品的生产成本，需要采用适当的分配方法，在本月完工产品和期末在产品之间进行分配，分别核算出完工产品成本和月末在产品成本。

月初在产品成本、本月发生生产成本、本月完工产品成本和月末在产品成本之间的关系，可用下列公式表示：

月初在产品成本＋本月发生的生产成本＝本月完工产品成本＋月末在产品成本

任务导入中提到的案例运用以上公式可以解决，在月末既有完工产品又有在产品，完工产品成本和在产品成本之和就是23 700元。23 700元需要用一定的分配方法在完工产品和月末在产品之间进行分配，这就要求必须正确组织在产品数量的核算，取得在产品收发和结存的数量资料。

同时也可以先确定月末在产品成本，然后倒挤出本月完工产品的成本。其计算公式如下：

本月完工产品成本＝月初在产品成本＋本月发生的生产成本－月末在产品成本

从上述两个公式可以看出，月末在产品数量的核算都影响着本月完工产品成本的核算，所以正确组织核算在产品的数量，取得在产品收发和结存的数量资料对于正确核算完工产品成本十分重要。

三、在产品数量的日常核算

制造业企业产品品种规格较多，所以在产品品种也较多，并且都处于不断的流动之中。为组织做好在产品收发结存的日常核算，要求制造业企业应同时具备账目核算资料和实际盘点资料。这样既可以从账面上随时掌握在产品的动态，又可以查清在产品的实存数量，为正确核算产品成本和在产品的实物管理打下基础。

制造业企业的各车间应该认真做好在产品的计量、验收和交接工作，并在此基础上，根据领料凭证，在产品内部转移凭证、产成品检验凭证和产品交库凭证，及时登记“在产品收发结存表”（见表3－3）。最后制造业企业要有核算人员审核汇总。

表 3－3　　在产品收发结存表

车间名称：第一车间

零部件名称：4001　　单位：件

日期	摘要	收入数量		加工数量			转下道工序或交库数量		结存数量	
		凭证号数	数量	凭证号数	合格品	废品	凭证号数	数量	已完工	未完工
	合计									

四、在产品清查的核算

在产品是一种特殊的存货，对于在产品的管理与固定资产及其他存货一样，应该定期或者不定期地进行清查，做到在产品账实相符，保证在产品的安全完整。如果车间没有建立在产品收发日常核算，每月月末都必须清查一次在产品，以便取得在产品的实际盘存资料，用来核算产品成本。清查后，应根据实际盘点数和账面资料编制在产品盘存表，列明在产品的账面数、实际数、盘盈盘亏数及其原因和处理意见等，对于报废和损毁的在产品还要登记残值。成本核算人员应对在产品盘存进行认真审核，并报有关部门审批，同时对在产品盘盈、盘亏进行账务处理。

在产品发生盘盈时，按照计划成本或定额成本记入“生产成本——基本生产成本”账户的借方，“待处理财产损溢”账户的贷方；经批准进行处理时，则记入“待处理财产损溢”账户的借方，“制造费用”账户的贷方。

某企业“财产清查报告单”如表 3－4 所示。

表 3－4　　财产清查报告单　　金额单位：元

类别	财产名称	单位	单价（元/件）	账面数量	实物数量	盘盈		盘亏		盘盈原因
						数量	金额	数量	金额	
	A 在产品	件	10			10	100			待查
	B 在产品	件	20			20	400			待查

根据财产清查报告编制在产品盘盈的会计分录：

借：生产成本——基本生产成本——A 产品　　100

——B 产品　　400

贷：待处理财产损溢　　500

上述盘盈经审批后进行的会计处理：

借：待处理财产损溢　　500

贷：制造费用　　500

在产品发生盘亏和损毁时，记入“待处理财产损溢”账户的借方，“生产成本——基本生产成本”账户的贷方，冲减在产品的账面价值。损毁的在产品残值，记入“原材料”“银行存款”等账户的借方，“待处理财产损溢”账户的贷方，冲减其损失。按规定核销时，应根据不同的情况处理，盘亏、损毁的在产品，扣除过失人或者保险公司赔款和残料价值后，记入“制造费用”账户；在产品损毁属于非正常损失造成的，应扣除保险公司赔款和残料价值后，记入“营业外支出”账户，同时填写某企业“财产清查报告单”，如表 3－5 所示。

表 3－5　财产清查报告单　　金额单位：元

类别	财产名称	单位	单价（元/件）	账面数量	实物数量	盘盈		盘亏		盘亏原因
						数量	金额	数量	金额	
	A 在产品	件	10					10	100	过失人赔款 50 元
	B 在产品	件	20					20	400	残料入库 50 元

根据“财产清查报告单”编制在产品盘亏的会计分录：

借：待处理财产损溢　　500

　　贷：生产成本——基本生产成本——A 产品　　100

　　　　　　　　　　　　　　　　——B 产品　　400

经审核批准后的会计分录：

借：其他应收款　　50

　　原材料　　50

　　营业外支出　　400

　　贷：待处理财产损溢　　500

任务实施

任务实施一　在产品盘盈的核算

河南红山仪表制造厂一车间在产品清查已经完成并把结果填入相应的“财产清查报告单”（见表 3－6）中。盘盈 5 件的清查结果已经批准结转。

表 3－6　财产清查报告单　　金额单位：元

类别	财产名称	单位	单价（元/件）	账面数量	实物数量	盘盈		盘亏		盘盈原因
						数量	金额	数量	金额	
	A 在产品	件	30			5	150			待查

要求：根据“财产清查报告单”编制会计分录。

步骤一：编制在产品盘盈的成本核算会计分录。

注：应记入“生产成本——基本生产成本”账户借方的金额是 5 × 30 = 150（元）

借：生产成本——基本生产成本——A 产品　　150

贷：待处理财产损溢 150

步骤二：编制批准后进行相关处理的会计分录。

借：待处理财产损溢 150

贷：制造费用 150

任务实施二　在产品盘亏的核算

河南红山仪表制造厂二车间在产品清查已经完成并把结果填入相应的“财产清查报告单”（见表3－7）中。清查结果已经批准结转。

表3－7　财产清查报告单　金额单位：元

类别	财产名称	单位	单价（元/件）	账面数量	实物数量	盘盈		盘亏		盘亏原因
						数量	金额	数量	金额	
	B在产品	件	20					10	200	应由过失人赔款50元

要求：根据“财产清查报告单”编制会计分录。

步骤一：编制B产品在产品盘亏的会计分录。

注：应记入“生产成本——基本生产成本”账户贷方的金额是 $10\times20=200$（元）

借：待处理财产损溢 200

贷：生产成本——基本生产成本——B产品 200

步骤二：编制批准后进行相关处理的会计分录。

借：其他应收款 50

制造费用 150

贷：待处理财产损溢 200

任务实施三　在产品损毁的核算

河南红山仪表制造厂三车间在产品清查已经完成并把结果填入相应的“财产清查报告单”（见表3－8）中。清查结果已经批准结转。

表3－8　财产清查报告单　金额单位：元

类别	财产名称	单位	单价（元/件）	账面数量	实物数量	盘盈		盘亏		盘亏原因
						数量	金额	数量	金额	
	C在产品	件	10					250	2 500	残料入库100元
										保险公司赔款1 000元（款项尚未收到）

要求：根据“财产清查报告单”编制会计分录。

步骤一：编制C产品在产品损毁的会计分录。

注：应记入“生产成本——基本生产成本”账户贷方的金额是250×10＝2 500（元）

借：待处理财产损溢　2 500

　　贷：生产成本——基本生产成本——C产品　2 500

步骤二：编制C产品在产品残料入库的会计分录。

借：原材料　100

　　贷：待处理财产损溢　100

步骤三：编制批准后进行相关处理的会计分录。

借：其他应收款　1 000

　　营业外支出　1 400

　　贷：待处理财产损溢　2 400

小贴士：

对于库存半成品和辅助生产的在产品数量和清查的核算，与基本生产的基本相同。

模块二　分配完工产品和在产品之间费用的方法

任务导入

河南红山仪表制造厂是制造企业，生产的产品较多，产品成本在完工产品和在产品之间的分配是成本核算中的一个重要问题。用来分配完工产品与在产品成本费用的方法也不一样，不同的产品根据生产特点的不同运用不同的方法。

生产费用在完工产品与在产品之间分配

202×年1月河南红山仪表制造厂月初在产品和本月生产成本资料如表3－9所示。

表3－9　河南红山仪表制造厂月初在产品成本和本月生产成本资料　金额单位：元

成本项目	直接材料	直接人工	制造费用
月初在产品成本	2 000	800	1 500
本月生产成本	10 000	3 700	5 700

202×年1月河南红山仪表制造厂月末完工产品数量是2 000件，月末在产品为500件。

情景一：河南红山仪表制造厂产品成本构成项目中原材料成本占比较大。

情景二：河南红山仪表制造厂产品定额成本比较准确、稳定且月末在产品数量变化较大。

情景三：河南红山仪表制造厂产品定额成本比较准确、稳定且月末在产品数量变化不大。

情景四： 河南红山仪表制造厂月末在产品数量较多，各月末在产品数量变化较大，而且产品成本中直接材料、直接人工及制造费用比重都差不多。

以上四种情景用到的分配完工产品和在产品之间费用的方法均不一致，哪一种方法更适合河南红山仪表制造厂202×年1月的业务？本模块将详细讲解。

知识准备

完工产品和在产品之间费用的分配是一项重要并且复杂的工作，企业在分配完工产品和在产品的费用时应该选择哪种方法需要考虑多种因素，从而较为准确地核算出完工产品和在产品的成本。企业在选择方法时应该考虑的主要因素有企业月末在产品数量的多少、在产品占用金额的多少、在产品成本各月份变化的情况、各成本项目金额的比重、定额资料是否健全等。将各项因素综合考虑后，确定出在产品成本的核算方法，在产品成本的核算方法一经确定后，没有特殊情况，不得随意变更。企业常用的完工产品成本和在产品成本的分配方法有：不核算在产品成本法、在产品成本按其年初固定数核算法、在产品成本按所耗原材料费用核算法、约当产量法、在产品成本按定额成本核算法、定额比例法等。

一、不核算在产品成本法

企业如果期末在产品很少或者没有在产品，是否核算在产品成本对完工产品成本影响不大时，可以不核算期末在产品成本，即当期发生的生产费用全部由完工产品负担。这种方法适用于月末在产品数量少、占用的费用金额不大的情况，如食品行业、煤炭行业。

二、在产品成本按年初固定数核算法

企业如果期末在产品数量虽然大但是各月之间在产品数量变化不大，可以用年初在产品成本作为每月月末在产品成本，即当月发生的生产费用全部由完工产品成本负担。每年年末在产品成本必须根据实地盘存数重新核算，以免影响成本核算的正确性。这种方法一般适用于在产品数量较多、占用的费用也较大，但各月份之间变化不大的情况，如炼铁厂、化工厂、炼油厂。

三、在产品成本按所耗原材料费用核算法

企业如果期末在产品数量较大，各月之间在产品数量变化大，同时原材料费用在产品成本中所占的比重较大时，在产品成本可只按所耗用原材料费用计算，而直接人工和制造费用以及其他各项费用全部作为完工产品成本。

这种方法适用于在产品成本项目中材料费用比重最大，而加工费用比重较小的情况，如纺织、造纸和酿酒行业。该方法的计算公式如下：

单位产品直接材料成本 = 直接材料费用总额 ÷ (完工产品产量 + 在产品产量)

月末在产品成本 = 月末在产品数量 × 单位产品直接材料成本

本月完工产品成本 = 月初在产品成本 + 本月生产成本 − 月末在产品成本

约当产量法的工作原理

四、约当产量法

（一）约当产量法的工作原理

约当产量是指将月末在产品的实际数量，按一定的标准（投料程度和完工程度），折合成大约相当于完工产品的数量。

约当产量法是首先计算在产品的约当产量，其次把产品成本核算单中，生产费用月初和本月合计数按照完工产品产量与月末在产品约当产量的比例进行分配的一种方法。计算公式如表 3 − 10 所示。

约当产量法例题讲解

表 3 − 10　约当产量法的计算公式

步骤	计算公式
第一步 计算在产品约当产量	在产品约当产量 = 月末在产品数量 × 投料程度（或完工程度）
第二步 计算费用分配率	费用分配率 = (月初在产品费用 + 本月发生的费用) ÷ (完工产品产量 + 月末在产品约当产量)
第三步 核算完工产品成本和月末在产品成本	完工产品成本 = 完工产品产量 × 费用分配率 计算月末在产品成本 = 月末在产品约当产量 × 费用分配率

从计算流程可以看出，约当产量比例分配法的关键是约当产量的计算，而月末在产品约当产量计算的关键在于合理确定在产品的投料程度和完工程度。

约当产量法适用于月末在产品数量较多，各月末在产品数量变化较大，而且产品成本中，直接材料、直接人工和制造费用比重都差不多的情况。

在产品投料程度的计算

（二）在产品投料程度的计算

所谓的投料程度，是指在产品已投材料占完工产品应投材料的百分比。其计算分以下四种情况，如表 3 − 11 所示。

表 3 − 11　投料程度计算表

投料类型	投料程度
(1) 原材料在生产开始时一次性投入，在产品和完工产品负担的材料费用相同	100%
(2) 原材料在每道工序开始时一次性投入，应计算原材料的投料程度，将在产品折算为约当产量	某工序在产品的投料程度 = 到本工序为止的投料定额 ÷ 单位完工产品原材料应投成本 × 100%

续表

投料类型	投料程度
（3）原材料随着产品生产进度陆续投料时，且投入量与加工进度不一致	某工序在产品的投料程度 =（前面各工序投料定额之和 + 本工序投料定额 ×50%）÷ 完工产品投料定额 ×100%
（4）原材料随产品加工过程逐步、陆续投入，投入量与加工进度一致	某工序在产品的投料程度 = 加工程度

在产品加工程度的计算

（三）在产品加工程度的计算

在产品的加工程度是指在产品实耗（或定额）工时占完工产品应耗（或定额）工时的百分比。其加工程度的计算分以下两种情况，如表 3 – 12 所示。

表 3 – 12　加工程度计算表

加工类型	加工程度
（1）在产品生产一般是陆续加工，在各道工序的产品数量和加工量比较均衡时	50%
（2）如果各道工序的加工程度不均衡，或者各工序在产品数量不均衡，就应分工序计算在产品加工程度	某工序在产品的加工程度 =（前面各道工序工时定额之和 + 本工序工时定额 ×50%）÷ 完工产品工时定额

定额成本核算法

五、在产品成本按定额成本核算法

定额成本核算法，是指月末在产品按定额成本核算，该产品的全部生产费用（月初在产品费用加上本月发生的费用），减去按定额成本核算的月末在产品成本后的余额，作为完工产品的成本。

这种方法适用于消耗定额完整、精确、稳定，且月末在产品变化不大的情况。采用这种方法，由于月末在产品成本不负担实际生产费用脱离定额的差异，而全部由完工产品成本负担，所以在实际生产费用脱离定额差异比较大的情况下，就会影响产品成本核算的准确性。

该方法的计算步骤和计算公式如表 3 – 13 所示。

表 3 – 13　在产品按定额成本核算法的步骤和计算公式

步骤	计算公式
第一步 核算月末在产品某成本项目的定额成本	月末在产品某成本项目的定额成本 = 在产品数量 × 在产品的费用定额
第二步 核算月末在产品的定额成本	月末在产品定额成本 = 月末在产品各个成本项目的定额费用之和
第三步 核算完工产品成本	完工产品成本 = 月初在产品成本 + 本月发生的成本 – 月末在产品定额成本

六、定额比例法

定额比例法是将产品成本核算单中，月初和本月生产费用合计数，按照完工产品和月末在产品的定额耗用量或定额费用的比例，分别核算完工产品成本和月末在产品成本的方法。

这种方法适用于定额管理基础较好，各项消耗定额或者费用定额比较准确、稳定，各月末在产品数量变动较大的产品。其计算步骤和计算公式如表 3－14 所示。

定额比例法

表 3－14　　定额比例法的计算步骤和计算公式

步骤	计算公式
第一步 计算月末完工产品和在产品定额消耗量、定额工时	（1）完工产品定额消耗量（定额成本）＝完工产品产量×单位产品定额消耗量（定额成本） （2）月末在产品定额消耗量（定额成本）＝月末在产品数量×投料程度×单位产品消耗定额（定额成本） （3）完工产品定额工时＝完工产品数量×单位产品定额工时 （4）月末在产品定额工时＝月末在产品数量×在产品完工程度×单位产品工时定额
第二步 计算各成本项目的分配率	（1）直接材料分配率＝（月初在产品直接材料费用＋本月发生直接材料费用）÷［完工产品定额消耗量（定额成本）＋月末在产品定额消耗量（定额成本）］ （2）直接人工、制造费用分配率＝［月初在产品直接人工费用（制造费用）＋本月发生直接人工费用（制造费用）］÷（完工产品定额工时＋月末在产品定额工时）
第三步 核算完工产品与月末在产品的成本	（1）完工产品成本＝完工产品定额×费用分配率 （2）在产品成本＝月末在产品定额×费用分配率

任务实施

任务实施一　在产品成本按所耗原材料费用核算法

河南红山仪表制造厂生产甲产品，该产品直接材料费用在产品成本中所占的比重较大，完工产品与在产品之间的费用分配采用在产品按所耗直接材料费用核算法。202×年 8 月完工产品 850 件，期末在产品 150 件。甲产品月初和本月发生的生产费用如表 3－15、表 3－16 所示。

表 3－15　　河南红山仪表制造厂甲产品月初和本月发生的费用　　单位：元

成本项目	直接材料	直接人工	制造费用	合计
期初在产品成本	40 000			40 000
本期发生费用	210 000	8 000	2 000	220 000
合　　计	250 000	8 000	2 000	260 000

直接材料为一次性投入，要求核算本月完工产品和在产品的成本。

表 3－16 河南红山仪表制造厂甲产品成本核算单

202×年8月

本月完工：850件 期末在产品：150件 金额单位：元

成本项目	直接材料	直接人工	制造费用	合计
期初在产品成本	40 000			40 000
本期发生费用	210 000	8 000	2 000	220 000
合　　计	250 000	8 000	2 000	260 000
本月完工产品数量（件）	850			850
月末在产品数量（件）	150			150
费用分配率（单位成本）（元/件）	250			250
完工产品成本	212 500	8 000	2 000	222 500
期末在产品成本	37 500			37 500

步骤一：核算单位产品直接材料成本。

单位产品直接材料成本＝(40 000＋210 000)÷(850＋150)
＝250（元/件）

步骤二：核算月末在产品成本。

月末在产品成本＝150×250＝37 500（元）

步骤三：核算本月完工产品成本。

本月完工产品成本＝40 000＋210 000＋8 000＋2 000－37 500
＝222 500（元）
或＝250×850＋8 000＋2 000＝222 500（元）

步骤四：编制会计分录。

借：库存商品——甲产品 222 500

　贷：生产成本——基本生产成本——甲产品 222 500

任务实施二　约当产量法（原材料在生产开始时一次性投入）

河南红山仪表制造厂生产乙产品，本月完工75件，月末在产品15件，乙产品月初和本月发生的生产费用如表3－17所示。

表 3－17 河南红山仪表制造厂乙产品月初和本月发生的费用 单位：元

成本项目	直接材料	直接人工	制造费用	合计
期初在产品成本	500	40	60	600
本期发生费用	4 000	800	1 200	6 000
合　　计	4 500	840	1 260	6 600

直接材料是生产开始时一次性投入的。分配各项加工费用，计算约当产量所依据的完工程度为60%。要求：核算本月完工产品成本和月末在产品成本（见表3－18）。

表 3－18　　河南红山仪表制造厂乙产品成本核算单

202×年 8 月

本月完工：75 件　　期末在产品：15 件　　金额单位：元

成本项目	直接材料	直接人工	制造费用	合计
期初在产品成本	500	40	60	600
本期发生费用	4 000	800	1 200	6 000
合　计	4 500	840	1 260	6 600
本月完工产品数量（件）	75	75	75	
月末在产品数量（件）	15	15	15	
月末在产品约当产量（件）	15	9	9	
费用分配率（单位成本）（元/件）	50	10	15	
完工产品成本	3 750	750	1 125	5 625
期末在产品成本	750	90	135	975

步骤一：计算直接材料分配率。

直接材料分配率＝4 500÷（75＋15×100%）＝50（元/件）

步骤二：计算加工费用分配率。

直接人工费用分配率＝840÷（75＋15×60%）＝10（元/件）

制造费用分配率＝1 260÷（75＋15×60%）＝15（元/件）

步骤三：核算完工产品的成本。

完工产品成本＝75×50＋75×10＋75×15＝5 625（元）

步骤四：核算月末在产品成本。

月末在产品成本＝15×50＋9×10＋9×15＝975（元）

或＝4 500＋840＋1 260－5 625＝975（元）

步骤五：编制会计分录。

借：库存商品——乙产品　　5 625

贷：生产成本——基本生产成本——乙产品　　5 625

任务实施三　约当产量法（原材料在每道工序开始时一次性投入投料程度的计算）

河南红山仪表制造厂生产丙产品，其原材料 A 为分工序一次性投入。原材料 A 的投入定额为 200 千克，分三道工序投入：第一道工序投入定额为 80 千克；第二道工序为 70 千克；第三道工序为 50 千克。

各道工序的在产品数量分别为 130 件、100 件、140 件。丙产品本月完工产品为 740 件。月初在产品和本月发生的直接材料费用共计 110 770 元（假设丙产品只使用 A 材料）。要求：核算月末完工产品直接材料的成本。

月末在产品约当产量计算如表 3－19 所示。

表 3－19　**月末在产品约当产量计算表**　单位：件

工序	材料消耗定额	月末在产品数量	月末在产品投料程度	月末在产品约当产量
第一工序	80	130	40%	52
第二工序	70	100	75%	75
第三工序	50	140	100%	140
合　计	200	370		267

步骤一：计算各工序原材料的投料程度。

第一道工序投料程度＝(80÷200)×100%＝40%

第二道工序投料程度＝[(80＋70)÷200]×100%＝75%

第三道工序投料程度＝[(80＋70＋50)÷200]×100%＝100%

步骤二：计算各工序的在产品约当产量。

第一道工序＝130×40%＝52（件）

第二道工序＝100×75%＝75（件）

第三道工序＝140×100%＝140（件）

步骤三：计算直接材料分配率。

直接材料分配率＝110 770÷(740＋52＋75＋140)＝110（元/件）

步骤四：核算月末完工产品直接材料成本。

完工产品直接材料成本＝740×110＝81 400（元）

任务实施四　约当产量法（原材料陆续投入投料程度的确定）

河南红山仪表制造厂生产 A 产品，A 产品的制作由三道工序组成，其原材料在加工 A 产品的过程中陆续投入，并且加工程度和投料程度不一致，其每道工序的消耗定额为：第一道工序 20 千克，第二道工序 20 千克，第三道工序 10 千克。

要求：计算 A 产品每道工序的投料程度。

步骤一：计算第一道工序的投料程度。

$$第一道工序投料程度=\frac{20\times50\%}{50}\times100\%=20\%$$

步骤二：计算第二道工序的投料程度。

$$第二道工序投料程度=\frac{20+20\times50\%}{50}\times100\%=60\%$$

步骤三：计算第三道工序的投料程度。

$$第三道工序投料程度=\frac{20+20+10\times50\%}{50}\times100\%=90\%$$

任务实施五　约当产量法（加工程度不均衡的情况下加工程度的计算）

河南红山仪表制造厂 B 产品经过两道工序陆续投入，每道工序的工时定额分别是 30 小时和 20 小时，第一道工序在产品有 100 件，第二道工序在产品有 200 件。

要求：计算 B 产品每道工序的加工程度。

步骤一：计算第一道工序的加工程度。

$$第一道工序加工程度 = \frac{30 \times 50\%}{50} \times 100\% = 30\%$$

步骤二：计算第二道工序的加工程度。

$$第二道工序加工程度 = \frac{30 + 20 \times 50\%}{50} \times 100\% = 80\%$$

任务实施六　约当产量法综合应用

河南红山仪表制造厂生产小型仪表，202×年 8 月末小型仪表完工 800 台，期末在产品 200 台，原材料在生产开始时一次性投入，在产品完工程度为 50%，期初在产品成本、本期发生费用如表 3-20 所示。

表 3-20　河南红山仪表制造厂小型仪表费用表

202×年 8 月　　单位：元

成本项目	直接材料	直接人工	制造费用	合计
期初在产品成本	8 000	2 000	1 000	11 000
本期发生费用	40 000	16 000	8 000	64 000
合　计	48 000	18 000	9 000	75 000

要求：采用约当产量法核算完工产品成本与期末在产品成本。

步骤一：计算分配率。

$$材料费用分配率 = \frac{48\ 000}{800 + 200} = 48\ （元/台）$$

$$人工费用分配率 = \frac{18\ 000}{800 + 200 \times 50\%} = 20\ （元/台）$$

$$制造费用分配率 = \frac{9\ 000}{800 + 200 \times 50\%} = 10\ （元/台）$$

步骤二：核算期末在产品成本。

直接材料成本 = 200 × 48 = 9 600（元）

直接人工成本 = 200 × 50% × 20 = 2 000（元）

制造费用成本 = 200 × 50% × 10 = 1 000（元）

步骤三：核算本期完工产品成本。

直接材料成本 = 48 000 - 9 600 = 38 400（元）

或 = 800 × 48 = 38 400（元）

直接人工成本 = 18 000 - 2 000 = 16 000（元）

或 = 800 × 20 = 16 000（元）

制造费用成本 = 9 000 - 1 000 = 8 000（元）

或 = 800 × 10 = 8 000（元）

步骤四：根据上述结果，编制成本核算单（见表 3 – 21）。

步骤五：编制会计分录。

借：库存商品——小型仪表　　62 400

　贷：生产成本——基本生产成本——小型仪表　62 400

表 3 – 21　河南红山仪表制造厂小型仪表产品成本核算单

202 × 年 8 月

本月完工：800 台　　期末在产品：200 台　　金额单位：元

成本项目	直接材料	直接人工	制造费用	合计
期初在产品成本	8 000	2 000	1 000	11 000
本期发生费用	40 000	16 000	8 000	64 000
合　计	48 000	18 000	9 000	75 000
本月完工产品数量（台）	800	800	800	
月末在产品数量（台）	200	200	200	
月末在产品约当产量（台）	200	100	100	
费用分配率（单位成本）（元/台）	48	20	10	
完工产品成本	38 400	16 000	8 000	62 400
期末在产品成本	9 600	2 000	1 000	12 600

任务实施七　在产品成本按定额成本核算法

河南红山仪表制造厂生产 C 产品，202 × 年 5 月 C 产品月初的生产成本为：直接材料 740 元，直接人工 650 元，制造费用 400 元；202 × 年 5 月本月发生的生产成本为：直接材料 48 000 元，直接人工 17 000 元，制造费用 11 600 元。

原材料生产开始时一次投入。单位产品原材料费用定额 80 元。完工产品产量 450 件，月末在产品 100 件，定额工时共计 1 400 小时。每小时费用定额：工资 2 元，制造费用 3 元。

要求：核算 202 × 年 5 月末在产品成本和完工产品成本并编制 C 产品成本核算单（见表 3 – 22）。

步骤一：计算月末在产品的原材料成本费用。

月末在产品原材料成本费用 = 100 × 80 = 8 000（元）

步骤二：计算月末在产品直接人工和制造费用。

月末在产品直接人工费用 = 1 400 × 2 = 2 800（元）

月末在产品制造费用 = 1 400 × 3 = 4 200（元）

步骤三：核算月末在产品成本。

月末在产品成本 = 8 000 + 2 800 + 4 200 = 15 000（元）

步骤四：核算月末完工产品成本。

完工产品成本 = 48 740 + 17 650 + 12 000 − 15 000 = 63 390（元）

步骤五：编制 C 产品成本核算单（见表 3 − 22）。

表 3 − 22　河南红山仪表制造厂 C 产品成本核算单

202×年 5 月

本月完工：450 件　月末在产品：100 件　金额单位：元

成本项目	直接材料	直接人工	制造费用	合计
期初在产品成本（定额成本）	740	650	400	1 790
本期发生费用	48 000	17 000	11 600	76 600
合　计	48 740	17 650	12 000	78 390
本月完工产品数量（件）	——	——	——	——
月末在产品数量（件）	——	——	——	——
月末在产品约当产量（件）	——	——	——	——
费用分配率（单位成本）（元/件）	——	——	——	——
完工产品成本	40 740	14 850	7 800	63 390
期末在产品成本（定额成本）	8 000	2 800	4 200	15 000

步骤六：编制会计分录。

借：库存商品——C 产品　63 390

　贷：生产成本——基本生产成本——C 产品　63 390

任务实施八　定额比例法

河南红山仪表制造厂生产 D 产品，在生产开始时一次投料，该产品采用定额比例法分配完工产品与在产品成本。202×年 8 月末在产品 200 台，9 月末在产品完工程度是 50%，完工产品 800 台。该产品原材料消耗定额是 20 千克，工时定额是 40 小时。

期初在产品成本、本期发生费用如表 3 − 23 所示。

表 3 − 23　河南红山仪表制造厂 D 产品费用表

202×年 8 月

单位：元

成本项目	直接材料	直接人工	制造费用	合计
期初在产品成本	7 400	3 840	1 200	12 440
本期发生费用	74 600	50 160	42 000	166 760
合　计	82 000	54 000	43 200	179 200

要求：采用定额比例法核算完工产品成本并编制 D 产品成本核算单（见表 3 − 24）。

步骤一：计算分配率。

$$直接材料分配率=\frac{82\ 000}{800\times20+200\times20}=4.1（元/台）$$

$$直接人工分配率=\frac{54\ 000}{800\times40+200\times50\%\times40}=1.5（元/台）$$

$$制造费用分配率=\frac{43\ 200}{800\times40+200\times50\%\times40}=1.2（元/台）$$

步骤二：核算完工产品成本。

完工产品直接材料成本 =800×20×4.1 =65 600（元）

完工产品直接人工成本 =800×40×1.5 =48 000（元）

完工产品制造费用成本 =800×40×1.2 =38 400（元）

完工产品成本 =65 600 +48 000 +38 400 =152 000（元）

步骤三：核算完工产品单位成本。

完工产品直接材料单位成本 =65 600÷800 =82（元/台）

完工产品直接人工单位成本 =48 000÷800 =60（元/台）

完工产品制造费用单位成本 =38 400÷800 =48（元/台）

步骤四：核算月末在产品成本。

在产品直接材料 =200×20×4.1 =16 400（元）

在产品直接人工 =200×50%×40×1.5 =6 000（元）

在产品制造费用 =200×50%×40×1.2 =4 800（元）

在产品成本 =16 400 +6 000 +4 800 =27 200（元）

步骤五：编制 D 产品成本核算单（见表 3 -24）。

表 3 -24　　河南红山仪表制造厂 D 产品成本核算单

202×年 9 月

本月完工：800 台　　月末在产品：200 台　　金额单位：元

成本项目		直接材料	直接人工和福利费	制造费用	合计
期初在产品成本		7 400	3 840	1 200	12 440
本期发生费用		74 600	50 160	42 000	166 760
合　　计		82 000	54 000	43 200	179 200
费用分配率（元/台）		4.1	1.5	1.2	——
本月完工产品成本	定额	16 000	32 000	32 000	——
	实际	65 600	48 000	38 400	152 000
期末在产品成本	定额	4 000	4 000	4 000	——
	实际	16 400	6 000	4 800	27 200
完工产品单位成本（元/台）		82	60	48	190
期末在产品成本		16 400	6 000	4 800	27 200

步骤六：编制会计分录如下：

借：库存商品——D 产品　　152 000

　贷：生产成本——基本生产成本——D 产品　　152 000

模块三　结转完工产品成本

任务导入

经过完工产品与在产品成本的核算，企业发生的各项费用，按照成本的要求，划清了各项费用的界限，即经过费用的分类、归集和分配，计入各项产品的成本。河南红山仪表制造厂在月末要进行完工产品入库，故成本会计应该掌握完工产品成本结转的账务处理程序。

知识准备

一、完工产品结转

完工产品是指完成全部生产过程，符合技术与质量要求，验收入库，具备对外销售条件的完工产品，为了反映完工产品入库情况，需要设置“库存商品”账户进行核算。制造业企业生产产品发生的各项生产费用，已经在各个产品之间进行了分配。在此基础上又在同种产品的完工产品和月末在产品之间进行了分配，核算出各种完工产品的成本，从“生产成本——基本生产成本”账户及所属明细账户贷方转出，记入有关科目的借方。完工入库产成品的成本，借记“库存商品”账户；完工的自制材料、工具、模具等的成本，分别借记“原材料”“低值易耗品”等账户，贷记“生产成本——基本生产成本”账户。“生产成本——基本生产成本”账户期末借方余额就是基本生产在产品的成本，即占用在基本生产过程中的生产资金。

完工产品成本的结转

二、产品成本核算的基本程序

产品成本核算是一个极为复杂的过程，包括各种要素费用的审核、控制、归集与分配，待摊和预提费用的归集与分配，辅助生产费用的归集与分配，制造费用的归集与分配，生产费用在各种产品之间的归集与分配以及生产费用在完工产品和月末在产品之间的归集与分配。产品生产从原材料投入到产成品完工入库，经过许多加工环节，最终完工入库。

任务实施

任务实施　完工产品成本的结转

河南红山仪表制造厂“完工产品汇总表”，如表 3－25 所示。

表 3－25

完工产品汇总表

202×年9月

成本项目	甲产品（480件）		在产品（80件）	乙产品（100件）		在产品（89件）
	总成本（元）	单位成本（元/件）	在产品成本（元）	总成本（元）	单位成本（元/件）	在产品成本（元）
直接材料	12 000	25	2 000	8 500	85	7 569
直接人工	4 080	8.5	90	6 000	60	5 500
制造费用	7 440	15.5	1 300	4 800	48	4 000

要求：编制产品完工入库的会计分录。

步骤一：核算月末甲产品完工入库成本。

甲产品完工入库的成本＝12 000＋4 080＋7 440＝23 520（元）

步骤二：核算月末乙产品完工入库成本。

乙产品完工入库的成本＝8 500＋6 000＋4 800＝19 300（元）

步骤三：编制产品完工入库的会计分录。

借：库存商品——甲产品 23 520
　　　　　　——乙产品 19 300
　贷：生产成本——基本生产成本——甲产品 23 520
　　　　　　　　　　　　　　——乙产品 19 300

项目总结

本项目共有三个模块，详细讲解了制造业企业产品成本费用的归集与分配。

模块一主要讲述了制造业企业在产品的概念，在产品具体有广义和狭义之分。

模块二主要介绍了完工产品与在产品之间分配费用的方法，具体介绍了不核算在产品成本法、在产品成本按年初固定数核算法、在产品成本按所耗原材料费用核算法、约当产量法、在产品成本按定额成本核算法和定额比例法六种方法，其中约当产量法投料程度和加工程度都做出具体的解释说明。

模块三介绍了产品完工后的结转、具体账户的结转以及产品完工入库应该如何做账务处理。

通过本项目的学习，我们按照成本核算的一般流程，系统学习了生产费用的归集与分配方法。通过各项工作任务的执行，了解到一个优秀的成本会计应该根据企业的实际情况选择恰当的方法，从而保证成本信息的准确性、有效性，这也是成本会计学的魅力所在。

项目四
产品成本核算的方法

项目知识点

□ 了解生产按工艺过程特点和按生产组织方式特点的分类

□ 掌握生产特点和成本管理的要求对成本核算对象、成本核算期和完工产品与在产品之间费用分配的影响

□ 了解成本核算的方法

□ 理解区分成本核算的基本方法和辅助方法的标志

项目技能点

□ 掌握企业的生产类型

□ 结合企业的实际情况和生产特点，选择适当的成本核算方法核算产品成本

□ 会判断成本核算的基本方法和辅助方法

职业核心能力

□ 能够根据企业的生产特点和成本管理要求，合理选择成本核算方法

□ 能够熟练运用成本核算的基本方法和辅助方法

课程思政

加快建设国家战略人才力量，努力培养造就更多大师、战略科学家、一流科技领军人才和创新团队、青年科技人才、卓越工程师、大国工匠、高技能人才。

——摘自党的二十大报告

在中国从制造大国迈向制造强国的进程中，工匠精神被赋予了新的时代内涵。它不是工匠大师特有的殊荣，每一个坚守工作岗位兢兢业业的劳动者都是工匠精神的生动诠释。在日常的生活和工作中，我们无论要做什么事情，都应践行工匠精神，实现自我价值。

内容导图

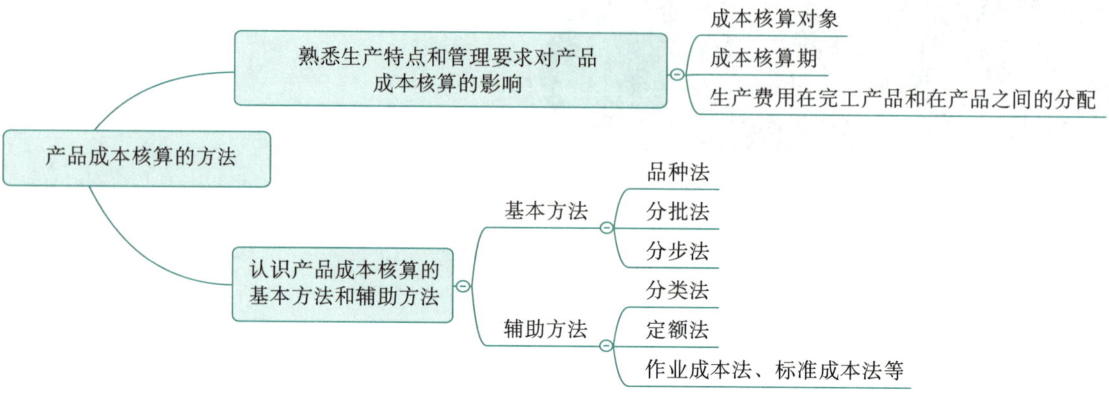

导图讲解

引 言

制造企业产品成本核算的过程，就是对生产经营过程中所发生的费用，按照一定的对象进行归集和分配，核算出产品总成本和单位成本的过程。由于产品成本是在生产过程中形成的，不同企业的生产过程各不相同，且具有不同的生产特点，在成本管理的要求上也各有差异，为了正确核算产品成本，企业必须根据其生产特点，并考虑成本管理的要求，选择适当的成本核算方法。本项目根据不同企业的生产特点和管理要求，对实际工作中采用的各种成本核算方法进行了概括说明，重点阐述企业的生产特点和管理要求对成本核算对象和成本核算期等方面的影响。

模块一 熟悉生产特点和管理要求对产品成本核算的影响

任务导入

河南红山仪表制造厂是一家制造仪表的大型制造业企业，主要从事各种仪表的生产和制造，各种产品由不同的车间进行生产，有些产品生产周期不同、生产步骤不同、所使用的原材料不同、管理要求不同；有些产品生产周期相同，所用原材料相同，生产步骤一致，同时还设有供电车间，为整个企业提供电能。供电车间作为该企业的辅助生产车间，电能不能间断。

根据该企业的实际情况，分析该企业生产工艺特点和生产组织特点及其对成本核算的影响。

知识准备

一、按工艺过程特点分类

制造业企业的生产，按其生产工艺过程的特点，可分为单步骤生产和多步骤生产两种类型，如图 4－1 所示。

熟悉生产的分类

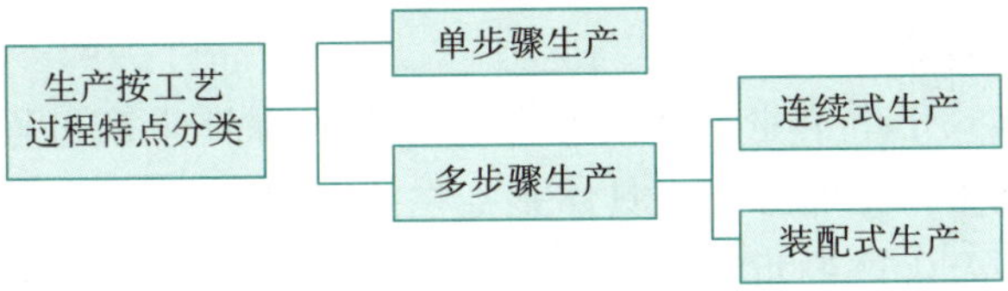

图 4－1　生产按工艺过程特点分类

（一）单步骤生产

单步骤生产，亦称简单生产，是指生产工艺过程不能间断或不能分散在不同地点进行的生产，这类生产工艺技术简单、生产周期较短、生产品种较少，且相对稳定。这类企业生产由于技术上的不可间断性（如发电），或由于工作地点上的限制（如采掘），通常由一个企业整体进行，而不能由几个车间协作进行。

（二）多步骤生产

多步骤生产，亦称复杂生产，是指生产工艺过程由若干个可以间断的、分散在不同地点，分别在不同时间进行的生产步骤所组成的生产，如纺织、钢铁、机械、造纸、服装等工业生产。

多步骤生产，按其产品的加工方式又可分为连续式生产和装配式生产。连续式生产是指原材料投入生产后，要依次经过若干个生产步骤，连续加工才能成为产品的生产，如纺织、钢铁等工业生产。连续式生产如图 4－2 所示。

图 4－2　连续式生产

装配式生产是指先将原材料分别在各个加工车间平行加工为零件、部件，再将零件、部件装配为产品的生产，如机械、车辆、仪表制造等生产。装配式生产如图 4－3 所示。

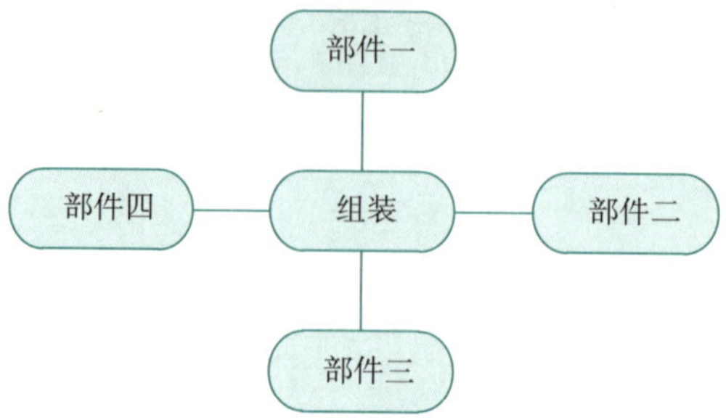

图 4－3　装配式生产

二、按生产组织方式特点分类

生产组织方式是指企业生产的专业化程度，保证生产过程各个环节各个因素相互协调的生产工作方式，具体是指在一定时期内生产产品品种的多少，同类产品的数量及生产的重复程度。按生产组织方式的特点，制造业企业生产可分为大量生产、成批生产和单件生产三种（见图 4－4）。

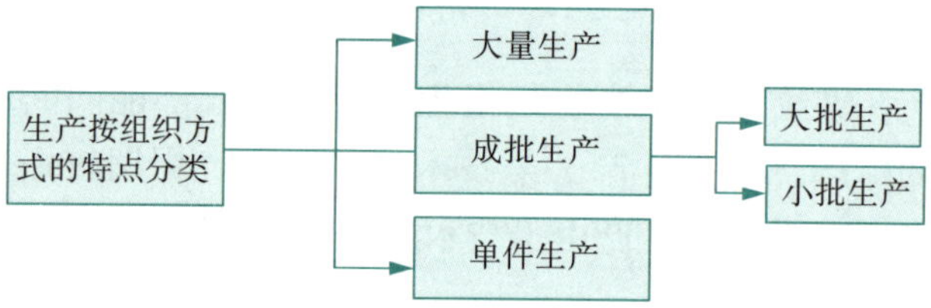

图 4－4　生产按组织方式的特点分类

（一）大量生产

大量生产是指不断地重复生产相同产品的生产。在进行这种生产的企业或车间中，产品的品种较少而且比较稳定，如采掘、纺织、面粉、化肥的生产。

（二）成批生产

成批生产是指按照事先规定的产品批别和数量进行的生产，在进行这种生产的企业或车间中，产品品种较多而且具有一定的重复性，如服装、机械的成批生产。按照产品批量的大小，又可以分为大批生产和小批生产。大批生产，由于产品批量大，往往在几个月内不断地重复生产一种或几种产品，因而其性质近似于大量生产；小批生产，由于生产产品的批量小，一批产品一般可以同时完工，因而其性质近似于单件生产。

（三）单件生产

单件生产类似小批生产，是指根据订货单位的要求，生产个别的性质特殊的产品，其主要特点是：产品品种较多，每一种产品的数量较少，生产周期长，很少进行重复生产，例如，船舶、重型机器、新产品试制等生产。

以上两种划分产品生产特点的方法有着密切联系。简单生产和连续式复杂生产的生产组织都是采用大量生产；装配式复杂生产的生产组织，可以采用大量或成批生产，也可以采用单件生产。企业要根据产品的生产规模、专业化程度和产品品种的稳定性，采取与之相适应的生产组织，做好管理工作，提高生产的专业化程度。

三、生产类型特点对产品成本核算的影响

企业采用的成本核算方法，在很大程度上是由产品的生产类型特点所决定的。主要表现在三个方面，即成本核算对象、成本核算期、生产费用在完工产品与在产品之间如何分配。这三个方面的有机结合，决定了特定成本核算方法的主要特点。

（一）成本核算对象

成本核算对象是指归集和分配生产费用的目标、范围或中心，既是生产费用的承担者，也是设置产品成本核算单，归集生产费用和核算成本的前提。由于生产特点不同，成本核算对象也不同。简单生产的企业，由于生产过程简单，大量重复生产某种产品，如发电、采煤、采矿等，直接以该种产品为对象进行成本核算。复杂生产的企业，如果是大量大批生产，如纺织、冶金等，不仅要求以最后步骤的完工产品为对象，还要求以各步骤的半成品为成本核算对象。如果是单件小批生产，以每一订单或每批产品作为成本核算对象。如果是封闭式车间，还可以车间产品作为成本核算对象。

（二）成本核算期

成本核算期是指核算产品成本时，对发生的费用计入产品（劳务或作业）所规定的起讫期，它是随着生产组织特点的不同而各有所异的。例如，大量大批生产，由于原材料不断地投入，产品不断地制成完工，必须按月核算产品成本，所以，成本核算期和月度会计报表的期间是一致的，而与生产周期不一致；单件小批生产则不同，由于按件按批组织生产，势必造成该件该批产品制造完工后，才能核算其总成本和单位成本，成本核算期具有不定期的特点，这就和生产周期相一致，而与会计报告期不一致。

（三）生产费用在完工产品与在产品之间的分配

对于单步骤大量大批生产的企业，由于生产周期较短，一般没有在产品；有的企业虽然有在产品，但数量很少并且比较稳定。在核算产品成本时，一般不需要核算在产品成本，当月发生的生产费用全部由完工产品负担。因此，生产费用就不需要在本期完工产品和期末在产品之间进行分配。但如果在产品数量较大且管理上要求核算在产品成本，那么生产费用就需要在本期完工产品和期末在产品之间进行分配。

对于多步骤大量大批生产的企业，由于各步骤经常存在一定数量的在产品，在这种情况下，成本管理上一般要求核算在产品成本。因此，生产费用需要在本期完工产品和期末在产品之间进行分配。

对于小批单件生产的企业，在每批或每件产品完工之间，产品成本核算

单中所归集的生产费用都是在产品成本，在产品完工以后，成本核算单中归集的生产费用就是完工产品的成本，即成本核算期与生产周期一致。因此，一般不需要将生产费用在本期完工产品和期末在产品之间进行分配。

四、管理要求对产品成本核算的影响

生产特点和产品成本核算方法有着密切联系，企业经营管理的要求也对成本核算方法造成一定的影响，由于制造业企业性质和规模不同，企业管理的要求不同，采用的成本核算方法也就有所区别。例如，在某一机械制造企业中，其工艺过程一般由若干个可以间断的、分散在不同地点进行的生产步骤所组成。为了核算各个步骤的生产成本，加强各步骤的生产管理，往往不仅要求按照产品的品种或批次核算成本，还要求按照生产的步骤核算成本，但是如果企业的规模较小，管理上又不要求按照生产的步骤考核生产耗费、核算产品成本，也可以不按照生产的步骤核算成本，只按照产品的品种和批次核算产品成本即可。

为了适应加强企业经营管理的要求，定额管理健全的企业可以采用定额法进行成本核算，为此企业就要制定一套完整的定额，切实做好定额的修订和完善工作，要及时准确地核算定额成本，在生产过程中依据定额成本控制生产费用的发生，及时计算和反映实际生产费用脱离定额的差异，不断节约支出降低成本，实现企业的经营目标。

为了适应全面管理、全员管理以及专业管理的需要，应当建立和完善厂内经济责任制，在班组核算的基础上，相应地建立车间、厂部两级成本核算方法，建立各部门、科室的成本责任制，并要正确处理班组经济核算、车间成本核算和厂部费用成本核算之间的关系，以及基本生产和辅助生产车间之间的成本核算关系。管理要求对成本核算的影响是全面的。

综上所述，生产类型特点和管理要求都会对成本核算产生一定的影响，生产特点和管理要求与成本核算对象及方法的关系如表 4－1 所示。

表 4－1　　生产特点和管理要求与成本核算对象及方法的关系

生产特点和管理要求		成本核算对象	成本核算方法
生产组织	生产工艺过程和管理要求		
大量大批生产	单步骤生产或管理上不要求分步骤核算产品成本的多步骤生产	产品品种	品种法
单件小批生产	单步骤生产或管理上不要求分步骤核算产品成本的多步骤生产	产品批别	分批法
大量大批生产	管理上要求分步骤核算产品成本的多步骤生产	生产步骤	分步法

模块二　认知产品成本核算的基本方法和辅助方法

任务导入

河南红山仪表制造厂是制造企业，生产的产品较多，由于每种产品的生产特点和管理要求并不相同，根据产品的生产类型和公司的管理要求，河南红山仪表制造厂同时采用几种成本核算方法进行成本核算。成本核算的方法有哪些呢？本模块将进行详细介绍。

产品成本核算的主要方法

知识准备

成本核算的基本方法有品种法、分批法、分步法，以及为了简化成本核算工作而采用的分类法和为了加强定额管理而采用的定额法，是五种典型的成本核算方法。在实际工作中，在同一个企业里或同一个车间里，由于其生产的特点和管理的要求并不完全相同，这样就有可能在同一个企业或同一个车间，同时采用几种成本核算方法进行成本核算；即使是在生产一种产品时，由于该产品的各个生产步骤及各种半成品、各成本项目之间的结转，其生产的特点和管理的要求也不一样，这样，就有可能同时采用几种成本核算方法来核算产品的成本。

一、产品成本核算的基本方法

如前所述，生产特点和管理要求决定着成本核算对象、成本核算期和成本费用在完工产品与在产品之间的分配，而成本核算对象、成本核算期和生产费用在完工产品与在产品之间的分配，三者有机地结合在一起，就构成了不同的成本核算方法。由于成本核算方法是以成本核算对象命名的，所以在实际工作中就形成了三种基本的成本核算方法，即品种法、分批法和分步法。

以产品品种（不分批、不分步）作为成本核算对象，归集生产费用，核算产品成本的方法称为品种法。品种法一般适用于大量大批单步骤生产或管理上不要求分步骤核算成本的多步骤生产企业。由于大量大批生产，不可能等全部产品完工以后再核算产品的实际成本，所以需要按月核算产品成本，即成本核算期与会计报告期一致，但与生产周期不一致。多步骤生产的企业，一般情况下期末有在产品，因此需要在本期完工产品和期末在产品之间分配生产费用。

以产品批别作为成本核算对象，按照产品的批别（分批、不分步）归集生产费用核算产品成本的方法称为分批法。分批法适用于单件小批生产或管理上不要求分步骤核算成本的多步骤生产企业。由于以产品批别为成本核算对象，只有在该批产品全部完工以后，才能准确核算出该批产品的实际成本。

因此，分批法的成本核算期与会计报告期不一致，但与生产周期一致，当该批产品未完工时，全部为在产品，产品生产成本明细账中归集的生产费用全部为在产品成本；当该批产品完工后全部为产成品时，产品生产成本明细账中归集的生产费用全部为完工产品成本。所以在分批法下，一般不需要在本期完工产品和期末在产品之间分配生产费用。

以产品的生产步骤为成本核算对象，按照产品的生产步骤（分步、不分批）归集生产费用核算产品成本的方法称为分步法。分步法适用于大量大批多步骤生产，而且管理上要求分步骤核算成本的企业。与品种法不同，由于大量大批生产，不可能等全部产品完工以后再核算产品的实际成本，所以需要按月核算产品成本，即成本核算期与会计报告期一致，但与生产周期不一致，一般情况下期末有在产品，因此需要在本期完工产品和期末在产品之间分配生产费用。

三种不同成本核算方法的特点如表 4 –2 所示。

表 4 –2　　产品成本核算基本方法的特点

成本核算方法	成本核算对象	成本核算期	在产品成本	生产类型	管理要求
品种法	产品品种	定期于月末	一般不核算	大量大批单步骤生产	
			需要核算	大量大批多步骤生产	管理上不要求分步核算成本
分批法	产品批别	不定期核算	一般不核算	单件小批单步骤生产	
				单件小批多步骤生产	管理上不要求分步核算成本
分步法	产品及生产步骤	定期于月末	需要核算	大量大批多步骤生产	管理上要求分步核算成本
				单件小批多步骤生产	

二、产品成本核算的辅助方法

在实际工作中，除了上述三种成本核算的基本方法外，企业还采用一些其他的成本核算方法，如分类法和定额法等，但是这些成本核算方法都不是一种独立的成本核算方法，他们必须与上述三种成本核算的基本方法结合起来才能使用。

分类法的成本核算对象是产品的类别，即将产品的某一类别视为某一品种，按照品种法的基本原理核算出各类产品的实际总成本，再采用系数法等方法核算出类内各种产品的实际总成本和单位成本。所以，分类法适用于产品品种规格繁多，但每类产品的结构，所使用的原材料、生产工艺过程基本相同的企业。

定额法是以产品定额为基础，加上（或减去）脱离定额差异和定额变动差异来核算产品成本的一种方法。定额法将符合定额费用和脱离定额的差异分别进行核算，解决成本的日常控制问题。在定额管理基础较好的企业，为了加强生产费用和产品成本的定额管理，加强成本控制，可以采用定额法来核算产品成本。所以，定额法适用于定额管理基础工作较好，定额管理制度比较健全，产品生产已经定型，消耗定额制定得合理且稳定的企业，如机械制造的生产企业。

需要指出的是，分类法和定额法与生产特点没有直接关系，无论哪种类型的生产，只要具备这些条件，都可以采用分类法或定额法计算生产费用，核算产品成本。

此外，在西方发达国家和我国的一些先进企业中，还采用作业成本法和标准成本法。作业成本法是一种基于作业的成本核算法，是指以作业为制造费用的归集对象，通过资源动因的确认、计量，归集资源费用到作业上，再通过作业动因的确认计量，归集作业成本到产品上去的制造费用分配方法。标准成本法是一种成本控制的方法，也可以认为是一种特殊的成本核算方法。该方法只核算产品的标准成本，不核算产品的实际成本，实际成本脱离标准成本的差异直接计入当期损益。

综上所述，制造业企业的实际情况复杂多样，管理要求又各不相同，因而采用的成本核算方法也是多种多样的，应用时应当根据企业的生产特点和管理要求，并结合企业生产规模的大小及管理水平的高低等实际情况，从实际出发，将成本核算的各种方法灵活地加以应用。

项目总结

本项目共有两个模块，介绍了制造业企业的生产类型、成本管理要求对成本核算方法的影响。

模块一主要讲述制造业企业的生产类型的特点，介绍了管理要求对制造业企业成本核算方法的影响，两个因素都具有决定性的影响作用。不同的产品成本核算方法，其主要区别表现在成本核算对象、成本核算期和生产费用是否需要在完工产品和期末在产品之间分配三个方面。

模块二主要介绍了制造业企业成本核算工作中基本的成本核算方法和辅助核算方法。企业既可能采用单一方法进行成本核算，也可能需要综合运用多种成本核算方法完成成本核算的工作。

通过本项目的学习，我们知道成本核算方法既有相对统一的理论，又在运用上千差万别没有定式，勤于思考是成为一名优秀成本会计必须养成的习惯。

项目五
品种法

项目知识点

- □ 了解品种法的特点
- □ 了解品种法的适用范围
- □ 了解品种法的核算程序和优缺点

项目技能点

- □ 掌握品种法的成本核算程序
- □ 利用品种法核算出完工产品成本和单位成本
- □ 掌握品种法的账务处理程序
- □ 能够判断使用品种法的企业

职业核心能力

- □ 掌握品种法的适用范围和成本核算程序
- □ 能够熟练运用品种法准确核算完工产品成本和单位成本

课程思政

青年强，则国家强。当代中国青年生逢其时，施展才干的舞台无比广阔，实现梦想的前景无比光明。——摘自党的二十大报告

我国作为一个制造业大国，拥有最完整且最为丰富的工业体系，在国内企业的经营发展中，成本会计起到至关重要的作用。从事成本会计的人员不仅要具备足够高的专业能力，还应该具备基本的职业素养，同时拥有社会责任心。通过品种法的成本计算原理与实务操作相结合，培养学生对成本计算基本方法的熟练掌握和实践操作能力的提升，同时需要培养学生具备与专业技能相匹配的个人综合素质，才能够真正成为为中国特色社会主义事业奋斗的新一代大学生。

内容导图

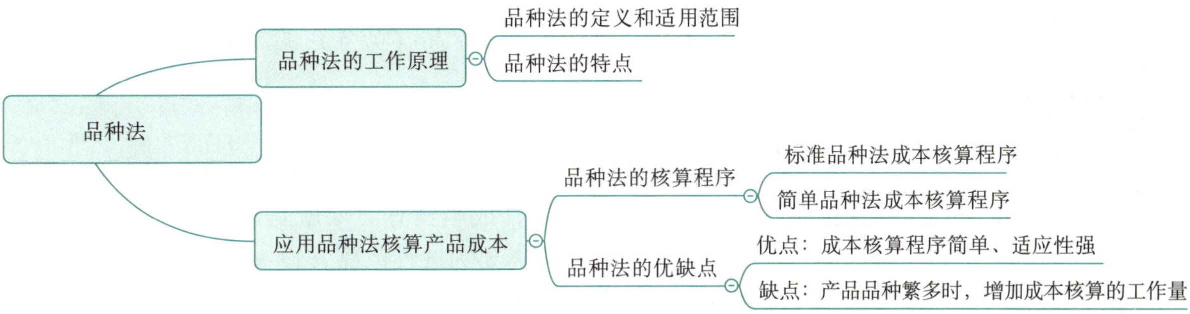

引 言

在一些制造业企业中，其产品生产往往是大量、大批简单生产，如发电、采掘等企业，以及管理上不要求分步骤核算成本的大量大批复杂生产的小型企业，如小型化肥厂、水泥厂等企业。根据生产企业的特点，就形成了成本核算的品种法。通过本项目的学习，可以了解品种法的特点、适用范围，最终会利用品种法核算产品成本。

导图讲解

模块一 品种法的工作原理

任务导入

河南红山仪表制造厂是一家生产仪表产品的小型制造业企业，常年生产各种型号的仪表，公司成立之初，由于仪表的成本较低，并且产品一直供不应求。因此，该公司一直不重视企业的成本核算。随着市场竞争的加剧，公司领导要求财务部门加强成本核算，该公司的财务总监和成本会计商议后决定采用品种法进行成本核算，控制产品成本。

知识准备

一、品种法的适用范围

产品成本核算的品种法，亦称简单法，是以产品品种为对象归集生产费用，核算产品成本的一种方法。品种法广泛适用于大量、大批单步骤生产的企业，如发电业、供水业、采掘业等。在这种类型的生产中，产品的生产工艺过程不可能或不需要划分为几个生产步骤，因而也就不可能或不需要按照生产步骤核算产品成本。在大量、大批的多步骤生产中，如果企业或车间的规模较小，或者车间是封闭式的（即从原材料投入到产品产出的全过程，都是在一个车间内进行的），或者生产是按流水线组织的，管理上不要求按照生产步骤核算产品成本，也可以采用品种法核算产品成本，如水泥厂、砖瓦厂、糖果厂、织布厂和造纸厂等。企业的辅助生产车间，如供水车间、供电车间、供气车间等，也可以采用品种法核算其产品（劳务）的成本。

品种法的工作原理

二、品种法的特点

（一）以产品品种为成本核算对象，设置产品成本核算单（产品成本明细账）

在采用品种法核算产品成本时，成本核算对象就是产品品种。如果只生产一种产品，核算产品成本时，只需要为这种产品开设一本产品成本核算单，账内按成本项目设立专栏或专行。在这种情况下，所发生的全部生产费用都是直接计入产品成本，还可以直接计入该产品成本核算单的有关成本项目，而不需要在各成本核算对象之间分配费用；如果是生产多种产品，产品成本核算单就要按照产品品种分别设置，发生的生产费用中能分得清是哪种产品耗用的，可以直接计入各产品成本核算单的有关成本项目，分不清的则要采用适当的分配方法，在各成本核算对象之间进行分配，然后分别计入各产品成本核算单的有关成本项目。

（二）成本核算定期按月进行

在大量、大批的单步骤生产中，由于是不断地重复生产一种或几种产品，不能在产品制造完工时立即核算成本，因而成本核算一般是定期于每月月末进行。在多步骤生产企业中，如采用品种法核算成本，成本核算一般也都是定期于每月月末进行，即如果采用品种法核算产品成本，成本核算期与会计报告期一致，但与产品生产周期不一致。

（三）有期末在产品时需要在完工产品和月末在产品之间分配费用

（1）在单步骤生产中，月末核算成本时，一般不存在尚未完工的在产品，或者在产品数量很小，因而可以不核算在产品成本。在这种情况下，产品成本核算单中按成本项目归集的生产费用，就是该产品的总成本除以该产品的产量，即可求得该产品的平均单位成本。

（2）在一些规模较小，而且管理上又不要求按照生产步骤核算成本的大量、大批的多步骤生产中，月末一般都有在产品，而且数量较多，这就需要将产品成本核算单中归集的生产费用，选择适当的分配方法，在完工产品与月末在产品之间进行分配，以便核算完工产品成本和月末在产品成本。

模块二　应用品种法核算产品成本

任务导入

河南红山仪表制造厂生产甲、乙、丙三种仪表产品，设有两个基本生产车间，一车间生产甲、乙两种产品，二车间生产丙产品，另设供水、供电两个辅助车间为仪表生产和企业管理部门提供供水、供电服务。该公司按产品品种登记基本生产车间发生的产品成本费用，并按成本项目汇总登记基本生产成本二级账。该公司以甲、乙、丙三种仪表产品为成本核算对象，采用品种法进行成本核算。本模块将详细介绍品种法的具体应用。

知识准备

品种法一般适用于大量、大批单步骤生产，或者虽然是多步骤生产，但是成本管理上不要求按生产步骤核算产品成本的企业。这种方法要分别按照产品品种归集生产费用，在期末有在产品时，应采用适当方法将各种产品归集起来的生产费用在完工产品和月末在产品之间进行分配，以核算确定完工产品的总成本和单位成本。

一、品种法的核算程序

（一）标准品种法成本核算程序

品种法是产品成本核算方法中的最基本方法，因而品种法的核算程序，体现着产品成本核算的一般程序。在标准品种法下，产品生产成本核算的程序如下。

1. 按产品品种设置和登记生产成本核算单

如果一个企业只生产一种产品，则只需设置一个生产成本核算单；如果企业生产多种产品，则应为不同的产品分别设置生产成本核算单。

2. 归集与分配本月发生的各项生产费用

如直接材料可根据领料单、限额领料单等凭证，并按照其用途编制“发料凭证汇总表”；生产工人工资可根据考勤记录或产量记录编制“工资结算汇总表”；其他生产费用也应根据具体的费用项目编制有关汇总核算表，如“固定资产折旧汇总核算表”等，归集与分配各项生产费用。

3. 分配辅助生产成本

月末，根据辅助生产成本明细账归集的本月辅助生产成本总额，按照企业确定的辅助生产成本分配方法，编制各辅助生产单位的“辅助生产成本分配表”，分配辅助生产成本。

品种法的核算程序

4. 分配基本生产车间制造费用

月末，根据各基本生产车间制造费用明细账归集的制造费用，按照企业确定的制造费用分配方法，分别编制各基本生产车间的“制造费用分配表”，分配制造费用。

5. 核算本月完工产品实际总成本和单位成本

如果企业月末没有在产品，或者虽然有在产品，但在产品的数量较少或较均匀，则可将生产成本明细账所归集的生产费用全部计入本月完工产品的成本，并根据本月完工产品的产量核算出各种产品的单位成本；如果企业有月末在产品，而且月末在产品的数量比较大，各月不均衡，那么，就必须将生产成本明细账所归集的生产费用按照一定的方法在本月完工产品与月末在产品之间进行分配。对于计入本期完工产品的成本，应编制“成本核算表”，分别核算本月完工产品的总成本和单位成本。

（二）简单品种法成本核算程序

简单品种法的成本核算程序相对简化，主要体现在成本核算对象品种单一，费用无须分配，只要按费用项目直接归集即可，月初、月末通常没有在产品，所以本月发生的生产费用，即为本月完工产品的总成本。基于上述特点，在简单品种法下，按照发生的费用设置“生产成本明细账”；各生产单位发生的全部费用都为直接费用；根据原始凭证或各费用分配表编制记账凭证，直接登记“生产成本明细账”的相应项目；月末汇总“生产成本明细账”，编制“产品成本核算单”，并结转完工产品成本。

二、品种法的优缺点

按照产品品种核算产品成本，是产品成本核算最一般、最起码的要求。因为无论何种组织方式的制造企业、何种生产类型的产品，还是成本管理要求如何，最终都必须按照产品品种核算出产品成本。品种法成本核算程序简单、适用性强。但如果企业生产的产品品种繁多，就会增加成本核算的工作量。

由于品种法的成本核算程序体现产品成本核算的一般程序，所以，列举一套完整的例子，将成本核算中各种费用分配表和明细账联系起来，不仅便于从中系统、全面、具体地掌握品种法的特点，而且有利于深入理解产品成本核算的基本原理。

任务实施

任务实施 标准品种法核算产品成本

品种法的例题精讲

河南红山仪表制造厂生产大批甲、乙两种产品，并采用品种法核算产品成本，该厂有一个基本生产车间和供电、运输两个辅助生产车间。企业在“生产成本”总分类账户下，设置“基本生产成本”和“辅助生产成本”二级账，同时按照产品品种设置产品成本核算单，按“直接材料”“直接人工”和“制造费用”三个成本项目设置专栏。辅助生产车间不单独设置“制造费用”明细账，辅助生产成本明细账按费用项目设置专栏。该厂202×年7月生产费用资料如下。

（1）月初在产品资料如表5－1所示。

表5－1 月初在产品成本 单位：元

产品名称	直接材料	直接人工	制造费用	合计
甲产品	6 210	3 490	7 850	17 550
乙产品	13 600	5 500	2 372	21 472

（2）耗用材料情况如表5－2所示。

表 5-2　　**发出材料汇总表**　　单位：元

领料部门和用途	原材料及主要材料	其他材料	合计
甲产品耗用	21 000	6 000	27 000
乙产品耗用	15 000	3 000	18 000
甲乙产品共同耗用	12 000		12 000
基本生产车间一般耗用	2 300	1 000	3 300
供电车间耗用	2 740		2 740
运输车间耗用	1 500		1 500
厂部管理部门耗用		4 700	4 700
合　计	54 540	14 700	69 240

甲、乙产品共同耗用的材料按定额消耗量比例进行分配，甲产品的定额消耗量为 400 千克，乙产品的定额消耗量为 200 千克。

（3）“职工薪酬费用汇总表”如表 5-3 所示。

表 5-3　　**职工薪酬费用汇总表**　　单位：元

部门人员	基本工资	福利费	合计
生产车间工人	40 000	16 000	56 000
生产车间管理人员	3 200	1 280	4 480
供电车间	6 000	2 400	8 400
运输车间	2 500	1 000	3 500
行政管理人员	7 000	2 800	9 800
合　计	58 700	23 480	82 180

（4）产品生产工时和产量记录如表 5-4 所示。

表 5-4　　**生产工时和产量记录**

产品名称	生产工时（小时）	产品数量（件）	
		完工数量	在产品数量
甲产品	600	500	100
乙产品	400	800	200

（5）基本生产车间计提折旧 3 850 元，供电车间计提折旧 1 320 元，运输部门计提折旧 920 元，行政管理部门计提折旧 2 100 元，共计 8 190 元。

（6）用银行存款支付其他费用。“其他费用汇总表”如表 5-5 所示。

表 5-5　　**其他费用汇总表**　　单位：元

部门	燃料费	办公费	劳动保护费	差旅费	其他	合计
基本生产车间		572	1 980		2 418	4 970
供电车间		210	960		1 020	2 190
运输车间	900	130	760		450	2 240
行政管理部门		2 890		1 080	260	4 230

（7）供电车间本月提供电力 29 000 千瓦时，其中运输车间耗用 355 千瓦时，基本生产车间产品生产用电 20 000 千瓦时，基本生产车间一般性耗用 7 000 千瓦时，行政管理部门耗用 1 645 千瓦时。

运输车间提供运输劳务 7 000 吨公里，其中供电车间耗用 200 吨公里，基本生产车间耗用 3 500 吨公里，行政管理部门耗用 3 300 吨公里。采用直接分配法分配辅助生产费用。

（8）甲产品分两道工序完成，各工序在产品的数量分别是 60 件和 40 件，各工序的工时定额分别为 10 小时和 12 小时，每道工序的完工程度为 50%。单位产品材料费用定额为 60 元，材料在生产开始时一次性投入。每小时费用定额：直接人工费 10 元，制造费用 8 元。采用定额成本法核算月末在产品成本和完工产品成本。

（9）乙产品的原材料在生产开始时一次性投入，在产品完工程度 50%。采用约当产量法核算完工产品和在产品成本。

要求：根据上述业务，核算甲、乙两种产品完工产品成本和月末在产品的成本。

步骤一：根据“发出材料汇总表”（见表 5－2），按用途编制“材料费用分配表”（见表 5－6）。

表 5－6　**材料费用分配表**　单位：元

应借科目			直接计入	分配计入			金额合计
总账科目	明细科目	成本项目		定额消耗量	分配率	分配金额	
生产成本	基本生产成本——甲产品	直接材料	27 000	400（千克）		8 000	35 000
	基本生产成本——乙产品	直接材料	18 000	200（千克）		4 000	22 000
	小　计		45 000	600（千克）	20（元/千克）	12 000	57 000
	辅助生产成本——供电车间	材料费	2 740				2 740
	辅助生产成本——运输车间	材料费	1 500				1 500
	小　计		4 240				4 240
制造费用	基本生产车间	机物料	3 300				3 300
管理费用		材料费	4 700				4 700
合　计			57 240			12 000	69 240

根据“发出材料汇总表”和“材料费用分配表”编制会计分录如下：

借：生产成本——基本生产成本——甲产品　35 000

——乙产品　22 000

生产成本——辅助生产成本——供电车间　2 740

——运输车间　1 500

制造费用　3 300

管理费用　4 700

贷：原材料　69 240

步骤二：根据“职工薪酬费用汇总表”（见表5－3）按生产工时分配工资及福利费用，编制“职工薪酬费用分配表”（见表5－7）。

生产工人工资分配率＝40 000÷(600＋400)＝40（元/千克）

甲产品应分配生产工人工资＝600×40＝24 000（元）

乙产品应分配生产工人工资＝400×40＝16 000（元）

生产工人福利费分配率＝16 000÷(600＋400)＝16（元/千克）

甲产品应分配的福利费＝600×16＝9 600（元）

乙产品应分配的福利费＝400×16＝6 400（元）

表5－7　**职工薪酬费用分配表**　单位：元

应借科目			基本工资	福利费	金额合计
总账科目	明细科目	成本项目			
生产成本	基本生产成本——甲产品	直接人工	24 000	9 600	33 600
	基本生产成本——乙产品	直接人工	16 000	6 400	22 400
	小　计		40 000	16 000	56 000
	辅助生产成本——供电车间	职工薪酬	6 000	2 400	8 400
	辅助生产成本——运输车间	职工薪酬	2 500	1 000	3 500
	小　计		8 500	3 400	11 900
制造费用	基本生产车间	职工薪酬	3 200	1 280	4 480
管理费用		职工薪酬	7 000	2 800	9 800
合　计			58 700	23 480	82 180

根据“职工薪酬费用分配表”编制会计分录如下：

借：生产成本——基本生产成本——甲产品　33 600

——乙产品　22 400

生产成本——辅助生产成本——供电车间　8 400

——运输车间　3 500

制造费用　4 480

管理费用　9 800

贷：应付职工薪酬——工资　58 700

——福利费　23 480

步骤三：根据折旧情况，编制“折旧费用分配表”（见表5－8）。

表 5－8 折旧费用分配表 单位：元

应借科目			合计
总账科目	明细科目	成本项目	
生产成本	辅助生产成本——供电车间	折旧费	1 320
	辅助生产成本——运输车间	折旧费	920
	小　计		2 240
制造费用	基本生产车间	折旧费	3 850
管理费用		折旧费	2 100
合　计			8 190

根据“折旧费用分配表”编制会计分录如下：

借：生产成本——辅助生产成本——供电车间　1 320
　　　　　　　　　　　　　　——运输车间　920
　　制造费用　3 850
　　管理费用　2 100
　　贷：累计折旧　8 190

步骤四：根据“其他费用汇总表”（见表 5－5），编制“其他费用分配表”（见表 5－9）。

表 5－9 其他费用分配表 单位：元

应借科目			合计
总账科目	明细科目	成本项目	
生产成本	辅助生产成本——供电车间	办公费	210
		劳动保护费	960
		其他	1 020
		小计	2 190
	辅助生产成本——运输车间	燃料费	900
		办公费	130
		劳动保护费	760
		其他	450
		小计	2 240
制造费用	基本生产车间	办公费	572
		劳动保护费	1 980
		其他	2 418
		小计	4 970
管理费用		办公费	2 890
		差旅费	1 080
		其他	260
		小计	4 230
合　计			13 630

根据“其他费用分配表”编制会计分录如下：

借：生产成本——辅助生产成本——供电车间　2 190

——运输车间　2 240

制造费用　4 970

管理费用　4 230

贷：银行存款　13 630

步骤五：根据步骤一、步骤二、步骤三和步骤四的结果编制辅助生产成本明细账（见表5－10和表5－11）。

表5－10　**辅助生产成本明细账**

车间名称：供电车间　单位：元

摘要	材料费	薪酬费	折旧费	办公费	劳动保护费	其他	合计
材料费用分配表	2 740						2 740
职工薪酬费用分配表		8 400					8 400
折旧费用分配表			1 320				1 320
其他费用分配表				210	960	1 020	2 190
本月发生额合计	2 740	8 400	1 320	210	960	1 020	14 650
分配给各受益部门	2 740	8 400	1 320	210	960	1 020	14 650

表5－11　**辅助生产成本明细账**

车间名称：运输车间　单位：元

摘要	材料费	薪酬费	折旧费	燃料费	办公费	劳保费	其他	合计
材料费用分配表	1 500							1 500
职工薪酬费用分配表		3 500						3 500
折旧费用分配表			920					920
其他费用分配表				900	130	760	450	2 240
本月发生额合计	1 500	3 500	920	900	130	760	450	8 160
分配给各受益部门	1 500	3 500	920	900	130	760	450	8 160

根据辅助生产成本明细账，编制“辅助生产成本分配表”（见表5－12）和“产品用电分配表”（见表5－13）。

表5－12　**辅助生产成本分配表（直接分配法）**　金额单位：元

项目			供电车间	运输车间	合计
待分配费用			14 650	8 160	22 810
辅助生产车间以外单位的劳务数量			28 645	6 800	
费用分配率			0.51（元/千瓦时）	1.2（元/吨公里）	
受益对象	基本生产车间	产品耗用量	20 000（千瓦时）		
		分配金额	10 200		10 200
		一般耗用量	7 000（千瓦时）	3 500（吨公里）	
		分配金额	3 570	4 200	7 770
	行政管理部门	耗用数量	1 645（千瓦时）	3 300（吨公里）	
		分配金额	880	3 960	4 840
合计			14 650	8 160	22 810

表 5－13

产品用电分配表

产品	生产工时（小时）	分配率（元/小时）	分配金额（元）
甲产品	600	10.2	6 120
乙产品	400		4 080
合计	1 000		10 200

根据“辅助生产成本分配表”（见表 5－12）和“产品用电分配表”（见表 5－13）编制会计分录如下：

借：生产成本——基本生产成本——甲产品　　6 120
　　　　　　　　　　　　　——乙产品　　4 080
　　制造费用　　7 770
　　管理费用　　4 840
　　贷：生产成本——辅助生产成本——供电车间　　14 650
　　　　　　　　　　　　　　　——运输车间　　8 160

步骤六：根据资料编制“制造费用明细账”（见表 5－14）并分配制造费用。

表 5－14

制造费用明细账

单位：元

摘要	机物料	薪酬费	水电费	折旧费	办公费	劳保费	运输费	其他	合计
材料费用分配表	3 300								3 300
职工薪酬分配表		4 480							4 480
折旧费用分配表				3 850					3 850
其他费用分配表					572	1 980		2 418	4 970
辅助生产成本分配表			3 570				4 200		7 770
本月发生额合计	3 300	4 480	3 570	3 850	572	1 980	4 200	2 418	24 370
制造费用分配表	3 300	4 480	3 570	3 850	572	1 980	4 200	2 418	24 370

根据“制造费用明细账”分配制造费用并编制“制造费用分配表”（见表 5－15）。

表 5－15

基本生产车间制造费用分配表

应借科目			生产工时（小时）	分配率（元/小时）	分配金额（元）
生产成本	基本生产成本	甲产品	600	24.37	14 622
		乙产品	400		9 748
合　计			1 000		24 370

根据“制造费用分配表”编制会计分录如下：

借：生产成本——基本生产成本——甲产品　　14 622
　　　　　　　　　　　　　——乙产品　　9 748
　　贷：制造费用　　24 370

步骤七：核算完工产品成本和月末在产品成本并编制“产品成本核算单”（见表5－16）。

表5－16　　**产品成本核算单——甲产品**　　单位：元

成本项目	直接材料	直接人工		制造费用	合计
期初在产品成本（定额成本）	6 210	3 490		7 850	17 550
本期发生费用	41 120	33 600		14 622	89 342
——直接计入费用	27 000	——分配工资	24 000	——	——
——分配计入费用	8 000	——分配福利费	9 600	——	——
——辅助生产车间分配费用	6 120	——		——	——
合计	47 330	37 090		22 472	106 892
本月完工产品数量	——	——		——	——
月末在产品数量	——	——		——	——
月末在产品约当产量	——	——		——	——
费用分配率（单位成本）	——	——		——	——
完工产品成本	41 330	27 690		14 952	83 972
期末在产品成本（定额成本）	6 000	9 400		7 520	22 920

根据资料编制甲产品的成本核算单（见表5－16）。

表5－16中的数据计算过程如下：

甲产品月末在产品定额工时＝60×10×50%＋40×(10＋12×50%)

＝940（小时）

月末在产品定额成本的核算过程如下：

直接材料＝60×100＝6 000（元）

直接人工＝940×10＝9 400（元）

制造费用＝940×8＝7 520（元）

完工产品成本核算过程如下：

直接材料＝6 210＋41 120－6 000＝41 330（元）

直接人工＝3 490＋33 600－9 400＝27 690（元）

制造费用＝7 850＋14 622－7 520＝14 952（元）

根据资料编制乙产品的成本核算单（见表5－17）。

表5－17　　**产品成本核算单——乙产品**　　单位：元

成本项目	直接材料	直接人工		制造费用	合计
期初在产品成本（定额成本）	13 600	5 500		2 372	21 472
本期发生费用	26 080	22 400		9 748	58 228
——直接计入费用	18 000	——分配工资	16 000	——	——
——分配计入费用	4 000	——分配福利费	6 400	——	——
——辅助生产车间分配费用	4 080	——		——	——
合计	39 680	27 900		12 120	79 700

续表

成本项目	直接材料	直接人工	制造费用	合计
本月完工产品数量（件）	800	800	800	
月末在产品数量（件）	200	200	200	
月末在产品约当产量（件）	200	100	100	
费用分配率（单位成本）（元/件）	39.68	31	13.466 7	
完工产品成本	31 744	24 800	10 773.36	67 317.36
期末在产品成本	7 936	3 100	1 346.64	12 382.64

表5－17中的数据计算过程如下：

直接材料分配率＝39 680÷1 000＝39.68（元/件）

直接人工分配率＝27 900÷900＝31（元/件）

制造费用分配率＝12 120÷900＝13.4667（元/件）

完工产品成本核算过程如下：

直接材料＝800×39.68＝31 744（元）

直接人工＝800×31＝24 800（元）

制造费用＝800×13.466 7＝10 773.36（元）

步骤八：编制"完工产品成本汇总表"（见表5－18）并编制产品成本结转的会计分录。

表5－18　完工产品成本汇总表　单位：元

成本项目	甲产品		乙产品	
	总成本	单位成本	总成本	单位成本
直接材料	41 330	82.66	31 744	39.68
直接人工	27 690	55.38	24 800	31
制造费用	14 952	29.904	10 773.36	13.446 7
合　计	83 972	167.944	67 317.36	84.146 7

编制产品成本结转的会计分录如下：

借：库存商品——甲产品　　83 972

　　　　　　——乙产品　　67 317.36

　贷：生产成本——基本生产成本——甲产品　　83 972

　　　　　　　　　　　　　　——乙产品　67 317.36

项目总结

本项目共有两个模块，详细讲解了制造业企业产品成本核算的品种法。

模块一主要讲述了品种法的定义、适用范围和特点。

模块二主要介绍了品种法的成本核算程序和优缺点。最后，通过一个品种法综合举例，系统说明了品种法核算的整个程序和过程。

项目六

分批法

项目知识点

- □ 了解分批法的概念
- □ 了解分批法的适用范围
- □ 了解分批法的特点
- □ 了解分批法与品种法的区别

项目技能点

- □ 掌握分批法核算产品的成本
- □ 掌握分批法的核算程序和一般账务处理
- □ 掌握分批法的特征
- □ 能够判断使用分批法的企业

职业核心能力

- □ 运用一般分批法核算产品成本
- □ 运用简化分批法核算产品成本
- □ 掌握一般分批法和简化分批法的区别

课程思政

提高全社会文明程度。实施公民道德建设工程，弘扬中华传统美德，加强家庭家教家风建设，加强和改进未成年人思想道德建设，推动明大德、守公德、严私德，提高人民道德水准和文明素养。——摘自党的二十大报告

成本会计教学目标是培养企业需要的优秀成本会计人才，以及将团队协作、爱岗敬业、诚实守信等思想政治元素与成本会计教学内容结合起来。通过对分批法的核算程序和账务操作的熟练掌握，同学们了解到采用分批法核算产品成本，需要分批而行，从而实现精准的成本核算管理。

内容导图

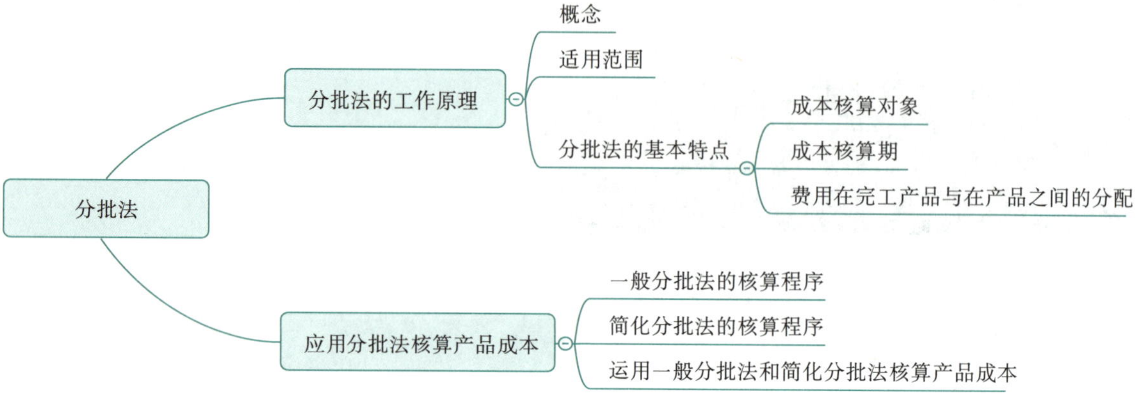

导图讲解

引　言

一些生产行业中，其产品生产往往不是大规模、大批量而是小批量甚至单件生产。例如，造船业、飞机制造业及为了满足市场细化要求的个性化生产企业。对于具有这种生产特点的企业，为了满足其产品生产成本核算的要求，就要建立一个与其生产工艺特点相匹配的成本核算方法——分批法。分批法是成本核算的基本方法之一，因此要学好分批法，为成为成本会计能手打下坚实的基础。

模块一　分批法的工作原理

任务导入

202×年1月，河南红山仪表制造厂与AK公司签订一项厂房建造合同，授权该公司负责建造一座厂房。AK公司主要致力于能源、化工、机械等行业大型设备和厂房的建造，服务范围广泛，包括设计、装配、运输和安装，在许多地区都有自己的装配工厂。由于AK公司的订单多为定制生产，因此，其对每一件产品的成本都采用分批法进行核算。

知识准备

一、分批法的概念及其适用范围

分批法又称订单法，是指按照产品的批别或购货单位的订单来归集生产费用，核算产品成本的一种方法。它一般适用于单件小批复杂式生产的企业，如重型机械制造、船舶制造等，企业的新产品试制、自制设备、来料加工和修理作业等也可以采用分批法核算产品成本。在单件小批生产的企业里，生产的组织是按照购买者的订货情况来进行的，每批产品的品种、规格、数量、交货日期、所用原材料和制造方法等往往各不相同，所以需要以生产批别为对象核算产品成本，分批法主要适用于以下情况。

（一）根据购买者订单组织生产的企业

有些企业专门根据购买者的要求，生产一定数量和特殊规格、型号的产品，如根据订货者要求生产的有专门用途的仪器、设备、大型锅炉等。

分批法的工作原理

（二）产品种类经常变动的小规模制造企业

小规模制造企业的生产组织有较大的灵活性，能够做到根据市场需要不断地改变产品的种类、规格等，如小型五金厂、服装厂、印刷厂等。这种产品一般不重复生产，即便是重复生产也是不定期的。因此，这类企业适宜采用分批法核算产品成本。

（三）承揽修理业务的工厂

修理业务多种多样，要根据承接的各种修理工作分别核算成本，向客户收取货款。这种企业往往要根据合同规定，在生产成本上加上约定利润，这种约定利润是在成本的基础上，加一定百分比的利润或一定数额的利润。因此，这类企业需要核算每次修理业务的成本，如汽车修理厂、船舶修理厂等。

（四）新产品试制车间

专门试制、开发新产品的车间，要按新产品的种类分别核算成本。新产品的试制往往数量较少，重复性较差，适宜采用分批法核算产品成本。

总之，这些企业的共同特点是一批产品通常不重复生产，或即使重复生产也是不定期的，企业生产计划的编制及日常检查核算工作都以购货者订货为依据，或者以企业事先规定的批量为依据。

二、分批法的基本特点

（一）产品成本核算对象

在单件小批生产的企业中，产品的品种和每批产品的批量是根据客户的订单来确定，按照产品批别核算产品成本，即按照客户的订单核算产品成本，所以产品成本核算的分批法又称为订单法。

然而产品成本核算的分批与客户的订单并不完全一致，因为企业产品成本核算的分批是以生产计划部门开出的生产通知单为依据的。客户的订单与企业的生产通知单所规定的内容可以相同，也可以不同。如果在一张订单中只规定生产一种产品，但这种产品的数量较大，不便于集中一次性投产，或者客户要求分批交货且可以分成几批组织生产，核算成本；如果在一张订单中只规定生产一种产品，但这种产品属于大型复杂产品，如大型船舶，由于其价值大，生产周期长，也可以按产品的组成部分分批组织生产，并核算成本；如果在一张订单中规定生产的产品不止一种，为了分析和考核各种产品成本计划的执行情况，并便于生产管理，企业可以按照产品的品种划分分批组织生产，并核算成本。总之，根据具体情况，既可以将一张订单分为几张生产通知单，也可以将几张订单合并为一张生产通知单，在生产通知单中应对各批生产任务进行编号，这个编号称为产品批别。

（二）产品成本核算期

采用分批法核算产品成本时，要按月归集各个订单或批次的实际生产费用，但由于产品成本要在各批产品完工后才能核算出来，所以成本核算期是不定期的，也就是说，采用分批法时成本核算期与产品的生产周期一致，但与会计报告期不一致。在分批法下，每批产品无论其数量多少和生产周期长短，均按产品的批别归集发生的费用，生产周期小于一个月完工的月内归集的生产费用即为该批完工产品总成本。生产周期超过一个月完工的，则未完工月份归集的生产费用加上期初在产品成本，即为该批次月末在产品成本，待该批产品完工时，才核算出完工产品成本。

（三）费用在完工产品与在产品之间的分配

在小批生产中，由于完工产品成本核算期与产品的生产周期一致，因而在月末核算产品成本时，一般不存在完工产品与在产品之间分配费用的问题。

在单件生产中，产品完工前产品成本核算单所记录的生产费用都是在产品成本，产品完工时产品成本核算单所记录的生产费用就是完工产品的成本，因而在月末核算成本时，不存在完工产品与在产品之间费用分配的问题。

但是，如果批内产品有跨月陆续完工并交付购货单位，月末核算产品成本时，一部分产品已经完工，另一部分产品尚未完工，这时就需要采用一定的方法将生产费用在完工产品与在产品之间进行分配，核算出本月完工产品成本。如果批内产品跨月陆续完工的数量不多，为了简化核算工作，对于部分完工的产品成本，可以按计划成本、定额成本，或者以前同样产品的实际成本进行核算。但当该批产品全部完工时，还应重新合并核算该种产品的实际总成本和单位成本，对以前已转出的产品成本，账面可以不作调整。如果批内跨月陆续完工的数量较多，为了正确核算已完工产品的成本，就应采用适当的方法将生产费用在完工产品与在产品之间进行分配，从而核算出完工产品的实际成本和月末在产品成本。

模块二　应用分批法核算产品成本

任务导入

河南红山仪表制造厂是制造企业，生产的产品较多，这个月接到A公司的生产订单。河南红山仪表制造厂二车间按生产任务通知单组织生产，该订单属于小批生产，河南红山仪表制造厂决定用分批法核算产品的生产成本。

如果你是河南红山仪表制造厂的成本会计，你会如何核算二车间该订单的产品成本呢？本模块会详细介绍分批法的具体应用。

知识准备

一、一般分批法的核算程序

（一）按产品批别设置产品成本核算单

在各批产品投产时，根据生产计划部门签发的生产通知单所规定的产品批别为每批产品开设产品成本核算单（产品生产成本明细账），账内按成本项目分设专栏，以归集各批别产品的生产费用，核算各批别产品的实际总成本和单位成本。

（二）按产品批别归集和分配本月发生的各种费用

根据各种费用分配表，将各项费用分别按产品批别或订单记入产品生产成本明细账各有关成本项目，对各批产品发生的直接费用，根据有关原始凭证和费用分配表，分别记入各批产品成本核算单中；对于多批次共同发生的费用，应当采用适当的方法，在各批次产品之间进行分配，记入各批次产品的成本核算单中；对于制造费用等间接费用月内按发生的地点进行归集，月末按一定标准分配记入各批产品的生产成本核算单中。

（三）核算完工产品成本

月末完工批次产品的生产成本明细账中所汇集的各项生产费用，即为该批次完工产品的实际总成本；月末未完工批次产品生产成本核算单中所汇集的生产费用，即为该批次的月末在产品成本。根据完工批次产品生产成本核算单的计算结果，结转完工产品的实际总成本。

当某批产品批量较大，又存在跨月陆续完工或分次交货情况时，应在批内核算完工产品成本和月末在产品成本，其方法一般有两种。

（1）先核算出完工产品成本，然后将生产费用减去完工产品成本，核算出月末在产品成本。在计划成本或定额成本制定比较准确的企业里，可根据计划成本或定额成本核算完工产品成本，如果没有准确的计划或定额资料，可根据近期同种产品的实际成本，综合分析各项影响成本的因素，确定完工产品成本。

（2）采用适当的方法分别核算出批内完工产品成本和月末在产品成本。一般可选择采用约当产量法和定额比例法等具体方法。

当批内完工数量不多时，可选择前一种方法；反之，则考虑用后一种方法。由于这两种核算方法都带有一定的假定性，所以还需在整批产品全部完工时，重新核算该批产品的总成本和单位成本。

一般分批法的成本核算基本程序如图 6－1 所示。

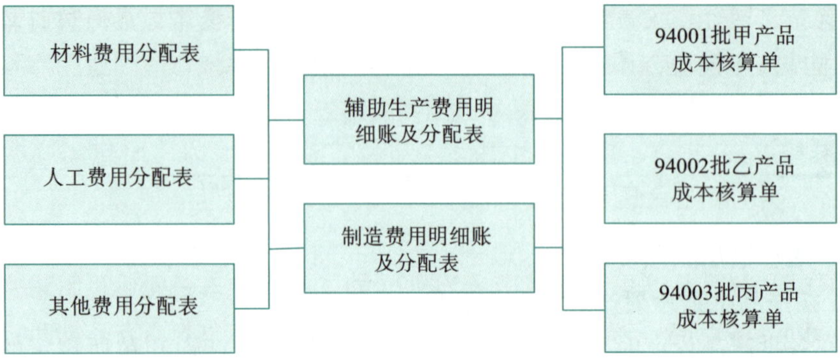

图6－1　分批法成本核算基本程序图

分批法的核算程序

二、简化分批法的核算程序

在小批单件生产的企业或车间中，如果同一月份投产的产品批数很多，几十甚至上百批，且月末有未完工产品的批次也较多，如机械制造厂或修配厂就属于这种情况。在这种情况下，如果各项间接费用采用当月分配法，即将当月发生的间接费用全部分配给各批次产品，而不管各批次产品是否已经完工，费用分配的核算工作将非常烦琐。因而为了简化核算工作，在这类企业或车间中还可采用另外一种方法，即简化分批法。

采用简化分批法，仍应按产品批别设立成本明细账，但每月发生的各项间接费用不是按月在各批产品之间进行分配，而是将这些间接费用分别累积起来，到产品完工时按照产品累计工时的比例，在各批完工产品之间进行分配，这样在某批产品完工以前，成本核算单只需按月登记直接费用和工时数，不必分配登记间接费用，只有在产品完工的月份才计算登记完工产品应负担的各项间接费用。

简化分批法的核算程序如下：

（一）按产品批别设置生产成本明细账

按生产批号设立生产成本明细账（成本核算单），每月分别登记各批产品直接耗用的材料费用和该月发生的实际工时数，而其他成本项目的费用不需登记，且集中反映在基本生产成本明细账户内。

（二）设置基本生产成本明细账

设置基本生产成本明细账，按成本项目登记各批产品有关的工资、制造费用等间接费用和生产工时，月末计算各项费用累计数和工时累积数。只有在有完工产品的月份，才计算确定完工产品应负担的间接费用，从而核算完工产品成本；本月完工产品成本，包括从基本生产成本明细账中分配转入的间接费用及产品生产成本明细账中登记的直接费用。

（三）核算完工产品的总成本和单位成本

月末有批别产品完工时，把基本生产成本明细账户内的各批产品间接费用累积数，按各批产品累计工时数的比例进行分配，核算完工产品应负担的间接费用，并登记生产成本明细账中的各项成本项目。加上完工产品的材料等直接费用，汇总后即可得出该批完工产品总成本和单位成本。

间接费用分配计算公式如下：

全部产品累计间接费用分配率 = 全部产品累计间接费用 ÷ 全部产品累计工时

某批完工产品应负担的间接费用 = 该批完工产品累计工时 × 间接费用分配率

任务实施

任务实施一　一般分批法核算产品成本（间接费用当月分配）

河南红山仪表制造厂三车间是一个专门进行小批单件生产的车间，202×年9月该车间生产甲、乙、丙三种产品，成本核算方法采用分批法。该车间的生产费用按月汇总，产品成本按订单全部完工后进行结算（如有月份出现陆续完工的情况，则按计划成本结转）。

一般分批法的例题精讲

202×年9月该车间生产产品的有关资料如表6－1所示。

表6－1　河南红山仪表制造厂三车间产品批次明细表

202×年9月　　实物单位：件

批号	产品名称	投产日期	批量	完工日期	完工产品数量	在产品数量
111	甲产品	9月1日	10	9月30日	10	0
112	乙产品	9月3日	10	9月30日	0	10
113	丙产品	8月4日	20	9月30日	5	15

113丙产品，月初在产品成本资料：直接材料3 600元，直接人工3 180元，制造费用1 120元，共计7 900元。

202×年9月该车间各批号产品生产费用情况如表6－2所示。

表6－2　202×年9月各批号产品发生的费用

单位：元

批号	产品名称	直接材料	直接人工	制造费用
111	甲产品	9 980	3 420	2 000
112	乙产品	6 400	3 600	4 000
113	丙产品	6 400	2 820	2 000
合　计		22 780	9 840	8 000

111甲产品全部完工，本月生产费用全部是完工产品成本。

112乙产品全部未完工，本月生产费用全部是在产品成本。

113丙产品完工5件，完工产品按计划成本结转，每台计划成本为：直接材料为580元，直接人工为340元，制造费用为180元。

要求：根据上述资料采用分批法核算产品成本。

步骤一：按照产品批别设置本月投产的111和112“产品生产成本核算单”（见表6－3和表6－4）。

表6－3 **产品生产成本核算单**

产品名称：甲产品 完工：10件

批号：111 批量：10件 9月30日 单位：元

202×年		摘要	直接材料	直接人工	制造费用	合计
月	日					
9	30	本月发生	9 980	3 420	2 000	15 400
9	30	完工转出	9 980	3 420	2 000	15 400
		单位成本	998	342	200	1 540

表6－4 **产品生产成本核算单**

产品名称：乙产品 完工：10件

批号：112 批量：10件 9月30日 单位：元

202×年		摘要	直接材料	直接人工	制造费用	合计
月	日					
9	30	本月发生	6 400	3 600	4 000	14 000
9	30	月末在产品	6 400	3 600	4 000	14 000

步骤二：登记113丙产品的月初在产品成本（见表6－5）。

表6－5 **产品生产成本核算单**

产品名称：丙产品 完工：5件

批号：113 批量：20件 9月30日 单位：元

202×年		摘要	直接材料	直接人工	制造费用	合计
月	日					
9	1	月初在产品	3 600	3 180	1 120	7 900
		……	……	……	……	……

步骤三：登记丙产品本月发生的直接成本（见表6－6）。

表6－6 **产品生产成本核算单**

产品名称：丙产品 完工：5件

批号：113 批量：20件 9月30日 单位：元

202×年		摘要	直接材料	直接人工	制造费用	合计
月	日					
9	1	月初在产品	3 600	3 180	1 120	7 900
9	30	本月发生	6 400	2 820	2 000	11 220
9	30	生产费用合计	10 000	6 000	3 120	19 120

步骤四：核算丙产品这个月完工转出的产品成本。

直接材料 = 580 × 5 = 2 900（元）

直接人工 = 340 × 5 = 1 700（元）

制造费用 = 180 × 5 = 900（元）

步骤五：登记 113 丙产品“生产成本核算单”（见表 6 - 7）。

表 6 - 7　　产品生产成本核算单

产品名称：丙产品　　完工：5 件

批号：113　　批量：20 件　　9 月 30 日　　单位：元

202×年		摘要	直接材料	直接人工	制造费用	合计
月	日					
9	1	月初在产品	3 600	3 180	1 120	7 900
9	30	本月发生	6 400	2 820	2 000	11 220
9	30	生产费用合计	10 000	6 000	3 120	19 120
		计划单位成本	580	340	180	1 100
9	30	完工转出	2 900	1 700	900	5 500
9	30	月末在产品	7 100	4 300	2 220	13 620

步骤六：结转完工产品的成本。

借：库存商品——111　　15 400

　　　　　　——113　　5 500

　贷：生产成本——基本生产成本——111　　15 400

　　　　　　　　　　　　　　——113　　5 500

任务实施二　简化分批法核算产品成本（间接费用累计分配）

河南红山仪表制造厂四车间属于小批生产车间，产品批数多，而且月末有较多批号未完工产品，该公司为了减少成本会计月末的工作量，采用简化分批法核算产品成本。该企业生产情况及生产费用情况如下。

（1）9 月份生产产品的批号有：

94001 号：A 产品 10 件，8 月投产，9 月 20 日全部完工。

94002 号：B 产品 20 件，8 月投产，9 月完工 12 件。

94003 号：C 产品 10 件，8 月末投产，尚未完工。

94004 号：D 产品 12 件，9 月初投产，尚未完工。

（2）各批号产品月初在产品、本月材料费用（原材料在生产开始时一次性投入）和工时如下：

月初在产品：

94001 号：原材料 36 000 元，工时 8 000 小时。

94002 号：原材料 48 000 元，工时 13 000 小时。

94003 号：原材料 31 600 元，工时 600 小时。

本月生产费用：

94001 号：工时 10 040 小时。

94002 号：工时 30 000 小时。

94003 号：工时 16 000 小时。

94004 号：原材料 22 160 元，工时 16 440 小时。

（3）各批号产品月初在产品、本月直接人工费用和制造费用如下：

月初在产品：

直接人工费用：10 564 元。

制造费用：18 652 元。

本月生产费用：

直接人工费用：27 068 元。

制造费用：37 796 元。

（4）9 月末，完工产品工时 46 040 小时，其中 B 产品工时 28 000 小时。

要求：根据上述资料，用简化分批法核算产品成本。

步骤一：根据有关凭证登记“基本生产成本核算单”（见表 6－8）。

表 6－8 **基本生产成本核算单** 金额单位：元

摘要	直接材料	生产工时（小时）	直接人工	制造费用	成本合计
月初在产品成本	115 600	21 600	10 564	18 652	144 816
本月生产费用	22 160	72 480	27 068	37 796	87 024
生产费用累计	137 760	94 080	37 632	56 448	231 840
累计间接费用分配率（元/小时）			0.40	0.60	
本月完工转出	64 800	46 040	18 416	27 624	110 840
月末在产品成本	72 960	48 040	19 216	28 824	121 000

月初在产品直接材料＝36 000＋48 000＋31 600＝115 600（元）

月初在产品生产工时＝8 000＋13 000＋600＝21 600（小时）

本月生产工时＝10 040＋30 000＋16 000＋16 440＝72 480（小时）

直接人工累计分配率＝37 632÷94 080＝0.4（元/小时）

制造费用累计分配率＝56 448÷94 080＝0.6（元/小时）

步骤二：编制“产品成本核算单”（见表 6－9 至表 6－12），核算各批产品的总成本和单位成本。

表 6－9 **产品成本核算单——A 产品**

批号：94001 完工数量：10 件

产品：A 产品 金额单位：元

摘要	直接材料	工时（小时）	直接人工	制造费用	合计
月初在产品成本	36 000	8 000			
本月生产费用	—	10 040			

续表

摘要		直接材料	工时（小时）	直接人工	制造费用	合计
生产费用合计		36 000	18 040			
累计间接费用分配率（元/小时）				0.40	0.60	
完工产品	总成本	36 000	18 040	7 216	10 824	54 040
	单位成本（元/件）	3 600		721.6	1 082.40	5 404

10 件 A 产品完工产品的直接人工费用 = 18 040 × 0.40 = 7 216（元）

10 件 A 产品完工产品的制造费用 = 18 040 × 0.60 = 10 824（元）

单位 A 产品的成本 = 3 600 + 721.6 + 1 082.4 = 5 404（元/件）

表 6－10　　产品成本核算单——B 产品

批号：94002　　完工数量：12 件

产品：B 产品　　金额单位：元

摘要		直接材料	工时（小时）	直接人工	制造费用	合计
月初在产品成本		48 000	13 000			
本月生产费用		—	30 000			
生产费用合计		48 000	43 000			
累计间接费用分配率（元/小时）				0.40	0.60	
完工产品	总成本	28 800	28 000	11 200	16 800	56 800
	单位成本（元/件）	2 400		933.33	1 400	4 733.33
月末在产品成本		19 200	15 000			

12 件 B 产品完工产品的直接材料费用 = 48 000 ÷ 20 × 12 = 28 800（元）

12 件 B 产品完工产品的直接人工费用 = 28 000 × 0.40 = 11 200（元）

12 件 B 产品完工制造费用 = 28 000 × 0.60 = 16 800（元）

单位 B 产品的成本 = 2 400 + 933.33 + 1 400 = 4 733.33（元/件）

表 6－11　　产品成本核算单——C 产品

批号：94003　　尚未完工

产品：C 产品　　金额单位：元

摘要	直接材料	工时（小时）	直接人工	制造费用	合计
月初在产品成本	31 600	600			
本月生产费用	—	16 000			
生产费用合计	31 600	16 600			

表 6－12　　产品成本核算单——D 产品

批号：94004　　尚未完工

产品：D 产品　　金额单位：元

摘要	直接材料	工时（小时）	直接人工	制造费用	合计
本月生产费用	22 160	16 440			
生产费用合计	22 160	16 440			

步骤三：根据步骤二的“产品成本核算单”，填写“产品成本汇总表”（见表6－13）。

表6－13 **产品成本汇总表** 金额单位：元

产品名称	产量（件）	成本项目	直接材料	直接人工	制造费用	合计
94001 A 产品	10	总成本	36 000	7 216	10 824	54 040
		单位成本	3 600	721.6	1 082.40	5 404
94002 B 产品	12	总成本	28 800	11 200	16 800	56 800
		单位成本	2 400	933.33	1 400	4 733.33

步骤四：结转完工产品成本

借：库存商品——A 产品 54 040

——B 产品 56 800

贷：生产成本——基本生产成本——A 产品 54 040

——B 产品 56 800

项目总结

本项目共有两个模块，详细讲解了制造业企业产品成本核算的分批法。

产品成本核算的分批法，是以产品的批别为对象，归集生产费用，核算产品成本的一种方法，该方法主要适用于单件小批复杂式生产企业。分批法的特点为成本核算对象是产品的批别，成本核算期不定期，一般何时完工何时核算完工产品成本，一般不存在生产费用在完工产品与在产品之间的分配问题，如果当一批产品跨月陆续完工并对外销售时，月中应当采用一定的方法核算已完工产品的实际成本。掌握分批法最关键的一点，就是要按照批次设置账簿，归集产品的生产成本。

项目七

分步法

项目知识点

- ☐ 了解分步法的概念
- ☐ 了解分步法的适用范围
- ☐ 了解分步法的特点
- ☐ 了解逐步结转分步法和平行结转分步法的区别

项目技能点

- ☐ 熟练运用分步法核算产品的成本
- ☐ 运用逐步结转分步法综合结转方式进行半成品成本还原
- ☐ 能够确定平行结转分步法中在产品的约当产量
- ☐ 能够独立判断使用分步法的企业

职业核心能力

- ☐ 熟练运用逐步结转分步法核算产品成本
- ☐ 能够进行成本还原的计算
- ☐ 掌握逐步分项结转分步法和平行结转分步法的特点

课程思政

我们要善于通过历史看现实、透过现象看本质，把握好全局和局部、当前和长远、宏观和微观、主要矛盾和次要矛盾、特殊和一般的关系，不断提高战略思维、历史思维、辩证思维、系统思维、创新思维、法治思维、底线思维能力，为前瞻性思考、全局性谋划、整体性推进党和国家各项事业提供科学思想方法。

——摘自党的二十大报告

企业采用分步法进行产品成本核算时，不仅要按步骤核算产品的成本，也要进行成本还原，寻找最原始的成本项目，从而实现优质高效的成本核算。同样，在进行成本管理时，也要追本溯源，透过现象看本质，提高战略思维和系统思维，才能为企业实施精细化的管理奠定基础。

内容导图

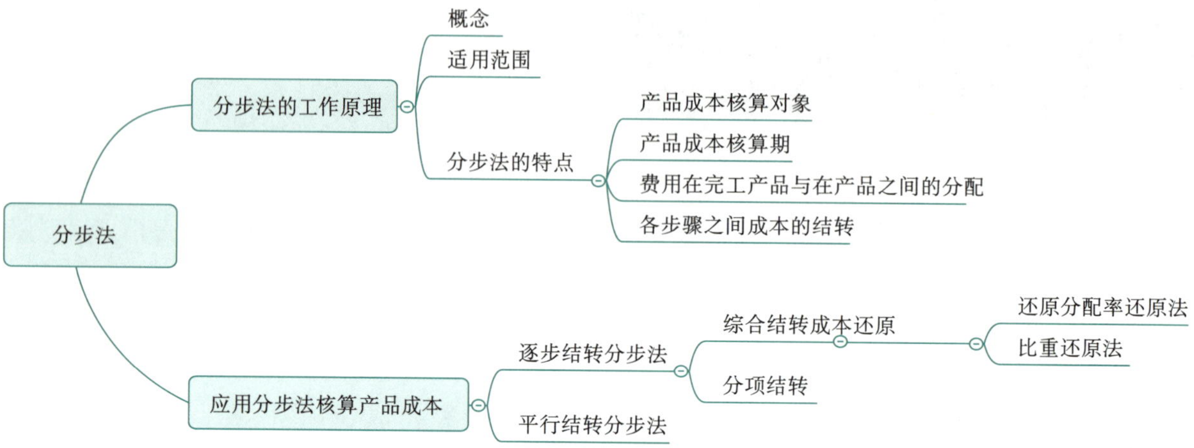

导图讲解

引　言

在现实经济活动中，大部分的生产企业往往需要经过若干生产加工步骤才能完成生产制造过程，最终生产出产成品。为了对具有这种生产工艺特点的企业的产品成本进行核算和加强管理，就出现了与此相适应的成本核算分步法。分步法是成本核算的基本方法之一，因此要学好分步法，为成为成本会计能手打下坚实的基础。

模块一　分步法的工作原理

任务导入

202×年1月，河南红山仪表制造厂刚刚成立，聘请了一位注册会计师王某作为公司的财务总监。王某了解公司情况之后，提出希望河南红山仪表制造厂在未来建立一套合理的财务系统，这个系统将为该公司提供成本管理信息，建立适合河南红山仪表制造厂生产过程且可以提供用分步法进行产品成本核算的系统。详细核算产品成本有利于产品交易价格的制定和促销价格的确定，并且找到降低成本的途径。分步法将帮助企业有针对性地降低成本。

知识准备

一、分步法的概念及其适用范围

产品成本核算的分步法是以产品的品种及其所经过的生产步骤为成本核

算对象来归集生产费用，核算产品成本的一种方法。分步法一般适用于大量、大批多步骤生产，并且管理上要求分步骤核算产品成本的企业，这些企业包括大量、大批的连续式生产和大量、大批装配式生产企业，如从事纺织、造纸、冶金、化工、机械制造等企业。

采用分步法核算产品成本时，由于不同企业对于生产步骤成本管理有不同要求，以及出于简化成本核算工作的考虑，按照产品生产步骤来归集费用、核算产品成本时，各个生产步骤成本的核算和结转有逐步结转和平行结转两种不同的方法。因此，产品成本核算的分步法也就分为逐步结转分步法和平行结转分步法两种。

（一）逐步结转分步法

逐步结转分步法也称为顺序结转分步法，是按照产品生产步骤的先后顺序归集生产费用，逐步核算并结转各步骤半成品成本，直到最后步骤累积核算出产成品成本的一种成本核算方法。逐步结转分步法的显著特点是能够提供各个步骤半成品的成本资料，因此又称为核算半成品成本的分步法。

（二）平行结转分步法

平行结转分步法是将各生产步骤应计入相同产成品成本的份额平行汇总，以求得产成品成本的方法。平行结转分步法按照生产步骤归集费用，但只核算完工产品成本在各生产步骤的成本份额，不核算和结转各生产步骤的半成品成本，因此平行结转分步法也称为不核算半成品成本的分步法。

分步法的工作原理

二、分步法的特点

（一）产品成本核算对象

采用分步法核算产品成本时，应以各种产品及其生产步骤的半成品作为成本核算对象，设置产品成本核算单，按成本项目开设专栏，归集生产费用。如果只生产一种产品，成本核算对象就是该种产成品及其所经过的各种生产步骤，产品成本核算单应按照产品的生产步骤开设；如果生产多种产品，成本核算对象则应是各种产成品及其所经过的各生产步骤，产品成本核算单应按照每种产品的各个步骤开设。

进行成本核算时，应按步骤进行产品分配和归集生产费用，单设成本项目的直接费用，直接计入各成本核算对象；单设成本项目的间接费用，单独分配计入各成本核算对象；不单设成本项目的费用，一般先按车间、部门等归集为综合费用，月末再直接计入或者分配计入各成本核算对象。

需要指出的是，在实际工作中产品成本核算的分步法与产品生产步骤的划分不一定完全一致。例如，在按生产步骤设立车间的企业中，一般来讲，分步核算成本也就是分车间核算成本。如果企业生产规模很大，车间又分成几个生产步骤，而管理上又要求分步核算成本时，也可以在车间内再分步核算成本。相反，如果企业规模很小，管理上也不要求分车间核算成本时，也可以将几个车间合并为一个步骤核算成本。总之，应根据管理的要求，本着简化核算工作的原则，确定成本核算对象。

（二）产品成本核算期

在大量大批多步骤生产的条件下，原材料连续投入，产品不断地生产加工，生产过程中始终有一定数量的在产品，成本核算只能在每月月末进行，即成本核算期与会计报告期是一致的，但与生产周期不一致。

（三）费用在完工产品与在产品之间的分配

由于分步法适用于大量、大批多步骤生产，成本核算按月进行，而多步骤生产产品需经若干步骤加工才能完成，月末通常都有较多数量的在产品。因此，应按照加工步骤归集在产品明细账中的生产费用。大多要采用适当的分配方法，在完工产品与月末在产品之间进行分配，核算该产品各步骤的完工产品成本和月末在产品成本。

由于生产费用按加工步骤进行归集，然后再汇总核算产成品成本，因此需要将各步骤费用按一定方法进行结转。

（四）各步骤之间成本的结转

由于产品生产是分步骤进行的，上一步骤生产的半成品是下一步骤的加工对象，因此为了核算各种产品的产成品成本，还需要按照产品品种结转各步骤成本。也就是说，与其他成本核算方法不同，在采用分步法核算产品成本时，在各个步骤之间还有个成本结转问题，这是分步法的一个重点。

模块二　应用分步法核算产品成本

任务导入

河南红山仪表制造厂五车间生产大型仪表，该仪表生产的工艺过程是由一系列加工步骤所构成的，每一道加工步骤形成一种半成品，这些半成品成为下一道步骤的加工对象，直到最后步骤生产出产成品。该车间采用分步法核算产品成本，成本会计如何核算大型仪表的成本？通过本模块的学习，将帮助你解决这些问题。

知识准备

一、分步法的成本核算基本程序

运用分步法核算产品成本，可按以下四个步骤进行。

（1）按照各生产步骤，为每种产品（半成品或产成品）设立产品成本核算单，据以归集该步骤产品发生的各项费用。

（2）归集费用登记产品成本核算单。每月按生产步骤及产品归集和分配生产费用，编制各种费用汇总分配表，登记成本明细账。

（3）核算各步骤完工产品成本和在产品成本。月末，将各生产步骤中各成本明细账上归集的全部生产费用，在各完工产品和在产品之间进行分配，核算出各步骤的完工产品成本和在产品成本。

（4）结转各步骤半成品成本，核算产品总成本和单位成本。月末，应采用适当的方法，按产品品种结转各步骤成本，核算出每种产品的总成本和单位成本。

二、逐步结转分步法的特点和成本核算程序

（一）逐步结转分步法的特点

成本核算对象是各生产步骤半成品和最后步骤的产成品。各加工步骤的半成品随实物的转移在各生产步骤之间顺序结转，在产品成本按其实物所在地反映，各步骤产品生产成本明细账中的“期末在产品成本”反映结转在该步骤的狭义在产品成本。

（二）逐步结转分步法的成本核算程序

首先核算出第一步骤的半成品成本，然后随着半成品的实物转移，将其成本转入第二步骤产品生产成本明细账。第二步骤将第一步骤转入的半成品成本加上本步骤发生的生产费用，核算出第二步骤的半成品成本，然后随着半成品的实物转移，将其成本转入第三步骤产品生产成本明细账。这样按生产步骤的先后顺序逐步核算出结转半成品成本，直到最后一个步骤核算出完工产成品成本。逐步结转分步法程序图，如图 7－1 所示。

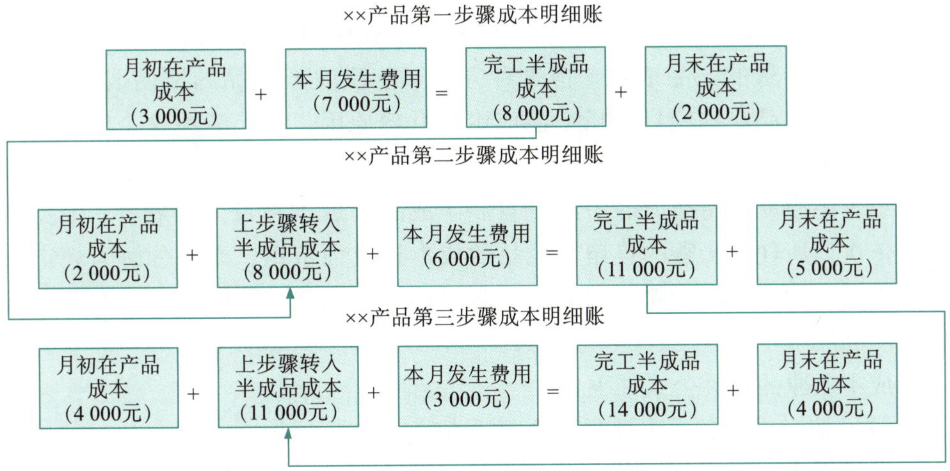

图 7－1　逐步结转分步法程序图

从图 7－1 中可以看出，各步骤半成品完工以后直接为下一步骤领用，所以完工半成品的成本就可以直接转入下步骤的产品成本核算单。

（三）逐步结转分步法下各步骤半成品成本结转方式

逐步分项结转分步法

逐步结转分步法按照结转的半成品成本在下一生产步骤产品成本核算单中的反映方式，可以分为分项结转和综合结转。

1. 分项结转

分项结转是将各生产步骤所耗用的半成品成本，按照实际发生的原始成本项目分项转入各步骤产品成本核算单的各个相应的成本项目中，如果半成品通过半成品仓库收发，那么自制半成品明细账也要按照成本项目登记半成品成本。分项结转法适用于要求按照原始成本项目反映产品成本资料，但对各个步骤的成本管理要求不高的企业，在分项结转法下，既可以按半成品的实际单位成本结转，也可以按照半成品的计划单位成本结转。

半成品按实际单位成本结转，可以直接准确地提供原始成本项目反映的产品成本资料，以便于从整个企业角度分析产品成本构成和成本水平。但在各步骤的完工产品成本中，看不出耗用上步骤半成品的综合成本和本步骤加工费用的水平，不便于各个步骤进行产品成本分析。在生产步骤较多，特别是各步骤完工半成品通过半成品库收发的情况下，成本核算工作量较大。

半成品按计划单位成本结转，各步骤的成本核算工作可以同时进行，简化和加速了半成品、产成品成本的核算工作，在各步骤成本明细账中，可以分别反映耗用半成品的计划成本、成本差异，因而在分析各步骤产品成本时，剔除了前步骤半成品成本变动对本步骤成本的影响，便于进行成本的分析。

2. 综合结转

逐步综合结转分步法

综合结转是指各步骤的半成品成本不分成本项目以总额形式结转到下一步骤成本明细账中的“直接材料”成本项目或专设的“自制半成品”成本项目中，这种结转方式计算简便，并能考核各步骤耗用半成品成本的综合指标，便于分析各步骤的产品成本。但这种方法不能反映产成品的原始成本构成，不便于按照产品成本项目分析产品成本的升降原因，为了解决这个问题，还需要进行成本还原。

成本还原就是将产成品中的“自制半成品”成本项目，从最后一个步骤起，依次以所耗前步骤的自制半成品的成本构成为依据，逐步分解为规定的成本项目，然后将各步骤相同的成本项目相加，调整核算按规定成本项目反映的产品成本。

成本还原的计算公式如下：

（1）按半成品各成本项目占全部成本的比重还原法。

①计算成本还原分配率。

成本还原分配率 = 上步骤完工半成品各成本项目的金额 ÷ 上步骤完工半成品成本合计 × 100%

②将半成品的综合成本进行分解。

某项目成本还原数额 = 本月产成品耗用上步骤半成品的成本 × 还原分配率

③计算还原后的产品成本。

还原后产品的成本 = 还原前产品成本 + 半成品成本还原数额

（2）各步骤耗用半成品的总成本占上一步骤完工半成品总成本的比重还原。

①计算成本还原分配率。

成本还原分配率 = 本月产成品所耗上步骤半成品成本数额 ÷ 本月上步骤生产该种半成品成本合计

② 计算半成品成本还原数额。

某项目半成品成本还原数额 = 上步骤本月生产该种半成品的某项成本数额 × 成本还原率

③计算还原后产品的成本。

还原后产品的成本 = 还原前产品成本 + 半成品成本还原数额

三、平行结转分步法的特点和成本核算程序

（一）平行结转分步法的特点

1. 产品成本核算对象

成本核算对象是各生产步骤和最终的产成品，平行结转分步法以各生产步骤和最终步骤的产成品作为成本核算对象，并按生产步骤和产品品种设置产品成本核算单，在平行结转方式下，各生产步骤不核算半成品成本，只核算本步骤所发生的各项费用。

半成品成本不随实物转移而结转。在平行结转分步法下，各生产步骤之间不逐步结转半成品成本，只是在成品入库时，才将各步骤费用中应计入库存商品成本的份额，从各步骤产品成本核算单中转出。采用这一方法，无论半成品实物是在生产步骤之间直接结转，还是通过半成品库收发，都不通过“自制半成品”账户进行总分类核算和明细核算。

2. 产品成本核算期

采用平行结转分步法，其成本核算期与会计报告期一致，并按月定期核算产品成本。

3. 费用在完工产品与在产品之间进行分配

各个生产步骤的生产费用也需要在完工产品与月末在产品之间进行分配。这里所说的完工产品与月末在产品都是就广义而言的。生产费用是指本步骤所发生的生产费用（不包括所耗上一生产步骤的半成品成本）；完工产品是指企业最终完工的产成品；在产品是指广义在产品，即包括以下三方面内容：

（1）本步骤正在加工的在制品（狭义在产品）；

（2）本步骤已经加工完成转入半成品仓库的半成品；

（3）已经转入以后各生产步骤继续加工，但尚未最终制成产成品的自制半成品。

项目比重法进行成本还原

成本还原分配率法进行成本还原

（二）平行结转分步法的成本核算程序

（1）按产品的生产步骤和产品品种设置产品成本核算单。各步骤成本明细账按成本项目归集本步骤发生的生产费用，不包括耗用上步骤半成品成本。

（2）月末，将各步骤归集的生产费用在完工产品与广义在产品之间进行分配，计算各步骤应计入库存商品成本的“份额”。

（3）将各步骤应计入库存商品成本的“份额”从各步骤产品成本核算单中平行结转汇总，即可核算出该种产成品的总成本和单位成本。

平行结转分步法成本核算的程序如图 7－2 所示。

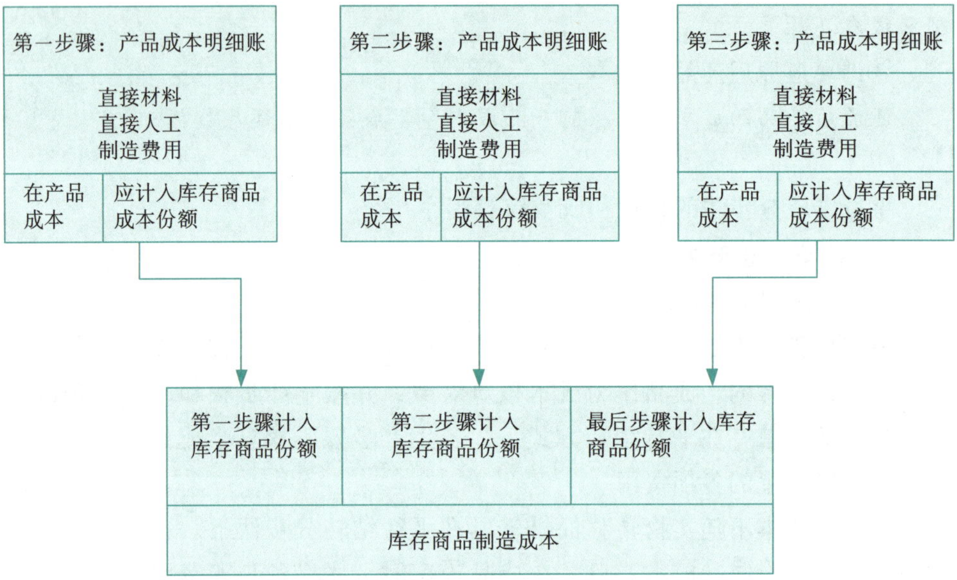

图 7－2　平行结转分步法成本核算程序图

平行结转分步法

平行结转分步法（约当产量法）

任务实施

任务实施一　逐步结转分步法核算产品成本（综合结转并且不通过半成品仓库收发）

逐步综合结转分步法例题精讲

河南红山仪表制造厂生产 A 型号的仪表经过三个车间（步骤）依次加工完成，第一车间生产的甲半成品转入第二车间继续加工成乙半成品，第三车间再将乙半成品加工成 A 型仪表。原材料在生产开始时一次性投入，各步骤在产品的完工程度均为 50%。各步骤的产量记录、成本资料如表 7－1 和表 7－2 所示。成本核算采用逐步综合结转分步法。

表 7－1　　河南红山仪表制造厂产量资料　　单位：件

项　目	第一车间	第二车间	第三车间
月初在产品	80	40	20
本月投入或上月转入	320	240	220
本月完工	240	220	200
月末在产品	160	60	40
月末在产品完工程度（%）	50	50	50

表 7－2　　河南红山仪表制造厂生产费用资料　　单位：元

项　目	第一车间	第二车间	第三车间
月初在产品成本	38 000	37 000	32 100
其中：直接材料或半成品	16 000	23 000	23 100
直接人工	10 000	6 000	5 000
制造费用	12 000	8 000	4 000
本月发生生产费用	162 000	131 000	184 600
其中：直接材料	64 000	—	—
直接人工	46 000	64 000	109 400
制造费用	52 000	67 000	75 200

要求：根据上述资料，采用逐步综合结转分步法核算 A 型号仪表的成本并进行成本还原。

步骤一：以甲半成品所经生产步骤为成本核算对象，设置产品生产成本明细账（产品生产成本核算单）。核算第一步骤完工甲半成品成本和在产品成本，登记第一车间产品生产成本核算单。

产品生产成本核算单按照直接材料、直接人工、制造费用三个成本项目组织核算，如表 7－3 所示。

表 7－3　　第一车间产品生产成本核算单

产品：甲半成品　　金额单位：元

成本项目	直接材料	直接人工	制造费用	合计
月初在产品成本	16 000	10 000	12 000	38 000
本月发生费用	64 000	46 000	52 000	162 000
生产费用合计	80 000	56 000	64 000	200 000
完工产品数量（件）	240	240	240	—
月末在产品约当产量（件）	160	80	80	—
约当总产量（件）	400	320	320	—
分配率（元/件）	200	175	200	575
完工产品成本	48 000	42 000	48 000	138 000
月末在产品成本	32 000	14 000	16 000	62 000

表 7－3 中的数据根据以下计算过程得出。

（1）核算甲半成品的直接材料项目。

在产品直接材料项目约当产量 $=160\times100\%=160$（件）

直接材料分配率 $=(16\ 000+64\ 000)\div(240+160)=200$（元/件）

直接材料费用 $=240\times200=48\ 000$（元）

在产品直接材料费用 $=160\times200=32\ 000$（元）

（2）核算甲半成品的直接人工项目。

在产品直接人工项目约当产量 $=160\times50\%=80$（件）

直接人工分配率 $=(10\ 000+46\ 000)\div(240+80)=175$（元/件）

直接人工费用 $=240\times175=42\ 000$（元）

在产品直接人工费用 $=80\times175=14\ 000$（元）

（3）核算甲半成品的制造费用项目。

在产品制造费用项目约当产量 $=160\times50\%=80$（件）

制造费用分配率 $=(12\ 000+52\ 000)\div(240+80)=200$（元/件）

制造费用 $=240\times200=48\ 000$（元）

在产品制造费用 $=80\times200=16\ 000$（元）

（4）核算完工甲半成品单位成本和总成本。

完工单位成本 $=200+175+200=575$（元/件）

完工总成本 $=48\ 000+42\ 000+48\ 000=138\ 000$（元）

步骤二：以乙半成品所经生产步骤为成本核算对象，设置产品生产成本明细账（产品生产成本核算单）。核算第二步骤完工乙半成品成本和在产品成本，登记第二车间产品生产成本核算单。

产品生产成本核算单按照直接材料、直接人工、制造费用三个成本项目组织核算，如表 7－4 所示。

表 7－4　　第二车间产品生产成本核算单

产品：乙半成品　　　　单位：元

成本项目	直接材料	直接人工	制造费用	合计
月初在产品成本	23 000	6 000	8 000	37 000
本月发生费用或上步骤转入	138 000	64 000	67 000	269 000
生产费用合计	161 000	70 000	75 000	306 000
完工产品数量（件）	220	220	220	—
月末在产品约当产量（件）	60	30	30	—
约当总产量（件）	280	250	250	—
分配率（元/件）	575	280	300	1155
完工产品成本	126 500	61 600	66 000	254 100
月末在产品成本	34 500	8 400	9 000	51 900

表7－4中的数据根据以下计算过程得出。

（1）核算乙半成品的直接材料项目。

在产品直接材料项目约当产量＝60×100%＝60（件）

直接材料分配率＝(23 000＋138 000)÷(220＋60)＝575(元/件)

直接材料费用＝220×575＝126 500（元）

在产品直接材料费用＝60×575＝34 500（元）

（2）核算乙半成品的直接人工项目。

在产品直接人工项目约当产量＝60×50%＝30（件）

直接人工分配率＝(6 000＋64 000)÷(220＋30)＝280(元/件)

直接人工费用＝220×280＝61 600（元）

在产品直接人工费用＝30×280＝8 400（元）

（3）核算乙半成品的制造费用项目。

在产品制造费用项目约当产量＝60×50%＝30（件）

制造费用分配率＝(8 000＋67 000)÷(220＋30)＝300(元/件)

制造费用＝220×300＝66 000（元）

在产品制造费用＝30×300＝9 000（元）

（4）核算完工乙半成品单位成本和总成本。

完工单位成本＝575＋280＋300＝1 155（元/件）

完工总成本＝126 500＋61 600＋66 000＝254 100（元）

步骤三：核算第三步骤A型仪表成本、设置产品生产成本核算单。

产品生产成本核算单按照直接材料、直接人工、制造费用三个成本项目组织核算，如表7－5所示。

表7－5　第三车间产品生产成本核算单

产品：A型仪表　金额单位：元

成本项目	直接材料	直接人工	制造费用	合计
月初在产品成本	23 100	5 000	4 000	32 100
本月发生费用或上步骤转入	254 100	109 400	75 200	438 700
生产费用合计	277 200	114 400	79 200	470 800
完工产品数量（件）	200	200	200	—
月末在产品约当产量（件）	40	20	20	—
约当总产量（件）	240	220	220	—
分配率（元/件）	1 155	520	360	2035
完工产品成本	231 000	104 000	72 000	407 000
月末在产品成本	46 200	10 400	7 200	63 800

表7－5中的数据根据以下计算过程得出。

（1）核算A型仪表的直接材料项目。

在产品直接材料项目约当产量＝40×100%＝40（件）

直接材料分配率 =（23 100 + 254 100）÷（200 + 40）= 1 155（元/件）

直接材料费用 = 200 × 1 155 = 231 000（元）

在产品直接材料费用 = 40 × 1 155 = 46 200（元）

（2）核算 A 型仪表直接人工项目。

在产品直接人工项目约当产量 = 40 × 50% = 20（件）

直接人工分配率 =（5 000 + 109 400）÷（200 + 20）= 520（元/件）

直接人工费用 = 200 × 520 = 104 000（元）

在产品直接人工费用 = 20 × 520 = 10 400（元）

（3）核算 A 型仪表的制造费用项目。

在产品制造费用项目约当产量 = 40 × 50% = 20（件）

制造费用分配率 =（4 000 + 75 200）÷（200 + 20）= 360（元/件）

制造费用 = 200 × 360 = 72 000（元）

在产品制造费用 = 20 × 360 = 7 200（元）

（4）核算完工乙半成品单位成本和总成本。

完工单位成本 = 1 155 + 520 + 360 = 2 035（元/件）

完工总成本 = 231 000 + 104 000 + 72 000 = 407 000（元）

步骤四：以步骤一、步骤二、步骤三的计算结果为基础，采用两种方法进行成本还原。按半成品各成本项目占全部成本的比重还原法进行还原，成本还原计算过程如表 7－6 所示。

表 7－6 **产成品成本还原计算表** 金额单位：元

成本项目	A 仪表还原前总成本	乙半成品第二步骤半成品成本	第一次还原率（保留 2 位小数）	第一次还原额	第一步骤半成品成本	第二次还原率	第二次还原额	还原后总成本
栏目	①	②		③			④	
直接材料（半成品）	231 000	126 500	$\frac{126\ 500}{254\ 100}=0.50$	115 000	48 000	$\frac{48\ 000}{138\ 000}=0.35$	40 000	40 000
直接人工	104 000	61 600	$\frac{61\ 600}{254\ 100}=0.24$	56 000	42 000	$\frac{42\ 000}{138\ 000}=0.3$	35 000	195 000
制造费用	72 000	66 000	$\frac{66\ 000}{254\ 100}=0.26$	60 000	48 000	$\frac{48\ 000}{138\ 000}=0.35$	40 000	172 000
合计	407 000	254 100		231 000	138 000		115 000	407 000

按各步骤耗用半成品的总成本占上步骤完工半成品总成本的比重还原，成本还原计算表如表 7－7 所示。

表 7－7　　成本还原计算表　　金额单位：元

成本项目	还原前总成本	第二步骤半成品成本	第一次还原率	第一次还原额	第一步骤半成品成本	第二次还原率	第二次还原额	还原后总成本
栏目	⑤	⑥		⑦			⑧	
直接材料（半成品）	231 000	126 500	231 000/254 100 =0.9	115 000	48 000	115 000/138 000 =0.83	40 000	40 000
直接人工	104 000	61 600		56 000	42 000		35 000	195 000
制造费用	72 000	66 000		60 000	48 000		40 000	172 000
合计	407 000	254 100		231 000	138 000		115 000	407 000

通过成本还原计算表可以看出，产成品的总成本没有变化，但是其成本构成有了变化。

任务实施二　逐步结转分步法核算产品成本（综合结转且通过半成品仓库收发）

河南红山仪表制造厂设有三个基本生产车间生产大型仪表，并顺序经过三个车间加工。第一车间生产大型仪表的 A 半成品全部交第二车间继续加工，第二车间将大型仪表 A 半成品进一步加工为大型仪表的 B 半成品，完工后全部交半成品仓库。第三车间从半成品仓库领出 B 半成品继续加工为大型仪表的产成品。河南红山仪表制造厂以车间为生产步骤，采用逐步结转分步法核算大型仪表的成本，成本结转方式为半成品按实际成本综合结转。

河南红山仪表制造厂对经过半成品仓库收发的 B 半成品设置“自制半成品——B 半成品”明细账组织收、发、存的核算，发出的 B 半成品采用加权平均法核算实际成本。

各步骤总费用在完工产品和在产品之间的分配采用约当产量法，所耗用原材料或半成品都在生产开始时一次性投入，月末在产品的完工程度是 50%。

本月各生产步骤发生的费用已在各成本核算对象之间进行分配，有关成本核算资料及产量记录如表 7－8 和表 7－9 所示。

表 7－8　　河南红山仪表制造厂产量资料

产品：大型仪表　　202×年 9 月　　单位：件

项　　目	第一车间	第二车间	第三车间
月初在产品	40	80	80
本月投入或上月转入	440	400	420
本月完工转入下步或交库	400	400	420
月末在产品	80	80	80

表 7－9　　河南红山仪表制造厂生产费用资料

产品：大型仪表　　202×年 9 月　　单位：元

项　　目	第一车间	第二车间	第三车间
月初在产品	2 900	10 400	16 000
其中：直接材料或半成品	2 000	7 600	13 200
直接人工	500	1 600	1 600
制造费用	400	1 200	1 200
本月发生生产费用	40 900	28 000	29 400
其中：直接材料	22 000	—	—
直接人工	10 500	16 000	16 800
制造费用	8 400	12 000	12 600

要求：采用逐步结转分步法核算大型仪表的产成品成本。

步骤一：以大型仪表和所经步骤生产 A 半成品作为成本核算对象，设置产品生产成本明细账。核算第一步骤完工 A 半成品和在产品成本，登记第一车间产品生产成本明细账。

产品生产成本明细账按照直接材料、直接人工、制造费用三个成本项目组织核算，如表 7－10 所示。

表 7－10　　河南红山仪表制造厂第一车间产品成本核算单

产品：A 半成品　　202×年 9 月　　单位：元

摘　　要	直接材料	直接人工	制造费用	合计
月初在产品成本	2 000	500	400	2 900
本月发生费用	22 000	10 500	8 400	40 900
生产费用合计	24 000	11 000	8 800	43 800
本月完工产品数量（件）	400	400	400	400
月末在产品约当产量（件）	80	40	40	—
约当总产量（件）	480	440	440	—
完工 A 半成品单位成本（分配率）（元/件）	50	25	20	95
完工 A 半成品总成本	20 000	10 000	8 000	38 000
月末 A 在产品成本	4 000	1 000	800	5 800

表 7－10 中的数据根据以下过程核算得出：

（1）核算 A 半成品的直接材料项目。

在产品直接材料项目约当产量＝80×100%＝80（件）

直接材料分配率＝(2 000＋22 000)÷(400＋80)＝50(元/件)

直接材料费用＝400×50＝20 000（元）

在产品直接材料费用＝80×50＝4 000（元）

（2）核算 A 半成品的直接人工项目。

在产品直接人工项目约当产量＝80×50%＝40（件）

直接人工分配率 =（500 + 10 500）÷（400 + 40）= 25（元/件）

直接人工费用 = 400 × 25 = 10 000（元）

在产品直接人工费用 = 40 × 25 = 1 000（元）

（3）核算 A 半成品的制造费用项目。

在产品制造费用项目约当产量 = 80 × 50% = 40（件）

制造费用分配率 =（400 + 8 400）÷（400 + 40）= 20（元/件）

制造费用 = 400 × 20 = 8 000（元）

在产品制造费用 = 40 × 20 = 800（元）

（4）核算完工 A 半成品单位成本和总成本。

完工单位成本 = 50 + 25 + 20 = 95（元/件）

完工总成本 = 20 000 + 10 000 + 8 000 = 38 000（元）

（5）核算 A 半成品在产品总成本。

在产品总成本 = 4 000 + 1 000 + 800 = 5 800（元）

步骤二：以大型仪表所经步骤生产的 B 半成品作为成本核算对象、设置产品生产明细账。核算第二步骤完工 B 半成品和在产品成本，登记第二车间产品生产成本明细账。

产品生产成本明细账按照直接材料、直接人工、制造费用三个成本项目组织核算，如表 7 - 11 所示。

表 7 - 11　　河南红山仪表制造厂第二车间产品成本核算单

产品：B 半成品　　202 × 年 9 月　　金额单位：元

摘　　要	B 半成品/直接材料	直接人工	制造费用	合计
月初在产品成本	7 600	1 600	1 200	10 400
本月发生费用	—	16 000	12 000	28 000
上步骤转入费用	38 000	—	—	38 000
生产费用合计	45 600	17 600	13 200	76 400
本月完工产品数量（件）	400	400	400	400
月末在产品约当产量（件）	80	40	40	—
约当总产量（件）	480	440	440	—
完工 B 半成品单位成本（分配率）（元/件）	95	40	30	165
完工 B 半成品总成本	38 000	16 000	12 000	66 000
月末 B 在产品成本	7 600	1 600	1 200	10 400

表 7 - 11 中的数据根据以下过程核算得出：

（1）核算 B 半成品的直接材料项目。

在产品直接材料项目约当产量 = 80 × 100% = 80（件）

直接材料分配率 =（7 600 + 38 000）÷（400 + 80）= 95（元/件）

直接材料费用 = 400 × 95 = 38 000（元）

在产品直接材料费用 = 80 × 95 = 7 600（元）

（2）核算B半成品的直接人工项目。

在产品直接人工项目约当产量 = 80 × 50% = 40（件）

直接人工分配率 =（1 600 + 16 000）÷（400 + 40）= 40（元/件）

直接人工费用 = 400 × 40 = 16 000（元）

在产品直接人工费用 = 40 × 40 = 1 600（元）

（3）核算B半成品的制造费用项目。

在产品制造费用项目约当产量 = 80 × 50% = 40（件）

制造费用分配率 =（1 200 + 12 000）÷（400 + 40）= 30（元/件）

制造费用 = 400 × 30 = 12 000（元）

在产品制造费用 = 40 × 30 = 1 200（元）

（4）核算完工B半成品单位成本和总成本。

完工单位成本 = 95 + 40 + 30 = 165（元/件）

完工总成本 = 38 000 + 16 000 + 12 000 = 66 000（元）

（5）核算B半成品在产品总成本。

在产品总成本 = 7 600 + 1 600 + 1 200 = 10 400（元）

根据计算结果，通过半成品仓库收发的本月完工B半成品66 000元，应编制结转自半成品成本的会计分录。结转完工入库B半成品总成本的会计分录如下：

借：自制半成品——B半成品　　66 000

　　贷：生产成本——第二车间（B半成品）　　66 000

登记自制半成品成本明细账，如表7-12所示。

表7-12　自制半成品成本明细账

产品：B半成品　　计量单位：件　　202×年9月　　金额单位：元

202×年		凭证字号	摘要	收入		发出		结存	
月	日			数量（件）	金额	数量（件）	金额	数量（件）	金额
	1	略	上月结存					50	8 250
	6		第三车间领用			50		0	
	9		第二车间交库	210				210	
	10		第三车间领用			200		10	
	15		第二车间交库	160				170	
	16		第三车间领用			170		0	
	30		第二车间交库	30				30	
	31		本月合计	400	66 000	420	69 300	30	4 950

步骤三：核算第三步骤完工大型仪表成品和在成品成本，登记第三车间产品生产成本明细账。

本月第三车间领用自制B半成品420件，单位成本165元/件，实际总成本69 300元，编制领用自制半成品的会计分录，并登记自制半成品明细账（见表7-13）。

借：生产成本——第三车间（大型仪表）　　69 300

　　贷：自制半成品——B 半成品　　69 300

表 7-13　**河南红山仪表制造厂第三车间产品成本核算单**

产品：大型仪表　　202×年 9 月　　金额单位：元

摘要	B 半成品/直接材料	直接人工	制造费用	合计
月初在产品成本	13 200	1 600	1 200	16 000
本月发生费用	—	16 800	12 600	29 400
上步骤转入费用	69 300	—	—	69 300
生产费用合计	82 500	18 400	13 800	11 4700
本月完工产品数量（件）	420	420	420	420
月末在产品约当产量（件）	80	40	40	—
约当总产量（件）	500	460	460	—
大型仪表（分配率）（元/件）	165	40	30	235
大型仪表总成本	69 300	16 800	12 600	98 700
大型仪表在产品成本	13 200	1 600	1 200	16 000

表 7-13 中的数据根据以下过程核算得出：

（1）核算大型仪表的直接材料项目。

在产品直接材料项目的约当产量＝80×100%＝80（件）

直接材料分配率＝(13 200＋69 300)÷(420＋80)＝165(元/件)

直接材料费用＝420×165＝69 300（元）

在产品直接材料费用＝80×165＝13 200（元）

（2）核算大型仪表的直接人工项目。

直接人工项目约当产量＝80×50%＝40（件）

直接人工分配率＝(1 600＋16 800)÷(420＋40)＝40(元/件)

直接人工费用＝420×40＝16 800（元）

在产品直接人工费用＝40×40＝1 600（元）

（3）核算大型仪表的制造费用项目。

制造费用项目约当产量＝80×50%＝40（件）

制造费用分配率＝(1 200＋12 600)÷(420＋40)＝30(元/件)

制造费用＝420×30＝12 600（元）

在产品制造费用＝40×30＝1 200（元）

（4）核算大型仪表的单位成本和总成本。

完工单位成本＝165＋40＋30＝235（元）

完工总成本＝69 300＋16 800＋12 600＝98 700（元/件）

（5）核算大型仪表在产品总成本。

在产品总成本＝13 200＋1 600＋1 200＝16 000（元）

步骤四：根据完工产品入库单和前步骤计算结果，编制结转本月完工入库大型仪表实际总成本的会计分录。

借：库存商品——大型仪表　　98 700

　贷：生产成本——基本生产成本——第三车间（大型仪表）　　98 700

步骤五：经过以上核算，完工大型仪表的总成本 98 700 元中，B 半成品成本 69 300 元，包含了前面各步骤的直接人工和制造费用，不能真实反映大型仪表的成本构成，为了从企业角度分析和考核产成品成本构成及成本计划执行情况，寻求降低和控制产品成本的途径，必须对产成品成本中自制半成品项目进行成本还原，以反映产成品成本的原始构成。成本还原计算过程如表7－14 所示。

表 7－14　河南红山仪表制造厂产品成本还原计算表

产品：大型仪表　　产量：180 件　　202×年 9 月　　单位：元

摘要	成本还原率	成本项目					
		B 半成品	A 半成品	直接材料	直接人工	制造费用	合计
①还原前总成本		69 300			16 800	12 600	98 700
②本月完工 B 半成品成本			38 000		16 000	12 000	66 000
③B 半成品还原	1.05	－69 300	39 900		16 800	12 600	0
④本月完工 A 半成品成本				20 000	10 000	8 000	38 000
⑤A 半成品还原	1.05		－39 900	21 000	10 500	8 400	0
⑥还原后产品总成本（①＋③＋⑤）				21 000	44 100	33 600	98 700
⑦还原后产品单位成本（元/件）				50	105	80	235

表 7－14 中的数据根据以下核算过程得出：

（1）计算 B 半成品的成本还原率。

B 半成品成本还原率＝69 300÷66 000＝1.05（元/件）

A 半成品成本＝38 000×1.05＝39 900（元）

直接人工成本＝16 000×1.05＝16 800（元）

制造费用成本＝12 000×1.05＝12 600（元）

（2）计算 A 半成品的成本还原率。

A 半成品成本还原率＝39 900÷38 000＝1.05

直接材料成本＝20 000×1.05＝21 000（元）

直接人工成本＝10 000×1.05＝10 500（元）

制造费用成本＝8 000×1.05＝8 400（元）

（3）计算还原后大型仪表的总成本。

直接材料成本＝21 000（元）

直接人工成本＝16 800＋16 800＋10 500＝44 100（元）

制造费用成本＝12 600＋12 600＋8 400＝33 600（元）

还原后大型仪表的总成本＝21 000＋44 100＋33 600＝98 700（元）

任务实施三　逐步结转分步法核算产品成本（实际成本分项结转且不通过半成品库收发）

河南红山仪表制造厂，采用实际成本分项结转法核算甲产品的成本。甲产品的生产经过三道工序，第一车间生产 A 半成品，直接转入第二车间，第二车间生产 B 半成品，本月完工 B 半成品不通过半成品仓库收发，直接进入第三车间。各步骤之间完工成本采用约当产量法核算，完工程度为 50%，原材料在生产开始时一次性投入。

本月生产资料如表 7－15 所示。

表 7－15　河南红山仪表制造厂

产品：甲产品　单位：件

项　目	第一车间	第二车间	第三车间
月初在产品	40	80	80
本月投入或上步骤转入	440	400	400
本月完工或转入下步骤	400	400	440
月末在产品	80	80	40

（1）月初在产品成本如下：

第一车间：直接材料 2 000 元；直接人工 500 元；制造费用 400 元。

第二车间：直接材料 4 000 元；直接人工 3 600 元；制造费用 2 800 元。

第三车间：直接材料 4 000 元；直接人工 6 800 元；制造费用 5 200 元。

（2）本月发生的生产费用如下：

第一车间：直接材料 22 000 元；直接人工 10 500 元；制造费用 8 400 元。

第二车间：直接人工 16 000 元；制造费用 12 000 元。

第三车间：直接人工 16 800 元；制造费用 12 600 元。

要求：根据以上资料，采用分项结转方式核算甲产品成本。

步骤一：以甲产品和所经过的步骤生产 A 半成品作为成本核算对象，填写第一车间产品成本核算单，如表 7－16 所示。

表 7－16　第一车间产品成本核算单

产品：A 半成品　金额单位：元

摘　　要	直接材料	直接人工	制造费用	合计
月初在产品成本	2 000	500	400	2 900
本月发生费用	22 000	10 500	8 400	40 900
生产费用合计	24 000	11 000	8 800	43 800
本月完工产品数量（件）	400	400	400	400
月末在产品约当产量（件）	80	40	40	——
约当总产量（件）	480	440	440	——
分配率（元/件）	50	25	20	95
完工产品总成本	20 000	10 000	8 000	38 000
月末在产品成本	4 000	1 000	800	5 800

表7－16中的数据根据以下过程核算得出：

（1）核算A半成品的直接材料项目。

A半成品在产品直接材料项目约当产量＝80×100%＝80（件）

直接材料分配率＝（2 000＋22 000）÷（400＋80）＝50（元/件）

A半成品直接材料费用＝400×50＝20 000（元）

A半成品在产品直接材料费用＝80×50＝4 000（元）

（2）核算A半成品的直接人工项目。

A半成品在产品直接人工项目约当产量＝80×50%＝40（件）

直接人工分配率＝（500＋10 500）÷（400＋40）＝25（元/件）

A半成品直接人工费用＝400×25＝10 000（元）

A半成品在产品直接人工费用＝40×25＝1 000（元）

（3）核算A半成品的制造费用项目。

A半成品在产品制造费用项目约当产量＝80×50%＝40（件）

制造费用分配率＝（400＋8 400）÷（400＋40）＝20（元/件）

A半成品制造费用＝400×20＝8 000（元）

A半成品在产品制造费用＝40×20＝800（元）

（4）核算完工A半成品单位成本和总成本。

完工A半成品单位成本＝50＋25＋20＝95（元/件）

完工A半成品总成本＝20 000＋10 000＋8 000＝38 000（元）

（5）核算A半成品在产品总成本。

A半成品在产品总成本＝4 000＋1 000＋800＝5 800（元）

步骤二：以甲产品和所经过的B半成品为成本核算对象，填写第二车间产品成本核算单，如表7－17所示。

表7－17　　第二车间产品成本核算单

产品：B半成品　　金额单位：元

摘要	直接材料	直接人工	制造费用	合计
月初在产品成本	4 000	3 600	2 800	10 400
本月发生费用	—	16 000	12 000	28 000
上步骤转入	20 000	10 000	8 000	38 000
生产费用合计	24 000	29 600	22 800	76 400
本月完工产品数量（件）	400	400	400	400
月末在产品约当产量（件）	80	40	40	——
约当总产量（件）	480	440	440	——
分配率（元/件）	50	67.27*	51.82*	169.09
完工产品总成本	20 000	26 908	20 728	67 636
月末在产品成本	4 000	2 692	2 072	8 764

*：保留2位小数，尾差计入月末在产品成本。

表 7-17 中的数据根据以下过程核算得出：

（1）核算 B 半成品的直接材料项目。

在产品直接材料项目约当产量 = 80 × 100% = 80（件）

直接材料分配率 =（4 000 + 20 000）÷（400 + 80）= 50（元/件）

直接材料费用 = 400 × 50 = 20 000（元）

在产品直接材料费用 = 80 × 50 = 4 000（元）

（2）核算 B 半成品的直接人工项目。

在产品直接人工项目约当产量 = 80 × 50% = 40（件）

直接人工分配率 =（3 600 + 16 000 + 10 000）÷（400 + 40）= 67.27（元/件）

直接人工费用 = 400 × 67.27 = 26 908（元）

在产品直接人工费用 = 29 600 − 26 908 = 2 692（元）

（3）核算 B 半成品的制造费用项目。

在产品制造费用项目约当产量 = 80 × 50% = 40（件）

制造费用分配率 =（2 800 + 12 000 + 8 000）÷（400 + 40）= 51.82（元/件）

制造费用 = 400 × 51.82 = 20 728（元）

在产品制造费用 = 22 800 − 20 728 = 2 072（元）

（4）核算完工 B 半成品单位成本和总成本。

单位成本 = 50 + 67.27 + 51.82 = 169.09（元/件）

总成本 = 20 000 + 26 908 + 20 728 = 67 636（元）

（5）核算 B 在产品总成本。

在产品总成本 = 76 400 − 67 636 = 8 764（元）

步骤三：核算完工产品的成本，填写第三车间产品成本核算单，如表 7-18所示。

表 7-18　　**第三车间产品成本核算单**

产品：甲产成品　　金额单位：元

摘要	直接材料	直接人工	制造费用	合计
月初在产品成本	4 000	6 800	5 200	16 000
本月发生费用	——	16 800	12 600	29 400
上步骤转入	20 000	26 908	20 728	67 636
生产费用合计	24 000	50 508	38 528	113 036
本月完工产品数量（件）	440	440	440	440
月末在产品约当产量（件）	40	20	20	—
约当总产量（件）	480	460	460	—
分配率（元/件）	50	109.8	83.76	243.56
完工产品总成本	22 000	48 312	36 854.4	107 166.4
月末在产品成本	2 000	2 196	1 673.6	5 869.6

*：保留 2 位小数，尾差计入月末在产品成本。

表 7-18 中的数据根据以下过程核算得出：

（1）核算甲产品的直接材料项目。

在产品直接材料项目约当产量 = 40 × 100% = 40（件）

直接材料分配率 = (4 000 + 20 000) ÷ (440 + 40) = 50(元/件)

直接材料费用 = 440 × 50 = 22 000（元）

在产品直接材料费用 = 40 × 50 = 2 000（元）

（2）核算甲产品的直接人工项目。

在产品直接人工项目约当产量 = 40 × 50% = 20（件）

直接人工分配率 = (6 800 + 16 800 + 26 908) ÷ (440 + 20) = 109.8(元/件)

直接人工费用 = 440 × 109.8 = 48 312（元）

在产品直接人工费用 = 20 × 109.8 = 2 196（元）

（3）核算甲产品的制造费用项目。

在产品制造费用项目约当产量 = 40 × 50% = 20（件）

制造费用分配率 = (5 200 + 12 600 + 20 728) ÷ (440 + 20) = 83.76(元/件)

制造费用 = 440 × 83.76 = 36 854.4（元）

在产品制造费用 = 38 528 − 36 854.4 = 1 673.6（元）

（4）核算甲产品单位成本和总成本。

单位成本 = 50 + 109.8 + 83.76 = 243.56（元）

总成本 = 22 000 + 48 312 + 36 854.4 = 107 166.4（元）

（5）核算甲在产品总成本。

在产品总成本 = 113 036 − 107 166.4 = 5 869.6（元）

步骤四：编制甲产品会计分录。

借：库存商品——甲产品　　107 166.4

　　贷：生产成本——基本生产成本——甲产品　107 166.4

任务实施四　逐步结转分步法核算产品成本（分项结转有难度）

河南红山仪表制造厂接到订单生产 OY 型仪表，该型号仪表采用分步法核算产品成本，OY 型仪表的生产需要经过三个步骤完成。河南红山仪表制造厂安排第一车间生产半成品 A，直接转入第二车间，第二车间生产半成品 B，直接转入第三车间，第三车间最终生产完工产品 OY 型仪表。河南红山仪表制造厂采用逐步结转分步法进行 OY 型仪表成本的核算，产品产量记录及成本费用资料如表 7－19 和表 7－20 所示。

表 7－19　河南红山仪表制造厂产量资料

产品：OY 型仪表　　202×年 10 月　　单位：件

项　目	第一车间	第二车间	第三车间	库存商品
月初在产品	160	20	140	
本月投入	440	500	400	
本月完工	500	400	480	480
月末在产品	100	120	60	

表 7－20　河南红山仪表制造厂生产费用资料

产品：OY 型仪表　202×年 10 月　单位：元

项目		直接材料	直接人工	制造费用	合计
月初在产品成本	第一车间	1 600	80	240	1 920
	第二车间	200	70	130	400
	第三车间	1 400	980	1 680	4 060
本月生产费用	第一车间	4 400	470	1 410	6 280
	第二车间	—	2 250	3 150	5 400
	第三车间	—	880	1 760	2 640

要求：河南红山仪表制造厂的原材料是在生产开始时一次性投入，在产品完工程度是 50%。核算 OY 型仪表的完工产品成本。

步骤一：以 OY 型仪表和所经步骤生产 A 半成品作为成本核算对象，设置产品生产成本明细账。核算第一步骤完工 A 半成品和在产品成本，登记第一车间产品生产成本明细账。

产品生产成本明细账按照直接材料、直接人工、制造费用三个成本项目组织核算，如表 7－21 所示。

表 7－21　河南红山仪表制造厂第一车间产品成本核算单

产品：A 半成品　202×年 10 月　金额单位：元

摘　　要	直接材料	直接人工	制造费用	合计
月初在产品成本	1 600	80	240	1 920
本月发生费用	4 400	470	1 410	6 280
生产费用合计	6 000	550	1 650	8 200
本月完工产品数量（件）	500	500	500	—
本月在产品数量（件）	100	100	100	
投料率/完工率（%）	100	50	50	
月末在产品约当产量（件）	100	50	50	—
约当总产量（件）	600	550	550	—
完工 A 半成品单位成本（元/件）	10	1	3	14
完工 A 半成品总成本	5 000	500	1 500	7 000
A 半成品月末在产品成本	1 000	50	150	1 200

表 7－21 中的数据根据以下过程核算得出：

（1）核算 A 半成品的直接材料项目。

在产品直接材料项目约当产量＝100×100%＝100（件）

直接材料分配率＝(1 600＋4 400)÷(500＋100)＝10(元/件)

完工产品直接材料费用＝500×10＝5 000（元）

在产品直接材料费用＝100×10＝1 000（元）

（2）核算 A 半成品的直接人工项目。

在产品直接人工项目约当产量 = 100 × 50% = 50（件）

直接人工分配率 = (80 + 470) ÷ (500 + 50) = 1(元/件)

完工产品直接人工费用 = 500 × 1 = 500（元）

在产品直接人工费用 = 50 × 1 = 50（元）

（3）核算 A 半成品的制造费用项目。

在产品制造费用项目约当产量 = 100 × 50% = 50（件）

制造费用分配率 = (240 + 1 410) ÷ (500 + 50) = 3(元/件)

完工产品制造费用 = 500 × 3 = 1 500（元）

在产品制造费用 = 50 × 3 = 150（元）

步骤二：以 OY 型仪表所经步骤生产的 B 半成品作为成本核算对象，设置产品生产明细账。核算第二步骤完工 B 半成品和在产品成本，登记第二车间产品生产成本明细账。

产品生产成本明细账按照直接材料、直接人工、制造费用三个成本项目组织核算，如表 7 – 22 所示。

表 7 – 22　　河南红山仪表制造厂第二车间产品成本核算单

产品：B 半成品　　202 × 年 10 月　　单位：元

摘要	直接材料	直接人工	制造费用	合计
月初在产品成本	200	70	130	400
本月发生费用		2 250	3 150	5 400
上车间转入费用	5 000	500	1 500	7 000
生产费用合计	5 200	2 820	4 780	12 800
B 半成品完工产品的单位成本（元/件）	10	6	10	26
B 半成品完工产品的总成本	4 000	2 400	4 000	10 400
B 半成品月末在产品的成本	1 200	420	780	2 400

表 7 – 22 中的数据根据以下过程核算得出：

（1）核算第一车间转入第二车间的分配率。

直接材料分配率 = 5 000 ÷ 500 = 10（元/件）

直接人工分配率 = 500 ÷ 500 = 1（元/件）

制造费用分配率 = 1 500 ÷ 500 = 3（元/件）

（2）核算第二车间发生费用的分配率。

直接人工分配率 = 2 250 ÷ (400 + 120 × 50% – 20 × 50%) = 5(元/件)

制造费用分配率 = 3 150 ÷ (400 + 120 × 50% – 20 × 50%) = 7(元/件)

（3）核算 B 半成品完工产品的成本。

完工产品的直接材料费用 = 400 × 10 = 4 000（元）

完工产品的直接人工费用 = 400 × (1 + 5) = 2 400（元）

完工产品的制造费用 = 400 × (3 + 7) = 4 000（元）

（4）核算 B 半成品月末在产品的成本。

月末在产品的直接材料费用 = 120 × 10 = 1 200（元）

月末在产品的直接人工费用 = 120 × 1 + 120 × 50% × 5 = 420（元）

月末在产品的制造费用 = 120 × 3 + 120 × 50% × 7 = 780（元）

步骤三：经过前两个步骤，根据步骤一、步骤二核算出 A 半成品和 B 半成品的成本相关资料，根据步骤一和步骤二登记第三车间产品成本核算单，即 OY 型仪表的产品成本核算单。

产品生产成本明细账按照直接材料、直接人工、制造费用三个成本项目组织核算，如表 7 - 23 所示。

表 7 - 23　　河南红山仪表制造厂第三车间产品成本核算单

产品：OY 型仪表　　202 × 年 10 月　　单位：元

摘要	直接材料	直接人工	制造费用	合计
月初在产品成本	1 400	980	1 680	4 060
本月发生费用		880	1 760	2 640
上车间转入费用	4 000	2 400	4 000	10 400
生产费用合计	5 400	4 260	7 440	17 100
完工 OY 型仪表单位成本	10	8	14	32
完工 OY 型仪表总成本	4 800	3 840	6 720	15 360
OY 型仪表月末在产品成本	600	420	720	1 740

表 7 - 23 中的数据根据以下过程核算得出：

（1）第二车间转入第三车间的分配率。

直接材料分配率 = 4 000 ÷ 400 = 10（元/件）

直接人工分配率 = 2 400 ÷ 400 = 6（元/件）

制造费用分配率 = 4 000 ÷ 400 = 10（元/件）

（2）第三车间发生费用的分配率。

直接人工分配率 = 880 ÷（480 + 60 × 50% - 140 × 50%）= 2（元/件）

制造费用分配率 = 1 760 ÷（480 + 60 × 50% - 140 × 50%）= 4（元/件）

（3）OY 型仪表完工产品的成本。

完工产品直接材料费用 = 480 × 10 = 4 800（元）

完工产品直接人工费用 = 480 ×（6 + 2）= 3 840（元）

完工产品的制造费用 = 480 ×（10 + 4）= 6 720（元）

（4）OY 型仪表月末在产品成本。

月末在产品的直接材料费用 = 60 × 10 = 600（元）

月末在产品的直接人工费用 = 60 × 6 + 60 × 50% × 2 = 420（元）

月末在产品的制造费用 = 60 × 10 + 60 × 50% × 4 = 720（元）

任务实施五　平行结转分步法核算产品成本

河南红山仪表制造厂制造 LW 型号的仪表，经过三个生产步骤，采用平行结转分步法核算 LW 型号的产品。半成品在第一、第二、第三步骤间直接转移，原材料在生产开始时一次性投入，各步骤计入库存商品成本份额并采用约当产量法核算。第一步骤生产 A 半成品，第二步骤生产 B 半成品，第三步骤生产产成品。设置“直接材料”“直接人工”和“制造费用”三个成本项目。有关产量及成本费用资料如表 7－24 和表 7－25 所示。

表 7－24 **LW 型仪表产量资料**

202×年 12 月 单位：件

项　目	第一步骤	第二步骤	第三步骤	库存商品
月初在产品	30	35	20	
本月投入或上步转入	100	90	95	
本月完工	90	95	100	100
月末在产品	40	30	15	
月末在产品完工程度（%）	40	50	60	

表 7－25 **LW 型仪表成本费用资料**

202×年 12 月 金额单位：元

项　目		直接材料	直接人工	制造费用	合计
月初在产品成本	第一步骤	12 000	5 720	2 000	19 720
	第二步骤	—	4 600	1 600	6 200
	第三步骤	—	880	320	1 200
本月生产费用	第一步骤	54 600	13 600	4 440	72 640
	第二步骤	—	13 600	4 640	18 240
	第三步骤	—	8 930	2 950	11 880

要求：采用平行结转分步法核算 LW 型仪表成本。

步骤一：以 LW 型仪表和所经第一步骤生产的 A 半成品为成本核算对象，设置产品生产成本明细账。产品生产成本明细账按直接材料、直接人工、制造费用三个成本项目组织核算。第一步骤生产成本核算单如表 7－26 所示。

表 7－26 **第一步骤生产成本核算单**

产品：A 半成品 202×年 12 月 金额单位：元

摘　要	直接材料	直接人工	制造费用	合计
月初在产品成本	12 000	5 720	2 000	19 720
本月生产费用	54 600	13 600	4 440	72 640
生产费用合计	66 600	19 320	6 440	92 360
约当产量（件）	185	161	161	
分配率（元/件）	360	120	40	520
计入库存商品的成本份额	36 000	12 000	4 000	52 000
月末在产品成本	30 600	7 320	2 440	40 360

表 7－26 中的数据根据以下过程核算得出：

（1）核算第一步骤约当产量。

各步骤约当产量计算公式如下：

$$约当总产量=\frac{最终完工产品耗用}{本步骤半成品数量}+\frac{本步骤广义}{在产品约当产量}$$

$$\frac{本步骤广义}{在产品约当产量}=\frac{本步骤月末}{在产品数量}\times在产品完工程度+\begin{matrix}本步骤已完工转入\\以后步骤但未最后\\完工的半成品数量\end{matrix}$$

第一步骤直接材料约当产量＝100＋（40＋30＋15）＝185（件）

第一步骤直接人工约当产量＝100＋（40×40%＋30＋15）＝161（件）

第一步骤制造费用约当产量＝100＋（40×40%＋30＋15）＝161（件）

（2）核算直接材料、直接人工和制造费用分配率。

直接材料分配率＝66 600÷185＝360（元/件）

直接人工分配率＝19 320÷161＝120（元/件）

制造费用分配率＝6 440÷161＝40（元/件）

（3）核算计入库存商品的成本份额。

直接材料＝100×360＝36 000（元）

直接人工＝100×120＝12 000（元）

制造费用＝100×40＝4 000（元）

（4）核算月末在产品成本。

月末在产品直接材料费用＝66 600－36 000＝30 600（元）

月末在产品直接人工费用＝19 320－12 000＝7 320（元）

月末在产品制造费用＝6 440－4 000＝2 440（元）

步骤二：以 LW 型仪表和所经第二步骤生产的 B 半成品为成本核算对象，设置产品生产成本明细账。产品生产成本明细账按直接材料、直接人工、制造费用三个成本项目组织核算。第二步骤生产成本明细账如表 7－27 所示。

表 7－27　第二步骤生产成本明细账

产品：B 半成品　　202×年 12 月　　金额单位：元

摘　要	直接材料	直接人工	制造费用	合计
月初在产品成本	—	4 600	1 600	6 200
本月生产费用	—	13 600	4 640	18 240
生产费用合计	—	18 200	6 240	24 440
约当产量（件）	—	130	130	
分配率（元/件）	—	140	48	188
计入库存商品的成本份额	—	14 000	4 800	18 800
月末在产品成本	—	4 200	1 440	5 640

表 7－27 中的数据根据以下过程核算得出：

（1）核算第二步骤约当产量。

第二步骤直接人工约当产量＝100＋(30×50%＋15)＝130（件）

第二步骤制造费用约当产量＝100＋(30×50%＋15)＝130（件）

（2）核算直接人工和制造费用分配率。

直接人工分配率＝18 200÷130＝140（元/件）

制造费用分配率＝6 240÷130＝48（元/件）

（3）计入库存商品的成本份额。

直接人工＝100×140＝14 000（元）

制造费用＝100×48＝4 800（元）

（4）月末在产品成本。

月末在产品直接人工费用＝18 200－14 000＝4 200（元）

月末在产品制造费用＝6 240－4 800＝1 440（元）

步骤三：核算 LW 型仪表产品成本，设置产品生产成本明细账。产品生产成本明细账按直接材料、直接人工、制造费用三个成本项目组织核算。第三步骤生产成本明细账如表 7－28 所示。

表 7－28　　第三步骤生产成本明细账

产品：LW 仪表　　202×年 12 月　　金额单位：元

摘　要	直接材料	直接人工	制造费用	合计
月初在产品成本	—	880	320	1 200
本月生产费用	—	8 930	2 950	11 880
生产费用合计	—	9 810	3 270	13 080
约当产量（件）	—	109	109	
分配率（元/件）	—	90	30	120
计入库存商品的成本份额	—	9 000	3 000	12 000
月末在产品成本	—	810	270	1 080

表 7－28 中的数据根据以下过程核算得出：

（1）核算第三步骤约当产量。

第三步骤直接人工约当产量＝100＋15×60%＝109（件）

第三步骤制造费用约当产量＝100＋15×60%＝109（件）

（2）核算直接人工和制造费用分配率。

直接人工分配率＝9 810÷109＝90（元/件）

制造费用分配率＝3 270÷109＝30（元/件）

（3）核算计入库存商品的成本份额。

直接人工＝100×90＝9 000（元）

制造费用＝100×30＝3 000（元）

（4）核算月末在产品成本。

月末在产品直接人工费用 = 9 810 − 9 000 = 810（元）

月末在产品制造费用 = 3 270 − 3 000 = 270（元）

步骤四：根据步骤一、步骤二、步骤三应计入库存商品的成本份额的资料编制库存商品成本汇总表，如表 7 − 29 所示。

表 7 − 29　河南红山仪表制造厂 LW 型仪表库存商品成本汇总表

202×年 12 月　金额单位：元

成本项目	直接材料	直接人工	制造费用	合计
第一步骤计入库存商品的成本份额	36 000	12 000	4 000	52 000
第二步骤计入库存商品的成本份额		14 000	4 800	18 800
第三步骤计入库存商品的成本份额		9 000	3 000	12 000
库存商品总成本	36 000	35 000	11 800	82 800
库存商品单位成本（元/件）	360	350	118	828

项目总结

本项目共有两个模块，详细讲解了制造业企业产品成本核算的分步法。

通过本项目的学习我们可以了解到分步法是一种适用大量、大批多步骤生产的成本核算方法。产品成本核算的分步法，分为逐步结转分步法和平行结转分步法。

分步法的主要特点体现在：逐步结转分步法是以各种产品及其所经过的步骤为成本核算对象并核算产品成本，成本核算期与会计报告期一致，但与生产周期不一致，通常需要将生产费用在完工产品与月末在产品之间进行分配。

掌握分步法最关键的一点，就是要同时结合产品品种和加工步骤设置账簿，归集产品的生产成本。如果采用的是综合逐步结转分步法，应将完工产品的成本还原成原始的料、工、费状态；如果采用的是平行结转分步法，则需要将生产费用在完工产品和广义在产品之间进行分配。

项目八

分类法

项目知识点

- ☐ 了解分类法的含义
- ☐ 掌握分类法的适用范围
- ☐ 了解分类法的特点
- ☐ 了解联产品和副产品的概念

项目技能点

- ☐ 掌握类内产品成本核算的方法
- ☐ 掌握分类法核算产品成本
- ☐ 了解联产品和副产品的成本核算方法

职业核心能力

- ☐ 运用分类法核算产品成本
- ☐ 掌握核算联产品的产品成本方法
- ☐ 掌握核算副产品的产品成本方法

课程思政

推动战略性新兴产业融合集群发展，构建新一代信息技术、人工智能、生物技术、新能源、新材料、高端装备、绿色环保等一批新的增长引擎。构建优质高效的服务业新体系，推动现代服务业同先进制造业、现代农业深度融合。

——摘自党的二十大报告

无心插柳柳成荫，企业在进行产品生产时，常常会有一些意外之物的产生，如果能够用心经营，综合利用，就能变废为宝，从而衍生出更多的产品，为企业带来更多的收益。在万物互联时代，制造业企业要与新兴产业相融合，构建多元化布局，推动制造业高端化、智能化、绿色化的发展。

内容导图

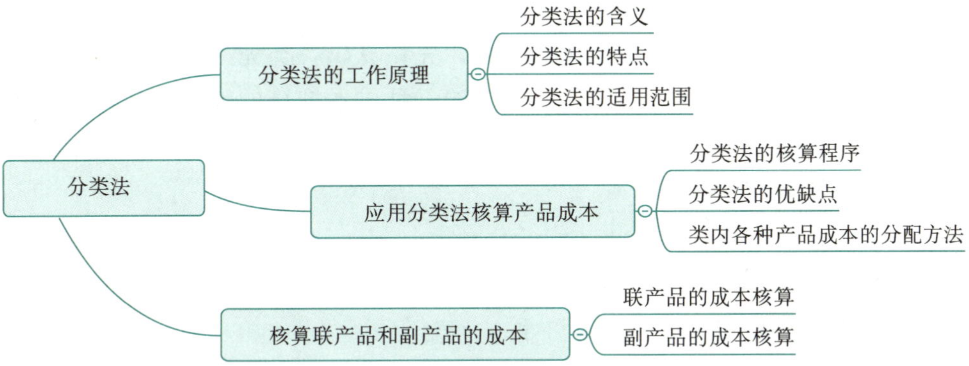

导图讲解

引　言

企业所采用的成本核算方法，是由企业的生产类型和管理要求决定的。但有些企业核算产品成本的方法和企业的生产类型是没有直接关系的，只要具备条件，在任何生产类型的企业都可以使用，其目的是简化成本核算工作，如产品成本核算的分类法。分类法就是将生产的产品分为若干类别，以各产品类别作为成本核算对象，归集生产费用，先核算各类完工产品总成本，再按一定标准分配核算类内各种产品成本的一种成本核算方法，该方法是产品成本核算的辅助方法。

模块一　分类法的工作原理

任务导入

河南红山仪表制造厂在生产仪表时，会生产出各种各样的仪表，另外还有副产品A，该企业每年的产量非常大，现任成本会计采用品种法进行产品成本核算，导致工作量太大。新来的成本会计李林建议，既然各种仪表和副产品都是用相同的原材料加工出来的，并且都是在同一车间生产，因此可以将各种仪表和副产品的成本合并核算，最后将成本在各种仪表和副产品成本中平均分配，这就是分类法。

知识准备

一、分类法的含义

实际工作中，如果一个企业生产的产品品种或规格繁多，按每一种产品品种核算成本，工作量将会很大。但如果产品的生产工艺过程、产品的性能和结构比较相似，就可以将其进行分类然后进行成本核算，从而简化成本核算工作。产品成本核算的分类法就是将生产的产品分为若干类别，以产品的类别作为成本核算对象，归集生产费用，先核算出各类完工产品总成本，再按一定标准分配核算类内各种产品成本的一种成本核算的辅助方法，如电子元件厂、鞋厂、服装厂、针织厂、食品厂等。另外，分类法还可以用于联产品、副产品的成本核算。

分类法的工作原理

二、分类法的特点

（一）以产品类别作为成本核算对象

分类法以产品的类别作为成本核算对象，设置成本明细账，归集该类产品的生产费用，核算各类产品成本。平时发生的直接费用，直接计入各类产品的成本中；发生的间接费用，应采用一定的分配标准分配计入各类产品的成本。再选择适当的方法，在类内各种产品之间分配成本，核算出各种产品的总成本和单位成本。

（二）成本核算期由产品成本核算的基本方法决定

分类法以各产品类别作为成本核算对象，是产品成本核算方法的一种辅助方法，适用于任何生产类型的企业，它必须与品种法、分批法和分步法结合运用。如果是大批量生产企业，要结合品种法或分步法进行成本核算，那么成本核算一般是在月末定期进行；如果是单件小批生产企业，则应与分批法结合运用，那么成本核算期是不固定的，但与产品的生产周期是一致的。

（三）生产费用是否在完工产品与在产品之间进行分配由产品成本核算的基本方法决定

采用分类法核算产品成本时，如果月末在产品数量较多，则结合品种法或分步法，应将该类产品归集的生产费用在完工产品与月末在产品之间进行分配。如果是单件小批生产，与分批法结合运用时，则可能不需要将生产费用在完工产品与在产品之间进行分配。

三、分类法的适用范围

分类法可以在各种生产类型的企业中运用，只要是企业生产的产品可以按照性质、用途、生产工艺过程等特点划分为一定类别，就可以采用分类法。因此，分类法适用于产品品种、规格较多，并且可以按照一定要求和标准将产品划分为不同类别的企业或车间，如服装厂、制鞋厂、食品厂、化妆品生产企业等。

此外，有些企业对同一种原材料进行加工，但是可以生产出多种主要产品，这些产品称之为联产品。联产品因其原材料和生产过程都相同，也可以采用分类法核算成本。

模块二　应用分类法核算产品成本

任务导入

河南红山仪表制造厂是一家生产A、B、C三种产品的大量、大批单步骤生产企业，设有两个基本生产车间，根据产品的生产工艺及产品的性能和结构，将这三种产品归为甲类产品，该类产品原材料是生产开始时一次性投入的，月末没有在产品。河南红山仪表制造厂的成本会计决定采用分类法核算该车间的产品成本，本模块将会详细介绍分类法的核算步骤。

知识准备

一、分类法的核算程序

（1）合理确定产品类别，根据产品结构、生产工艺过程等，将产品划分为若干类别，按照产品类别设置产品成本核算单。

（2）按产品类别归集生产费用。根据企业的生产类型和管理要求，选择适当的方法并与品种法、分批法和分步法相结合，核算出各类产品成本。

（3）核算类内各种产品的总成本和单位成本。选择合理的方法，将每类产品的成本在类内各种产品之间进行分配，核算出类内各种产品的总成本和单位成本。

二、分类法的优缺点

采用分类法核算产品成本时，由于产品成本核算的对象是产品的类别，所以采用分类法，一是可以简化成本核算工作；二是能够在产品品种繁多的情况下，分类掌握产品成本的情况。但是，在核算类内产品的成本时，不管是直接计入费用还是间接计入费用，都是按一定的分配标准按比例进行分配，这样核算出来的结果就有一定的假定性。而且对产品分类时，分类过少，会影响成本核算结果的准确性；分类过多，又会加大成本核算的工作量，失去分类法的意义。因此，分类法下核算产品成本的关键在于产品的分类和分配标准的确定。

三、类内各种产品成本的分配方法

分类法下类内产品成本的核算是根据产品生产特点来确定的，一般采用系数分配法和定额比例法来核算。

（一）系数分配法

1. 系数分配法的概念

系数分配法是将类内产品的分配标准折算成固定的系数，按系数分配核算类内各种产品的成本。采用系数分配法进行分配时，关键在于确定系数。

2. 核算步骤（按单项系数计算）

（1）确定分配标准，选择标准产品。一般情况下，选择与耗用费用关系最密切的因素作为分配标准，如定额消耗量、定额成本、计划成本、售价及重量等。然后在类内产品中选择一种产量大、生产比较稳定的产品作为标准，将这种产品的系数定为“1”。

（2）计算类内各种产品的系数。

某种产品的系数＝该单位产品的分配标准÷单位标准产品的分配标准

某种产品总系数＝该产品实际产量×某种产品的系数

（3）核算各类产品的标准产量。

某产品的标准产量＝该产品的实际产量×该产品对应的系数

（4）计算出全部产品相当于标准产品的总产量，以此为标准分配类内各产品的成本。

该类产品某项费用分配率＝该类产品某成本项目费用总额÷类内各种产品总系数之和

某种产品应分配的某项费用＝该产品的标准产量×该类产品某项费用的分配率

（二）定额比例法

1. 定额比例法的含义

定额比例法是指在核算出类内产品的总成本后，按类内各种产品的定额比例来分配成本，从而核算出类内每一种产品成本的一种方法。定额比例法较简便，但要求企业的定额管理基础较好，能为每一种产品制定准确的消耗定额。

2. 核算步骤

（1）计算类内各种产品的原材料定额消耗量或原材料定额费用、工时定额消耗量或直接人工定额费用、定额制造费用。

（2）按成本项目计算分配率。

直接材料分配率＝该类产品直接材料费用÷该类各种产品原材料定额消耗量（定额成本）之和

直接人工（制造费用）分配率＝该类产品直接人工（制造费用）总额÷该类各种产品工时定额消耗量（定额成本）之和

（3）核算各种产品的实际成本。

某种产品的直接材料成本＝直接材料定额消耗量（定额成本）×直接材料分配率

某种产品的直接人工成本 = 定额工时（直接人工定额成本）×直接人工分配率

某种产品的制造费用成本 = 定额工时（直接人工定额成本）×制造费用分配率

任务实施

任务实施　分类法应用举例（按系数分配法和定额比例法）

河南红山仪表制造厂202×年10月生产A、B、C三种产品，因三种产品的生产工艺过程和耗用的原材料都相同，所以将这三种产品归为一类，即甲类产品，采用分类法核算成本。该类产品A产品确定为标准产品，直接材料费用按照各种产品的原材料系数进行分配，原材料系数按直接材料的定额成本确定；直接人工、制造费用按各种产品的定额工时比例进行分配。甲类产品月末在产品成本按定额成本核算。该类产品月初在产品成本、本月生产费用和月末在产品成本相关资料如表8－1所示。

分类法例题精讲

表8－1　　月初在产品成本本月生产费用和月末在产品或成本表　　单位：元

项目	直接材料	直接人工	制造费用	合计
月初在产品成本	4 500	3 000	2 000	9 500
本月生产费用	24 000	15 000	10 000	49 000
月末在产品成本	4 140	1 940	1 780	7 860

甲类产品产量、原材料消耗定额和工时定额如表8－2所示。

表8－2　　产品产量、原材料消耗定额和工时定额资料

产品名称	产量（件）	原材料消耗定额（千克）	工时定额（小时）
A产品	1 000	5	4
B产品	700	6	3
C产品	600	4	2

根据上述资料，采用分类法核算产品成本，成本核算程序如下。

步骤一：按产品类别设置产品成本核算单，根据月初在产品成本、本月生产费用和月末在产品成本，登记产品成本核算单，核算该类产品完工产品成本，如表8－3所示。

表 8-3 产品成本核算单

产品类别：甲类 202×年 10 月 单位：元

月	日	摘要	直接材料	直接人工	制造费用	合计
10	1	月初在产品成本（定额成本）	4 500	3 000	2 000	9 500
	31	本月生产费用	24 000	15 000	10 000	49 000
	31	生产费用合计	28 500	18 000	12 000	58 500
	31	月末完工产品成本	24 360	16 060	10 220	50 640
	31	月末在产品成本（定额成本）	4 140	1 940	1 780	7 860

步骤二：根据原材料消耗定额计算原材料费用系数，如表 8-4 所示。

表 8-4 原材料费用系数表

202×年 10 月

产品名称	原材料消耗定额	原材料费用系数
A 产品	5	1
B 产品	6	1.2
C 产品	4	0.8

步骤三：分配核算甲类产品中 A、B、C 三种完工产品的总成本和单位成本，如表 8-5 所示。

表 8-5 类内各种完工产品成本核算单

产品类别：甲类 202×年 10 月 金额单位：元

项目	产量（件）	原材料费用系数	原材料总系数（标准产量）（件）	工时定额（小时/件）	定额总工时（小时）	总成本				单位成本（元/件）
						直接材料	直接人工	制造费用	合计	
分配率						10.5 元/件	2.2 元/小时	1.4 元/小时		
A 产品	1 000	1	1 000	4	4 000	10 500	8 800	5 600	24 900	24.9
B 产品	700	1.2	840	3	2 100	8 820	4 620	2 940	16 380	23.4
C 产品	600	0.8	480	2	1 200	5 040	2 640	1 680	9 360	15.6
合计			2 320		7 300	24 360	16 060	10 220	50 640	

直接材料分配率 = 24 360 ÷ 2 320 = 10.5（元/件）

直接人工分配率 = 16 060 ÷ 7 300 = 2.2（元/小时）

制造费用分配率 = 10 220 ÷ 7 300 = 1.4（元/小时）

步骤四：根据产品入库单和产品成本核算单，编制甲类产品完工入库的会计分录。

借：库存商品——A 产品 24 900
　　　　　——B 产品 16 380
　　　　　——C 产品 9 360
　贷：生产成本——基本生产成本——甲类产品 50 640

模块三　核算联产品和副产品的成本

任务导入

在炼油、化学、煤气、食品等生产行业中，往往出现使用相同的原材料在同一生产过程中生产出几种性质、用途不同的产品；或者出现使用相同的原材料，经过同一生产过程生产出了品级或质量不同的同一产品。这些产品根据其具体情况可以分为联产品、副产品和等级产品。河南红山仪表制造厂某一车间生产出的产品是使用相同的原材料，在该车间就会出现联产品和副产品。

知识准备

一、联产品的成本核算

（一）联产品的含义

联产品是指使用同样的原材料，经过同一生产过程，同时生产出来的两种或两种以上的地位相同但用途不同的主要产品，如炼油厂从原油中提炼出来的汽油、柴油和煤油等各种燃料油，这些都是炼油厂的主要产品，可以把它们称为联产品。

联产品的生产是联合生产，同一资源被投入到同一生产过程中，然后分离出两种或两种以上的产品，其中个别产品的产出，必然伴随联产品同时产出。分离点是指联产品生产完毕，分离为各种联产品成本的时点。各种联产品的产出，有的要到生产过程结束时才分离出来，有的在生产过程中就分离；有的产品分离后，直接用于销售，有的产品分离后，还需要继续加工。因此，联产品成本的核算和一般产品成本核算不同，要分三个步骤进行，即联产品分离点前的联合成本的核算、分离点的联合成本的分配和分离点后继续加工成本的核算。

（二）联产品联合成本的分配方法

联产品分离前的联合成本的核算和分离后需要继续加工的加工成本的核算，应根据企业的生产类型和管理要求采用相应的方法核算。联产品的成本核算关键是联合成本的分配，分配联产品的成本时应根据企业的实际情况确定相应的分配方法，常用的分配方法有以下两种。

1. 系数分配法

系数分配法是指将各种联产品的实际产量按系数将其折算为标准产量来分配联合成本的一种方法。计算步骤为：

（1）按联产品的重量或售价等确定各种联产品的系数。

（2）计算标准产量。

标准产量＝各种联产品的产量×各种联产品的系数

（3）计算联合成本分配率。

联合成本分配率＝联合成本÷各种联产品的标准产量之和

（4）核算各种联产品应负担的联合成本。

某种产品应负担的联合成本＝该种产品的标准产量×联合成本分配率

2. 实物量分配法

实物量分配法是指将联合成本按照各联产品的重量、长度、容积或其他实物量来分配的一种方法。采用这种方法核算出的各产品单位成本是一致的，而且是平均单位成本，因此简便易行。但并不是所有的成本都与实物量有直接关系，所以易造成成本核算与实际相脱节的情况。因此，这种方法只适用于成本的发生与实物量关系密切，且各联产品的售价也比较均衡的联合成本的分配。

采用实物量分配法分配联合成本时，计算公式如下：

联合成本分配率＝联合成本÷各种联产品实物量之和

某种产品应负担的联合成本＝该种联产品的实物量×联合成本分配率

二、副产品的成本核算

副产品是指使用同一种原材料，在同一生产过程中生产主要产品时，附带生产出来的非主要产品，如肥皂厂生产出来的甘油、炼油厂产生的渣油等。

副产品和主要产品是用同一材料并经过同一生产过程生产出来的，其成本与主要产品在分离之前是共同发生的。因此，副产品的成本核算就是确定其应负担的分离前的联合成本。副产品不是企业的主要产品，所占的费用比重一般都较小，但也有一定的经济价值。因此，成本核算可采用简单的核算方法，对副产品不单独核算成本，而采用与分类法相似的方法核算成本，即将副产品与主产品作为一类，设置生产成本明细账，归集其共同发生的各项生产费用，核算该类产品的总成本；再按照一定的方法核算出副产品的成本，将其从总成本中扣除（一般是从总成本的原材料项目中扣除），即为主产品的成本。

副产品的成本核算主要有以下几种方法。

（1）分离后不再加工的副产品，价值较低，可以按企业的计划成本或定额成本计价。

（2）分离后不再加工但价值较高的副产品，则按副产品的售价减去销售税金、销售费用和销售利润以后的余额计价。

（3）分离后还需进行加工的副产品，如果价值较低，可以只按加工成本计价；如果价值较高，应该按分离前的联合成本和加工成本计价。

任务实施

任务实施一　联产品成本核算应用举例（按系数分配法）

河南红山仪表制造厂用同一种原材料，在同一生产过程中同时生产出甲、乙、丙三种联产品。本期累计发生直接材料 28 470 元，直接人工 12 200 元，制造费用 8 300 元。进行联合成本分配时，以产品售价为标准确定系数，选择甲产品为标准产品。联产品的有关资料如表 8 –6 所示。

联产品的成本核算

表 8 –6　联产品产量、售价和系数表

产品名称	产量（千克）	单位售价（元）	系数
甲产品	2 600	12	1
乙产品	1 000	15	1.25
丙产品	600	6	0.5

步骤一：根据上述资料，编制联产品成本核算单，如表 8 –7 所示。

表 8 –7　联产品成本核算单　　金额单位：元

产品名称	产量（千克）	系数	标准产量（千克）	联合成本	分配率（元/千克）	应负担的联合成本	单位成本（元/千克）
甲产品	2 600	1	2 600			30 680	11.80
乙产品	1 000	1.25	1 250			14 750	14.75
丙产品	600	0.50	300			3 540	5.90
合计			4 150	48 970	11.80	48 970	

分配率 =48 970 ÷4 150 =11.8（元/千克）

步骤二：根据产品入库单及联产品成本核算单，编制会计分录如下。

借：库存商品——甲产品　　30 680
　　　　　　——乙产品　　14 750
　　　　　　——丙产品　　3 540
　贷：生产成本——基本生产成本　　48 970

任务实施二　联产品成本核算应用举例（按实物量分配法）

承上例，采用实物量分配法分配联合成本。

步骤一：可根据各联产品的产量进行分配，计算结果如表 8 –8 所示。

表 8 –8　联合成本分配表

产品名称	产量（千克）	联合成本分配率（元/千克）	应负担的联合成本（元）
甲产品	2 600		30 316
乙产品	1 000		11 660
丙产品	600		6 994
合计	4 200	11.66	48 970

联合成本分配率 = 48 970 ÷ 4 200 = 11.66（元/千克）

步骤二：根据产品入库单及联产品成本核算单，编制会计分录如下：

借：库存商品——甲产品　　30 316
　　　　　　——乙产品　　11 660
　　　　　　——丙产品　　6 994
　贷：生产成本——基本生产成本　　48 970

任务实施三　副产品成本核算应用举例

副产品的成本核算

河南红山仪表制造厂于 202× 年 6 月在生产甲产品的同时附带生产出乙副产品和丙副产品，无期初、期末在产品。本月生产的甲产品 1 000 件已经全部完工，生产成本明细账中归集的生产费用为：直接材料 85 060 元，直接人工 28 000 元，制造费用 16 800 元。本月附带生产的乙产品 100 件、丙产品 80 件已经完工入库。乙产品每件售价 120 元，销售环节应交税金每件 6 元；丙产品每件售价 90 元，销售环节应交税金每件 4 元。河南红山仪表制造厂产品的正常销售利润率为 10%，副产品成本从甲产品直接材料项目中扣除。

步骤一：根据上述资料，主产品和副产品成本核算如下：

乙产品单位成本 = 120 − 6 − 120 × 10% = 102（元）

乙产品总成本 = 100 × 102 = 10 200（元）

丙产品单位成本 = 90 − 4 − 90 × 10% = 77（元）

丙产品总成本 = 80 × 77 = 6 160（元）

甲产品总成本 = (85 060 − 10 200 − 6 160) + 28 000 + 16 800
　　　　　　 = 113 500（元）

甲产品单位成本 = 113 500 ÷ 1 000 = 113.50（元/件）

步骤二：根据成本核算结果，编制完工产品入库的会计分录。

借：库存商品——甲产品　　113 500
　　　　　　——乙产品　　10 200
　　　　　　——丙产品　　6 160
　贷：生产成本——基本生产成本　　129 860

项目总结

本项目共有三个模块，详细讲解了制造业企业产品成本核算的辅助方法——分类法。

模块一主要讲述了分类法的定义、特点和适用范围。

模块二主要介绍了分类法的成本核算程序、优缺点、类内各种产品成本的分配方法。最后，通过一个分类法应用举例，系统说明了如何采用系数分配法和定额比例法分配类内各种产品的成本。

模块三主要介绍了联产品和副产品的成本核算方法。

项目九

定额法

项目知识点

- □ 了解产品成本核算定额法的基本原理
- □ 理解并掌握定额法的特点及适用范围
- □ 理解成本核算定额法的作用

项目技能点

- □ 掌握脱离定额差异的核算
- □ 掌握定额变动差异的核算

职业核心能力

- □ 熟练运用定额法核算产品成本

课程思政

实施产业基础再造工程和重大技术装备攻关工程，支持专精特新企业发展，推动制造业高端化、智能化、绿色化发展。　　——摘自党的二十大报告

目前我国制造业企业正处于由大变强，爬坡过坎的关键期。定额法的学习能够更好地帮助企业加强定额管理，及时对产品成本进行控制和管理，更有效地发挥成本核算对于节约费用、降低成本的作用。推进新型工业化，加快建设制造强国、质量强国、航天强国、交通强国、网络强国、数字中国。

内容导图

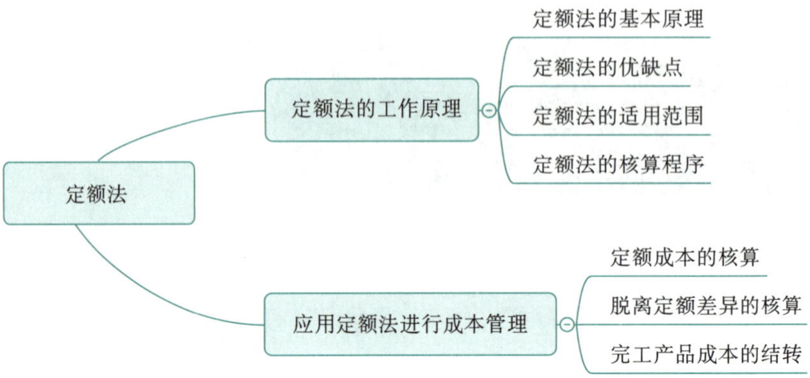

导图讲解

引 言

产品成本核算的品种法、分批法、分步法和分类法对于生产费用的日常核算，都是按照实际发生额进行的，产品的实际成本也都是根据实际生产费用核算的。因此，生产费用和产品成本脱离定额的差异及其发生的原因，只有在月末通过实际资料与定额资料的对比分析才能得到反映，而无法在生产费用实际发生时就得到反映。这不利于更好地加强定额管理，及时对产品成本进行控制和管理，不能更有效地发挥成本核算对于节约费用、降低成本的作用。

产品成本核算的定额法，就是为了克服上述几种成本核算方法的缺点，及时解决反映和监督生产费用和产品成本脱离定额的差异，把产品成本的计划、控制、核算和分析结合在一起，以便加强成本管理，提高成本管理水平而采用的一种成本核算方法。

模块一 定额法的工作原理

任务导入

河南红山仪表制造厂九车间生产甲产品，本月初在产品 60 台，本月完工产量 500 台，期末在产品数量 120 台，原材料系开工时一次性投入，单位产品材料消耗定额为 10 千克，材料计划单价为 4 元/千克。本月材料限额领料凭证登记数量为 5 600 千克，材料超限额领料凭证登记数量为 400 千克，期初车间有余料 100 千克，期末车间盘存余料为 300 千克。该车间的成本会计采用定额法核算甲产品的成本。本模块介绍定额法的基本原理。

知识准备

一、定额法的基本原理

定额法是指为了反映企业产品实际成本脱离定额成本的差异，配合企业加强产品成本的定额管理，并进行成本控制所采用的一种成本核算方法。它的基本特点是：以产品的定额成本为基础，加上或减去脱离定额差异以及定额变动差异来核算产品的实际成本。

采用定额法核算产品成本，其核算成本的基本原理是：产品的实际成本由定额成本、脱离定额差异和定额变动差异三个因素组成。

定额法的工作原理

核算产品实际成本的基本公式为：

产品实际成本＝产品定额成本±脱离定额差异±定额变动差异

若按材料计划成本核算，其计算公式如下：

产品实际成本＝产品定额成本±脱离定额差异±定额变动差异±材料成本差异

（一）定额成本

定额成本是指根据企业现行材料消耗定额、工时定额、费用定额以及其他有关资料计算的一种成本。产品定额成本的制定过程也是对产品成本事前控制的过程，定额成本既是核算产品实际成本的基础，也是企业对生产费用进行事中控制和事后分析的依据。

（二）脱离定额差异

脱离定额差异是指产品生产过程中各项实际发生的生产费用脱离现行定额的差异。脱离定额差异反映了企业各项生产费用支出的合理程度和执行现行定额的工作质量。从含义来看，脱离定额的差异应当包括材料成本差异。但在实际工作中，为了便于产品成本的分析和考核，一般单独核算产品成本应负担的材料成本差异。

（三）定额变动差异

定额变动差异是指由于修订定额而产生的新旧定额之间的差异额。在现代企业中由于科学技术的发展，各项消耗定额也随着不断降低，各项定额也应随之作相应的修订。

二、定额法的优缺点

定额法是将产品成本的计划工作、核算工作和分析工作有机结合起来，将事前、事中、事后反映和监督融为一体的一种产品成本核算方法和成本管理制度。

（一）定额法的优点

（1）通过生产耗费及其脱离定额和计划的日常核算，能够在生产耗费发生的当时反映和监督脱离定额（或计划）的差异，从而有利于加强成本控制，可以及时、有效地促进生产耗费的节约，降低产品成本。

（2）由于产品实际成本是按照定额成本和各种差异分别核算的，因而便于对各项生产耗费和产品成本进行定期分析，有利于进一步挖掘降低产品成本的潜力。

（3）通过脱离定额差异和定额变动差异的核算，还有利于提高成本的定额管理和计划管理工作的水平。

（4）由于有着现成的定额成本资料，因而能够较为合理、简便地解决完工产品和月末在产品之间分配费用的问题。

（二）定额法的缺点

采用定额法核算产品成本比采用其他方法核算工作量要大。因为采用定额法必须制定定额成本，单独核算脱离定额差异，在定额变动时还必须修订定额成本，计算定额变动差异。

三、定额法的适用范围

定额法是为了加强成本管理，进行成本控制而采用的一种成本核算与管理相结合的方法，它不是成本核算的基本方法，与企业生产类型没有直接联系。不论哪种生产类型，只要具备条件，都可以采用定额法核算产品成本。

定额法适用于产品品种不多，规格、型号、工艺加工过程比较稳定，定额管理制度比较健全，各项消耗定额比较正确、稳定，成本核算工作基础较好的企业。

四、定额法的核算程序

（一）事前制定产品的定额成本

事前制定产品直接材料的消耗定额、直接人工和制造费用的定额，以产品的定额成本作为降低产品成本、节约费用支出的目标。

（二）分别核算符合定额的费用和脱离定额的差异

在生产费用发生时，将符合定额的费用和脱离定额的差异分别核算，加强对成本差异的日常核算、分析和控制。

（三）以定额成本为基础，加/减各种成本差异求得实际成本

月末，在定额成本的基础上，加/减脱离定额差异，加/减定额变动差异，核算出产品的实际成本。

模块二　应用定额法进行成本管理

任务导入

河南红山仪表制造厂九车间使用定额法核算产品成本已经有半年时间，

定额管理制度日渐完善，定额管理工作的基础较好；产品的生产已经定型，消耗定额比较准确、稳定。刚毕业的大学生马林担任九车间的成本会计，每月核算实际消耗与定额消耗的差异额及各种材料的消耗情况，他发现采用定额法核算产品成本节约了原材料消耗，降低了成本，促进了生产的发展，提高了管理水平。

知识准备

一、定额成本的核算

定额成本是根据现行定额和计划单价制定的。制定定额成本所使用的成本项目应与核算产品实际成本的项目相同，才能相互比较，及时揭示实际成本脱离定额的差异。按照制造成本法，企业必须首先制定直接材料、直接人工的消耗定额和制造费用的费用定额。

单位产品直接材料费用定额 = 单位产品原材料消耗定额 × 原材料计划单价

单位产品直接人工费用定额 = 单位产品工时消耗定额 × 生产工人工资计划单价

单位产品制造费用定额 = 单位产品工时消耗定额 × 制造费用计划单价

上述各项费用的合计数，就是单位产品的定额成本，单位产品的定额成本乘以实际产量，即为总定额成本。定额成本的制定，一般是通过编制“定额成本核算表”进行的。

定额成本是根据现行定额和计划单价制定的，当生产条件发生重大变化时，应根据需要修订定额。一般在年度内不予修订，如必须修订，应尽可能在月初进行。经修订后产生的新旧定额的差异称为定额变动差异。

产品的单位定额成本的制定，应包括零件、部件的定额成本和产成品的定额成本，通常由计划、会计等部门共同制定。一般是先制定零件的定额成本，然后汇总核算部件和产成品的定额成本。如果产品的零部件较多，为了简化计算工作，可以不核算零件的定额成本，而可以直接根据零件定额卡所列零件的原材料消耗定额、工序计划和工时消耗定额，以及计划的原材料单价、计划的工资率和计划的制造费用率等，核算部件定额成本，再汇总核算产成品定额成本；或者根据零部件定额卡和原材料计划单价、计划的工资率和计划的制造费用率等，直接核算产成品定额成本。

需要指出的是，编制“定额成本核算表”时，所采用的成本项目和成本核算方法，应与编制计划成本、核算实际成本时所采用的成本项目和成本核算方法一致，以便进行成本考核和成本分析工作。

由于一般不单独制定废品损失和停工损失定额，因此实际发生的废品损失和停工损失作为超定额差异处理。

在定额法下，所采用的各种费用分配表和成本明细账（或成本核算单）

的格式和内容与其他成本核算方法基本相同，但定额法下的各种账表，如生产费用和产品成本，都应按定额成本和各项差异分别设置专栏反映。

二、脱离定额差异的核算

在定额法下，由于产品实际成本的核算是以定额成本为基础的，并且实际成本往往与定额成本不一致。因此，两者所产生的差异就是脱离定额差异。

完工产品的实际成本 = 定额成本 ± 脱离定额差异

可见，在定额法下，重点就是对脱离定额差异的核算。脱离定额差异的核算包括直接材料脱离定额差异的核算、直接人工脱离定额差异的核算和制造费用脱离定额差异的核算。

（一）直接材料脱离定额差异的核算

直接材料脱离定额差异的计算有三种方法：限额领料单法、切割法和盘存法。

1. 限额领料单法

限额领料单法是根据企业制定的材料消耗定额来核算材料定额差异的一种方法。采用限额领料单法来核算材料脱离定额的差异时，一般应实行限额领料制度。企业应根据“产品定额计算表”中所确定的产品材料消耗定额，编制“限额领料单”交给各单位，按“限额领料单”中的规定限额领料。这样，在“限额领料单”的限额内领料，就可控制材料的消耗量。凡是超过限额的领料，应设置专门的超额领料单等差异凭证。如果领用代用材料，则应将领用代用材料的数量折算成原定额材料的数量，在“限额领料单”内冲减相应的数量。对于车间已领未用的材料，应及时办理退库手续。如果企业超限额领料是增加产量引起的，则应办理追加限额手续，但仍采用限额领料单领料。月末时，将“限额领料单”内的材料余额和各种差异凭证进行汇总，即可计算出定额差异。其计算公式如下：

$$\text{某产品的直接材料定额差异}=\left(\text{该产品材料实际耗用量}-\text{该产品材料定额耗用量}\right)\times\text{材料计划单位成本}$$

2. 切割法

为了更好地控制用料差异，对于需要切割才能使用的材料，如板材，可以通过材料切割核算单来计算材料脱离定额的差异，控制用料。

对于需要切割后才能加工的材料，还应利用材料切割单来计算材料脱离定额的差异。切割单应按切割材料的批别开立，填列切割材料的种类、数量、消耗定额以及应切割的毛坯数量；切割完成后，再填写实际切割成的毛坯数量和材料的实际耗用量等。根据切割的毛坯数量和消耗定额，可计算出材料的定额耗用量，与实际耗用量相比较，就可以计算出脱离定额的差异。

3. 盘存法

在连续投料、连续生产、不能分批计算材料定额差异的情况下，则应逐日或定期通过盘存的方法计算差异，即根据完工产品数量和在产品盘存数量，计算出产品投产数量（完工产品数量加期末在产品数量减期初在产品数量）乘以材料消耗定额求出定额消耗量；根据限额领料单、超额领料单和退料单等凭证以及车间余料盘存资料等计算出材料实际消耗量。通过材料的定额消耗量与实际消耗量进行对比，确定材料的脱离定额差异。

无论采用哪种核算方法，都应根据各种领料凭证和差异凭证，按照产品成本核算对象汇总编制“材料定额费用和定额差异汇总表”，表内分别填明该批或该种产品所耗各种材料的定额消耗量、定额费用和定额差异，并说明差异原因，然后据以登记基本生产成本明细账和成本核算单。

在采用定额法时，材料日常核算如果按计划成本计价，月末核算产品实际成本时，还必须按下列公式分配材料成本差异：

$$\text{某产品应分配的材料成本差异}=\left(\text{该产品的材料定额成本}\pm\text{材料定额差异}\right)\times\text{材料成本差异率}$$

（二）直接人工脱离定额差异的核算

直接人工脱离定额差异的核算，主要是通过核算实际生产工时与定额工时的差异来进行，用以考核工时消耗定额的执行情况。

生产工人的工资费用有计件工资和计时工资两种情况。

1. 计件工资

在计件工资制度下，生产工资属于直接计入费用，因而其脱离定额差异的核算与原材料相类似，可按产品分别计算，专设工资补付单等差异凭证，及时反映和控制生产工人脱离定额差异。工资差异凭证也应填明产生差异的原因，并依据一定的审批手续才能据以计发工资。

2. 计时工资

在计时工资制度下，由于实际工资总额要到月终才能确定，因此，生产工资脱离定额的差异不能在平时按照产品直接计算，只有在月末实际生产工资总额确定以后，才能按照下列公式计算：

$$\text{计划单位小时工资}=\frac{\text{某车间计划产量的定额生产工人工资}}{\text{该车间计划产量的定额生产工时}}$$

$$\text{实际单位小时工资}=\frac{\text{该车间实际生产工人工资总额}}{\text{该车间实际生产工时总额}}$$

$$\text{某产品的定额直接人工}=\text{该产品实际产量的定额生产工时}\times\text{计划单位小时工资}$$

$$\text{某产品的实际直接人工}=\text{该产品实际产量的实际生产工时}\times\text{实际单位小时工资}$$

$$\text{某产品直接人工脱离定额的差异}=\text{该产品实际直接人工}-\text{该产品定额直接人工}$$

按照上述方法核定直接人工脱离定额差异，只有在月末进行，且不能及时反映直接人工脱离定额差异的发生情况。为了能及时核算直接人工脱离定额差异，在有条件的企业，也可在平时先按单位小时定额工资，计算由于实际工时与定额工时的差异产生的直接人工脱离定额差异。其计算公式是：

直接人工脱离定额差异 =（实际工时 - 定额工时）×计划单位小时工资

企业直接人工脱离定额的差异由两个方面的差异引起：一个是工资单价差异；另一个是工时差异。月末应根据实际工资总额计算单位小时实际工资，并与单位小时定额工资进行比较，计算由于工资单价差异所产生的直接人工脱离定额差异，以及将实际工时与定额工时进行比较；计算由于工时差异引起的直接人工脱离定额差异，并与两者之和计算脱离直接人工定额差异的总额。其计算公式如下：

工资单价差异引起的工资差异 =（实际工资单价 - 计划工资单价）× 实际工时

工时差异引起的工资差异 =（实用工时 - 定额工时）× 计划工资单价

工资脱离定额差异 = 工资单价差异引起的工资差异 + 工时差异引起的工资差异

在定额法下，对于工资费用应按照成本核算对象汇总编制"定额工资和脱离定额差异汇总表"，用以分析和考核各车间、各种产品的定额工资和定额差异的发生情况，并据以登记"产品成本核算单"，计算工资的实际成本。

（三）制造费用脱离定额差异的核算

制造费用包括车间（分厂）为组织和管理生产所发生的各项费用。制造费用按其与产品产量的关系又可分为变动制造费用和固定制造费用，可以分别制定变动制造费用小时费用率、固定制造费用小时费用率，也可以综合制定一个制造费用小时费用率（也称小时费用单价）。制造费用应分别按车间（分厂）汇集，由于月末才能分配计入产品，因而不能在日常核算中按照产品核算定额差异。为了有效地控制制造费用的支出，应定期按部门、车间、班组编制费用计划。根据费用计划控制支出，及时反映和监督费用的定额差异。并尽可能将费用指标分解落实到责任单位或责任人，以便更加有效地控制和节约费用支出。

各种产品的制造费用按定额生产工时和实际生产工时计算的费用定额差异，与前述计时工资一样，在月末根据投入某产品的定额工时和单位小时定额费用与分配计入该产品的实际费用进行比较后确定。

在实际工作中，应按车间、成本核算对象分别编制"制造费用定额和脱离定额差异汇总表"并进行费用定额和脱离定额差异的计算和分配。

（四）定额变动差异的核算

1. 直接计算法

定额变动差异是指企业因经济的发展、生产技术条件的变化、劳动生产率的提高等因素，而随之修订产品成本定额。定额变动差异就是新定额与旧定额之间的差异。消耗定额和定额成本一般是在月初、季初或年初进行修订。在定额变动的月份，其月初在产品的定额成本并未修订，它仍然是按照旧定额计算的。月初修订定额时，应将月初按旧定额计算的定额成本按新定额进行调整，算出月初在产品的定额变动差异。其计算公式如下：

月初在产品定额变动差异＝月初在产品中定额变动的零部件数量×（旧定额－新定额）

对于计算出的定额变动差异，应分不同情况予以处理。在消耗定额降低的情况下产生的差异，一方面，应将此项差异从月初按旧定额核算的在产品定额成本中扣除；另一方面，应将此项差异计入本月产品成本。如果某产品新的消耗定额调高，则调高的差异一方面应加入月初按旧定额核算的在产品成本；另一方面应从本月产品成本中扣除。无论调高或调低，都不影响月初和本月生产费用总额的增减变化，因为实际上并未发生这部分支出。

2. 系数折算法

系数折算法就是按照单位产品新、旧定额费用的比例计算定额变动系数，并根据定额变动系数来推算月初在产品定额变动差异的方法。其计算公式如下：

定额变动系数＝按新定额核算的单位产品成本/按旧定额核算的单位产品成本

月初在产品定额变动差异＝按旧定额核算的月初在产品成本×（1－定额变动系数）

三、完工产品成本的结转

在定额法下，产品实际成本的核算，也应在产品成本核算单中按照成本项目分别进行。但为了适应定额法的要求，所采用的产品成本核算单以及各种费用分配表或汇总表，都应按照定额成本和各种差异分设专栏加以记录。

在定额法下，有月初在产品定额变动差异时，产品实际成本核算公式应为：

产品实际成本＝按现行定额核算的产品定额成本±脱离定额差异±产品定额变动差异

若材料采用计划成本核算，产品的实际成本核算公式应为：

产品实际成本＝按现行定额核算的产品定额成本±脱离定额差异±产品定额变动差异±材料成本差异

定额变动差异一般应按照定额成本比例，在完工产品和月末在产品之间进行分配。因为这种差异不是当月工作的结果，所以不应全部计入当月完工产品成本。但是，若定额变动差异数额较小，或者月初在产品本月全部完工，那么定额变动差异也可以全部由完工产品负担，月末在产品不再负担。

任务实施

任务实施　定额成本的核算

河南红山仪表制造厂采用定额法核算甲产品的成本，202×年9月份的生产情况如下：

定额法的例题精讲

（1）月初在产品10台，本月投入量50台，本月完工48台，月末在产品12台，在产品完工率为50%。

（2）原材料在生产开始时一次性投入，原材料消耗定额60千克，材料的计划单价为10元。由于工艺技术的改变，该企业原材料消耗定额降到57.6千克。

（3）单位产品工时定额为40小时，本月投入定额工时为1 960小时，计划小时人工费用为3元，计划小时制造费用为3.5元。

（4）月初在产品脱离定额差异为－170元，其中：直接材料－300元，直接人工50元，制造费用80元。

（5）根据限额领料单，实际领用2 800千克，金额28 000元，材料成本差异率为4%，实际工资为6 235元，实际制造费用为6 380元。

（6）月末在产品只负担脱离定额差异。

根据以上资料，编制“甲产品成本核算单”，如表9－1所示。

表9－1　　**甲产品成本核算单**　　单位：元

成本项目		直接材料	直接人工	制造费用	合计
月初在产品	定额成本	6 000	600	700	7 300
	脱离定额差异	－300	＋50	＋80	－170
月初在产品定额变动成本	定额成本调整	－240			－240
	定额变动差异	＋240			＋240
本月生产费用	定额成本	28 800	5 880	6 860	41 540
	脱离定额差异	－800	＋355	－480	－925
	材料成本差异	＋1 120			＋1 120
本月生产费用合计	定额成本	34 560	6 480	7 560	48 600
	脱离定额差异	－1 100	＋405	－400	－1 095
	材料成本差异	＋1 120			＋1 120
	定额变动差异	＋240			＋240
脱离定额差异分配率		－0.031 828 7	＋0.062 5	－0.052 91	
完工产品	定额成本	27 648	5 760	6 720	40 128
	脱离定额差异	－880	＋360	－355.56	－875.56
	材料成本差异	＋1 120			＋1 120
	定额变动差异	＋240			＋240
	实际成本	28 128	6 120	6 364.44	40 612.44
月末在产品	定额成本	6 912	720	840	8 472
	脱离定额差异	－220	＋45	－44.44	－219.44

表9－1中数据的计算过程如下：

步骤一：核算月初在产品定额成本。

直接材料＝60×10×10＝6 000（元）

直接人工＝40×50%×10×3＝600（元）

制造费用＝40×50%×10×3.5＝700（元）

步骤二：计算月初在产品定额变动差异。

定额变动系数 $=57.6\div60=0.96$

定额变动差异 $=60\times(1-0.96)\times10\times10=240$（元）

步骤三：核算本月生产成本。

直接材料定额成本 $=57.6\times50\times10=28\ 800$（元）

直接人工定额成本 $=1\ 960\times3=5\ 880$（元）

制造费用定额成本 $=1\ 960\times3.5=6\ 860$（元）

直接材料脱离定额差异 $=28\ 000-28\ 800=-800$（元）

直接人工脱离定额差异 $=6\ 235-5\ 880=355$（元）

制造费用脱离定额差异 $=6\ 380-6\ 860=-480$（元）

材料成本差异 $=(28\ 800-800)\times4\%=+1\ 120$（元）

步骤四：计算脱离定额差异分配率。

直接材料脱离定额差异分配率 $=-1\ 100\div34\ 560=-0.031\ 828\ 7$

直接人工脱离定额差异分配率 $=+405\div6\ 480=+0.062\ 5$

制造费用脱离定额差异分配率 $=-400\div7\ 560=-0.052\ 91$

步骤五：核算完工产品定额成本。

直接材料定额成本 $=57.6\times10\times48=27\ 648$（元）

直接人工定额成本 $=40\times3\times48=5\ 760$（元）

制造费用定额成本 $=40\times3.5\times48=6\ 720$（元）

步骤六：核算月初在产品定额成本。

直接材料定额成本 $=57.6\times10\times12=6\ 912$（元）

直接人工定额成本 $=40\times3\times12\times50\%=720$（元）

制造费用定额成本 $=40\times3.5\times12\times50\%=840$（元）

步骤七：计算完工产品脱离定额差异。

直接材料脱离定额差异 $=27\ 648\times(-0.031\ 828\ 7)=-880$（元）

直接人工脱离定额差异 $=5\ 760\times0.062\ 5=360$（元）

制造费用脱离定额差异 $=6\ 720\times(-0.052\ 91)=-355.56$（元）

步骤八：计算月末在产品脱离定额差异。

直接材料脱离定额差异 $=6\ 912\times(-0.031\ 828\ 7)=-220$（元）

直接人工脱离定额差异 $=720\times0.062\ 5=45$（元）

制造费用脱离定额差异 $=840\times(-0.052\ 91)=-44.44$（元）

项目总结

本项目共有两个模块，详细讲解了制造业企业产品成本核算的辅助方法——定额法。

模块一主要讲述了定额法的基本原理，优缺点、适用范围和核算程序。

模块二主要介绍了定额成本的核算、相关差异的计算以及定额法下完工产品成本的结转。

项目十

作业成本法

项目知识点

- □ 了解作业成本法产生的背景与发展
- □ 了解作业成本法的基本概念
- □ 了解作业成本法的基本程序

项目技能点

- □ 理解作业成本法与传统成本核算方法下产品成本的比较
- □ 掌握作业成本法的核算方法
- □ 理解作业成本法运用过程中的优点和局限

职业核心能力

- □ 掌握作业成本法核算产品成本
- □ 掌握作业成本法与传统成本核算方法的差异

课程思政

我们提出并贯彻新发展理念，着力推进高质量发展，推动构建新发展格局，实施供给侧结构性改革，制定一系列具有全局性意义的区域重大战略，我国经济实力实现历史性跃升。

——摘自党的二十大报告

中国经济正处于从高速增长阶段到高质量发展阶段的关键时期，制造业面临转型升级，成本会计人员不仅需要认真仔细，精益求精，也要有大局意识、战略思维。学会利用作业成本法的优势，优化成本核算方法，准确计算产品成本，为科学定价决策、成本控制、业绩评价、挖掘潜力奠定基础，帮助企业节能降耗，实现双碳发展目标。

内容导图

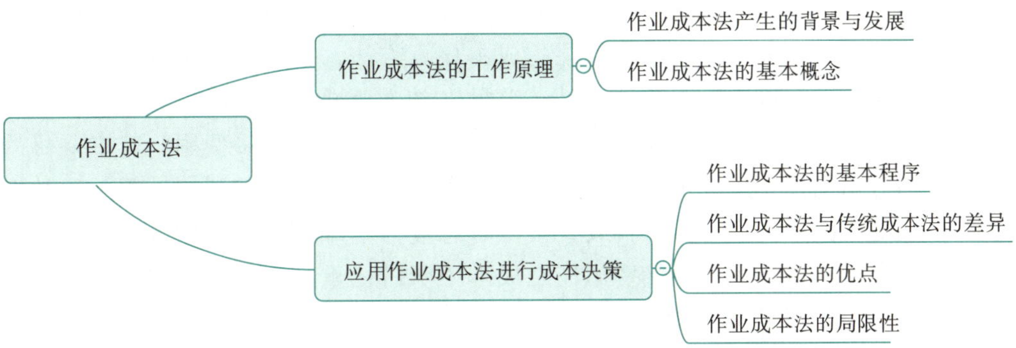

引　言

作业成本核算问题是近几年成本会计理论界研究比较多的热点问题，在传统成本会计受到挑战的今天，人们越来越多地开始关注新的理论和方法对成本管理的影响，试图运用新的理论和方法对传统的成本会计理论和方法进行变革，以使传统的成本管理得到发展和提高。作业成本法最先由制造行业的公司采用，现在服务行业的公司也开始采用作业成本法，如医院、银行以及保险公司，这些单位不仅利用作业成本法来核算成本，同时也将作业成本法用于战略决策，如流程分析、管理绩效评估和获利能力评估。

导图讲解

模块一　作业成本法的工作原理

任务导入

河南红山仪表制造厂成本会计认为传统成本核算方法对制造费用的计算过于粗略，不能提供足够准确的成本信息，有可能使企业做出错误的决策，产生不当的内部激励行为，以至于失去了许多调整经营决策、降低经营成本、提高产品竞争力的机会。成本会计马林结合河南红山仪表制造厂的实际情况，把成本核算与成本信息分析和应用结合起来，为企业提供一个整体的解决方案。作业成本法作为一种更为准确的成本核算方法拟初步在河南红山仪表制造厂中实施。

知识准备

一、作业成本法产生的背景与发展

作业成本法（Activity－Based Costing，ABC）的基本思想最早起源于20世纪30年代末40年代初，由美国会计学者科勒·斯托布斯提出。当时作业成本法还处于萌芽阶段，20 世纪七八十年代才开始进行全面研究，并于 20 世纪 80 年代末期在企业中开始应用。

作业成本核算法是一种以作业为基础，对各种主要的间接费用采用不同的间接费用分配率进行成本分配的成本核算方法，它是对传统成本核算方法的创新。传统成本核算法是以某一总量（如人工总量、材料总量、机器工时总量等）为基础，计算统一的间接费用分配率来分配间接费用。其主要目的是为分摊间接费用提供统一的基础，以有利于存货计价和利润计算。这种以产品的直接人工、直接材料或直接工时总量为基础的间接费用分配方法，在间接费用项目较少、间接费用在总成本中所占比重较小、对成本管理的要求不高的情况下是可行的。

随着生产自动化的日益发展，对机器人、特殊机器设备以及计算机控制程序使用的不断增加，成本中的间接费用比重急剧增加，传统成本核算法已不适应现实要求。根据有关资料表明，20 世纪 90 年代间接费用在生产成本中的比重，美国为 40% 左右，日本为 30% 左右；若从电子行业看，美国为 80% 左右，日本为 60% 左右。这是由于 20 多年来美国、日本这些发达国家纷纷实行自动化生产、计算机辅助设计、计算机辅助制造、弹性制造系统等的结果。这使直接人工在成本中的比例越来越小，生产成本中的间接费用大幅增加，并且在构成内容上也日益复杂化，传统的成本核算方法已经无法满足经营管理的要求。为了正确核算产品的生产成本，就必须改变传统的以“产品”为中心的成本核算思路。因此，作业基础成本法在此背景下应运而生。

通过对作业成本动因的分析来核算产品生产成本，并为企业作业管理提供更为相关、相对准确的成本信息的一种成本核算方法。由此可见，作业成本法的实质就是在资源耗费和产品耗费之间借助作业来分离、归纳、组合，然后形成各种产品成本。

作业成本法的基础知识

上述作业成本法最早在 20 世纪 70 年代就有学者提出，而首先对 ABC 作业成本法（以下简称 ABC 法）给予明确解释的则是在 1988 年美国哈佛大学的学者罗宾·库珀（Robin Cooper）和罗伯特·卡普兰（Robert S. Kaplan）在《成本管理》上发表了“论作业基础成本核算的兴起——什么是作业基础成本系统”的论文，对作业成本会计进行了较为完善的论述。他们认为，产品成本就是制造和运送产品所需全部作业的成本总和，成本核算最基本的对象是作业。ABC 法所赖以存在的基础是：作业耗用资源、产品耗用作业。由此，在分配费用时，以作业为基础才能使成本信息更加真实可靠。在此之后，ABC 法风靡全世界并在理论上趋于成熟。

二、作业成本法的基本概念

作业成本法又称为作业成本核算法或作业量基准成本核算方法，是以作业（Activity）为核心，确认和计量耗用企业资源的所有作业，将耗用的资源成本准确地计入作业，然后选择成本动因，将所有作业成本分配给成本核算对象（产品或服务）的一种成本核算方法。

作业成本核算法的核心是在核算产品成本时，先将制造费用归于每一作业，再由每一作业中心分摊到产品成本。因此，进行作业成本核算，首先必须明确以下几个基本概念。

（一）作业

作业是作业成本法下最基本的概念，是进行作业成本核算的核心和基础。一般认为，作业是企业为了提供一定产量的产品或劳务所消耗的人力、技术、原材料、方法和环境的集合体。通俗地讲，作业也就是为了达到某种目的而消耗资源的各种活动或行为。企业的生产经营过程无不是一系列资源投入和效果产出的过程，而作业则构成了沟通企业资源与企业产出（最终产品）的桥梁，它贯穿于企业生产经营的全过程。

按照计量作业发生数量的方法不同，可以将作业分为以下四类。

（1）单位作业，即每生产一单位产品都要发生的作业。此类作业是重复性的，每生产一单位产品就需要执行一次，而且各个单位所消耗的资源数量基本相同。这种作业的成本一般与产品的产量成比例变动，如产品的机器加工、人工操作等。

（2）批别作业，即每生产一批产品都要发生的作业。批别作业的发生同产品的生产批次成正比例关系，而与每一批次的产量无关，如生产准备、处理清单、发运货物等。

（3）产品别作业，即品种别作业，它是使某种产品的每个单位都受益的作业。这种作业的成本与产品的产量及批次无关，但与产品种类数成比例变动，如产品设计、市场开发等。

（4）维持性作业，即为了支持和管理生产经营活动而进行的作业。它与产量、批次、品种数无关，而取决于组织规模与结构，该类作业在某种水平上有益于整个企业，但并不针对任何具体产品，如工厂管理、工人培训等。

（二）作业链和价值链

与作业相关联的概念是作业链概念和价值链概念。作业链是指企业为了满足顾客需要而建立的一系列有序的作业集合体。一个企业简化的作业链，如图 10－1 所示。

作业与作业链

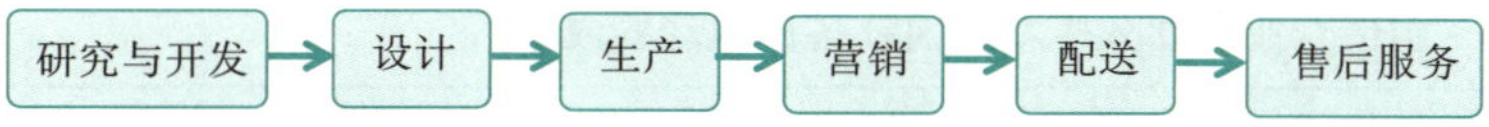

图 10－1　企业简化的作业链示意图

作业链与价值链紧密相关。按 ABC 法的原理，产品消耗作业，作业消耗资源，一项作业转移到另一项作业的过程，同时也伴随着价值量的转移，最终产品是全部作业的集合，也是全部作业的价值集合。

企业每完成一项作业，就会有一定量的资源被消耗，同时又有一定价值量的产出转移到下一项作业，如此逐步结转下去，形成企业的最终产品。最终产品作为企业内部各作业链的最后一环，凝结了各作业链所形成并最终提供给客户的价值，作业耗费与作业产出配比的结果就是企业的盈利。因此，作业链同时表现为价值链。

价值链是从开发、生产、营销和向顾客交付产品或劳务所必需的一系列作业价值的集合，是伴随着作业转移的价值转移过程中全部价值的集合。作业链的形成过程也就是价值链的形成过程。

作业成本法与传统成本法的差异

（三）成本动因

作业成本法的核心在于把“作业量”与传统成本核算系统中的“数量”（如人工工时、机器小时）区别开来，并主张以作业量作为分配大多数间接成本的基础。1987 年库珀和卡普兰提出了成本动因的概念。他们认为作业成本法要把间接成本与隐藏其后的推动力联系起来，这种推动力就是成本动因。

成本动因就是决定成本发生的那些重要的活动或事项。成本动因可以是一个事件、一项活动或作业，它支配成本行为，决定成本的产生。所以，要把间接成本分配到各产品中去，必须要了解成本行为，识别恰当的成本动因。根据成本动因在资源流动中所处的位置，通常可将其分为资源动因和作业动因两种。

作业成本法的基本程序

（1）资源动因。资源动因是指资源被各种作业消耗的方式和原因，它反映作业中心（作业成本库）对资源的消耗情况，是资源成本分配到作业中心的标准。例如，如果人工费用的耗用，主要和从事各项作业的人数有关，那么，就可以按照人数向各作业中心分配人工方面的费用，这里的人数就是资源动因。将资源一项一项分配到作业中心的成本要素，进行加计汇总，就形成了作业成本库。通过对成本要素和成本库的分析，可以揭示哪些资源需要减少，哪些资源需要重新配置，最终确定如何改进和降低作业成本。

作业成本法的优缺点

（2）作业动因。作业动因是指各项作业被最终产品或劳务消耗的方式和原因。它反映产品消耗作业的情况，是作业中心的成本分配到产品中的标准。例如，如果在各种产品或劳务的每份订单上所耗用的费用基本相当，那么就可以按照订单份数来向各种产品或劳务分配订单作业成本。比如，订单的份数就是一项作业动因。

以下列举了一些典型的作业成本的成本动因及各自驱动的成本的例子，如表 10－1 所示。

表 10－1　　制造企业的部分成本动因及各自驱动的成本

成本动因	驱动的成本
生产批次	生产、调度部门的相关成本
进料订单数量	材料采购部门的相关成本
验收次数	验收部门的相关成本
发货单数量	发货部门的相关成本
维修次数	维修部门的相关成本
检验次数	质量管理部门的相关成本
生产调整和投产准备次数	生产调整部门的相关成本

模块二　应用作业成本法进行成本决策

任务导入

河南红山仪表制造厂是制造企业，生产的产品较多，成本项目复杂，对于产品成本的核算是一个重要问题。作业成本法对直接材料、直接人工等直接成本的核算与传统的成本核算方法并无不同，其特点就是体现在间接制造费用的核算上。这就要求该企业成本会计人员了解作业成本法，在此基础上成本会计人员要熟知作业成本法的核算要点，准确核算企业产品的成本。

知识准备

一、作业成本法的基本程序

（一）作业成本法的基本原理

作业成本法的基本指导思想是“作业消耗资源、产品消耗作业”。根据这一指导思想，作业成本法把成本核算过程划分为两个阶段。

（1）将作业执行中耗费的资源追溯到作业，核算作业的成本并根据作业动因计算作业成本分配率。

（2）根据上述计算的作业成本分配率和产品所耗费作业的数量，将作业成本追溯到各有关产品。

因此，作业成本法下的成本核算过程可以概括如图 10－2 所示。

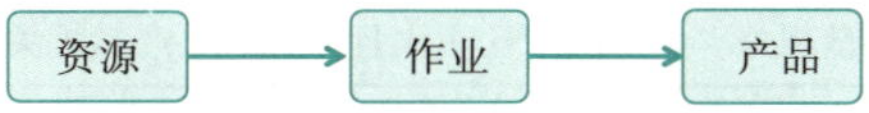

图 10－2　作业成本法的核算过程

（二）作业成本法的一般程序

作业成本核算的基本程序就是先将各类资源价值分配到各作业成本库，再把各作业成本库所归集的成本分配给各种产品。具体步骤如下：

（1）确定成本核算对象，如以产品的品种、批次或步骤作为成本核算对象。

（2）确定直接生产成本类别，如直接材料、直接人工等。

（3）确认作业类别，建立作业中心，如何将制造企业的作业确认为订单作业、采购作业、进货作业、生产作业、质量检验作业、销售作业、发货作业、售后服务作业等。要实施作业成本法，应首先对企业生产经营的全过程进行作业分析，将同质作业合并建立作业中心，以便按作业中心建立作业成本库。

（4）将资源分配到各作业中心，核算各作业成本。根据作业分析所确定的作业中心建立作业成本库，并按照作业成本库来归集费用，核算各作业中心的作业成本。

（5）分配作业成本。在作业成本库建立之后，分配资源的价值耗费的基础是反映资源消耗量与作业量之间关系的资源动因，即如何正确地确定资源动因是正确地将各类资源耗费分配计入各作业成本库的关键。

（6）确定作业中心成本分配率。当作业中心已经确认、成本已经汇集、成本动因已经确立后，就可以将该作业中心的成本除以预计的交易量，计算以成本动因为单位的分配率。

（7）核算产品成本。根据各批产品所耗用的成本动因交易量和各作业中心的成本分配率，就可求得该批产品所应负担的成本，包括应负担的作业总成本和单位成本。

二、作业成本法与传统成本法的差异

作业成本法与传统成本法之间的主要差异如表10－2所示。

表10－2　　作业成本法与传统成本法差异表

差异标的	作业成本法	传统成本法
成本动因	多个成本动因：作业基础动因和数量基础动因	只有数量基础动因，具有普适性
间接费用	间接费用先分配到各项作业中心，再分配给产品或服务	间接费用先分配到部门，再分配给产品或服务
重心	重心放在解决部门间的成本核算和流程问题上	重心放在让各部门经理负责其部门内的各项成本和流程改进
适用企业	批量生产、劳动密集型企业，直接成本所占比重大，间接成本与工时、产量相关	技术密集型企业和多品种小批量生产企业，间接成本比重大且与工时、产量无关

具体分析如下：

（1）传统成本核算是以“产品”为中心的，在成本核算时，是以产品作为成本核算对象，归集生产费用，核算成本的；作业成本核算是以“作业”为中心，通过对作业成本的确认、计量，为尽可能消除“不增加价值的作业”，改进“可增加价值的作业”，及时提供有用的成本会计信息。通过这种方式，可减少损失和浪费，挖掘降低成本的潜力，不断降低成本。

（2）传统的成本核算只是为了核算成本而核算，就成本论成本；作业成本核算则把重点放在成本发生的前因后果上。在作业成本法中，成本是由作业引起的，该作业是否应当发生，是由产品的设计环节所决定的。在产品设计中，要设计出产品由哪些作业所组成以及每一项作业预期的资源消费水平；在作业的执行过程中，应分析各项作业预期的资源消耗水平以及预期产品最终可为顾客提供价值的大小。对于这些信息进行处理和分析，可以促使企业改进产品设计、提高作业水平和质量、减少浪费、降低资源的消耗水平。

（3）传统成本核算方法下核算出来的产品成本在有期初、期末在产品成本的情况下，完工产品成本包括几个会计期间的费用，且不便于进行成本分析和成本考核。而在作业成本制度下，由于采用了及时生产系统，该系统要求在产、供、销各个环节实现零存货。这样，在作业成本核算下所核算出来的产品成本同当期所发生的期间成本基本一致。

（4）传统成本核算提供的成本会计信息不准确，而作业成本核算提供的成本会计信息则相对准确，从而提高了决策的准确性。传统成本核算将成本核算对象按耗费的资源单一标准进行分配，并不能全面反映成本核算对象及资源耗费之间的本质联系，因而使成本信息被严重扭曲。而作业成本核算是从成本对象与资源耗费的因果关系着手，根据资源动因将间接费用分配到作业，再按作业动因将作业计入成本对象，揭示了资源与成本对象真正的“一对一”的本质联系，克服了传统成本核算假定的缺陷。作业成本核算分配基础的广泛性，使间接费用分配更具精确性和合理性。

（5）传统成本核算模式由于提供的成本信息不准确，因而影响了企业的成本决策。而采用作业成本核算法，由于间接费用不再是均衡地在产品之间进行分配，而是通过成本动因追踪到产品，因而有助于改进产品的定价决策，并为是否停产老产品、引进新产品和指导销售提供准确的信息。另外，采用作业成本法还可以不断地改进企业的业绩评价体系，调动各部门挖掘盈利潜力的积极性。

三、作业成本法的优点

作业成本法较传统的成本核算方法有以下几个方面的优点。

（一）作业成本法提供了相对准确的成本信息

作业成本法提供了更真实、丰富的产品成本信息，由此而得到更真实的产品营利能力信息，顾客市场及资本支出、定价等战略决策相关的信息。作业成本法试图把支持产品生产和发生的各种活动予以量化，并把它们归集到各个产品中，以能得到正确的产品成本信息。而激烈的全球竞争和崭新的生产技术使准确的产品成本信息成为企业在竞争中取胜的关键。

（二）作业成本法拓宽了成本核算的范围

作业成本法把作业、作业中心、顾客和市场纳入成本核算的范围，形成了以作业为核心的成本核算对象体系。它以作业为核心进行成本核算，抓住了资源向成本对象流动的关键，便于合理核算成本，有利于全面分析企业在特定产品、劳务、顾客和市场及其组合以及各相应作业盈利能力方面的差别。

作业成本管理

（三）作业成本法提供了便于不断改进的业绩评价体系

企业的作业链同时也是一条责任链，以成本库为新的责任中心，分析评价该成本库中费用发生的合理性，以能否为最终产品增加价值作为合理性的标准，建立责任系统，并按是否提高价值链的价值为依据进行业绩评价，充分发挥资源在价值链中的作用，以促进经济效益的提高。

（四）作业成本信息可以有效地改进企业战略决策

在作业成本核算法下，由于间接成本不是均衡地在产品间进行分配，而是通过成本动因追踪到产品，因而有助于改进产品定价决策，并为是否停产旧产品、引进新产品和指导销售提供准确的信息。除了定价、资源分配及优化产品组合决策之外，作业成本信息也有助于对竞争对手的“价格—产量”决策做出适当反应。

四、作业成本法的局限性

作业成本核算法也有其本身的一些缺陷，其主要表现如下：

（1）采用作业成本法应遵循成本效益原则。任何一个成本系统并不是越准确就越好，关键还需考虑其成本。作业成本法增加了大量的作业分析、确认、记录和计量，增加了成本动因的选择和作业成本的分配工作，还要处理大量的数据，从而导致实施成本高昂。企业应依据成本效益原则，考虑是否采用作业成本法。

（2）作业成本法在成本动因确定方面，需要人为地判断，难免带有主观性和一定程度的武断性，尤其是所选择的成本动因，并不总是客观的和可以验证的，有些甚至很难进行恰当选择。有些作业费用的成本动因很难按产品品种来划分，如与供应商相关的供应材料的费用，以及厂房租赁费用和车间的一些维持性成本，就很难选择合适的成本动因。

（3）用作业成本核算法所分配的间接费用是那些由生产作业所引起的制造费用，但并没有解决与作业活动不相关的间接费用如何分配的问题，如取暖费、保险费、厂房折旧等。

（4）在作业成本核算法下，对一些产量驱动型的制造费用是按生产工时或机器工时进行分配，实际上这样分配的结果是不正确的。因为大型设备与小型设备、普通设备与高精尖设备，每小时的费用是不同的。

（5）在作业成本核算法下，成本核算一般是以整个工厂为单位，将直接计入产品成本的直接材料、直接人工加上各成本库分来的作业成本求得产品总成本，这样不能提供生产部门的成本。

（6）作业成本核算法只适用于制造费用比重大、项目多的企业，对于非此类企业相对意义较小。

作业成本法例题讲解

任务实施

任务实施一 作业成本法的核算方法

河南红山仪表制造厂生产甲、乙两种产品，其中甲产品技术工艺过程较为简单，生产批量较大；乙产品技术工艺过程较为复杂，生产批量较小。其他有关资料见表 10 - 3。

表 10 - 3　**甲、乙产品有关资料表**　金额单位：元

项目	甲产品	乙产品
产量（件）	10 000	2 000
直接人工工时（小时）	25 000	4 000
单位产品直接人工成本	12	10
单位产品直接材料成本	20	20
制造费用总额	232 000	

步骤一：根据表 10 - 3 中的资料，如果按传统的成本核算方法，制造费用按直接人工工时在甲、乙两种产品之间进行分配，则相关计算过程如表 10 - 4 所示。

表 10 - 4　**制造费用分配计算过程表**

项目	计算过程
制造费用分配率	232 000 ÷ (25 000 + 4 000) = 8（元/件）
单位甲产品应分配制造费用	(8 × 25 000) ÷ 10 000 = 20（元）
单位乙产品应分配制造费用	(8 × 4 000) ÷ 2 000 = 16（元）
甲产品单位成本	12 + 20 + 20 = 52（元/件）
乙产品单位成本	10 + 20 + 16 = 46（元/件）

步骤二：下面以作业成本法来核算甲、乙两种产品的成本。

假如经作业分析，该公司根据各项作业的成本动因性质设立了机器调整准备、质量检验、设备维修、生产订单、材料订单、生产协调等六个作业成本库；各作业成本库的可追溯成本、成本动因、作业量以及成本动因分配率等有关资料如表 10 - 5 所示。

表 10 - 5　**可追溯成本、成本动因、作业量以及成本动因分配率有关资料表**

作业成本库（作业中心）	可追溯成本（元）	成本动因	作业量（件）			成本动因分配率（元/件）
			甲产品	乙产品	合计	
机器调整准备	50 000	准备次数	300	200	500	100
质量检验	45 000	检验次数	150	50	200	225
设备维修	30 000	维修工时	200	100	300	100
生产订单	55 000	订单份数	195	80	275	200
材料订单	25 000	订单份数	140	60	200	125
生产协调	27 000	协调次数	50	50	100	270
合计	232 000					

根据表 10 - 5 有关资料和计算结果，编制“制造费用分配表”，如表 10 - 6 所示。

表 10－6　**制造费用分配表**　金额单位：元

作业成本库（作业中心）	成本动因分配率（元/件）	甲产品		乙产品		作业成本（制造费用）合计
		作业量（件）	作业成本	作业量（件）	作业成本	
机器调整准备	100	300	30 000	200	20 000	50 000
质量检验	225	150	33 750	50	11 250	45 000
设备维修	100	200	20 000	10	10 000	30 000
生产订单	200	195	39 000	80	16 000	55 000
材料订单	125	140	17 500	60	7 500	25 000
生产协调	270	50	13 500	50	13 500	27 000
合计			153 750		78 250	232 000
产量（件）		10 000		2 000		
单位产品应分摊的制造费用		15.38		39.13		

根据表 10－3 与表 10－6 的资料，可得出甲、乙两种产品的单位成本如下：

甲产品单位成本＝12＋20＋15.38＝47.38（元/件）

乙产品单位成本＝10＋20＋39.13＝69.13（元/件）

步骤三：根据以上计算结果，作业成本核算法和传统成本核算法的产品成本核算结果如表 10－7 所示。

表 10－7　**产品成本核算结果比较表**　单位：元

产品	作业成本核算法	传统成本核算法	绝对差	相对差
甲产品	47.38	52	4.62	9.75%
乙产品	69.13	46	－23.13	－33.44%

通过以上比较得知，相对于作业成本核算法，在传统的成本核算法下，批量较小、技术上较复杂的乙产品的成本，在很大程度上被低估；批量大、技术上较为简单的甲产品的成本，在很大程度上被高估。这说明在传统成本核算法下，批量越大、技术越简单的产品，其成本信息被高估的可能性就越大；反之，则成本信息被低估的可能性就越大。事实上问题不仅仅如此，因为以上是就产品的全部成本所进行的比较，其中包括了各批产品所耗费的原材料费用和直接人工这一不可比因素，如果扣除这一不可比因素，仅就制造费用这一因素进行比较的话，问题会显得更为突出。下面就甲、乙产品在不同的成本核算法下应分配的制造费用作一比较。

相对于作业成本法（以作业成本法的计算结果为基准），传统成本法核算的相对差为：

甲产品：［（20－15.38）÷15.38］×100%＝30.04%

乙产品：［（16－39.13）÷39.13］×100%＝－59.11%

以上核算结果说明，若仅就制造费用分配这一可比因素进行比较，传统成本核算法的核算结果导致成本信息的歪曲程度就看得更为清楚。这一比较结果说明传统成本信息在很大程度上已经丧失了决策相关性。由本例可以看出，传统的成本核算法与作业成本核算法在制造费用分配结果上之所以会产生如此大的差距，其原因就在于两种成本在核算方法和分配基础的选择上有重大差别。也就是说，在传统的成本核算方法下，是以数量为基础来分配制造费用，而且一般是以工时消耗这一单一标准对所有产品分配制造费用；而在作业成本核算法下，是以作业量为基础来分配制造费用，即为不同的作业耗费选择相应的成本动因来向产品分配制造费用，从而使成本核算的准确性有很大提高。

任务实施二　作业成本法的应用

河南红山仪表制造厂生产三种电子产品，分别是产品 X、产品 Y、产品 Z。产品 X 是三种产品中工艺最简单的一种，公司每年销售 10 000 件；产品 Y 工艺相对复杂一些，公司每年销售 20 000 件，在三种产品中销量最大；产品 Z 工艺最复杂，公司每年销售 4 000 件。公司设有一个生产车间，主要工序包括零部件排序准备、自动插件、手工插件、压焊、技术冲洗及烘干、质量检测和包装。原材料和零部件均外购。河南红山仪表制造厂一直采用传统成本核算法核算产品成本。

河南红山仪表制造厂有关的产品成本资料如表 10－8 所示。

表 10－8　　产品成本资料表（1）

项目	产品 X	产品 Y	产品 Z	合计
产量（件）	10 000	20 000	4 000	34 000
直接材料（元）	500 000	1 800 000	80 000	238 000
直接人工（元）	580 000	1 600 000	160 000	2 340 000
制造费用（元）	1 145 294. 13	2 290 588. 22	458 117. 652	3 894 000
年直接人工工时（小时）	30 000	80 000	8 000	118 000

在传统成本核算法下，河南红山仪表制造厂以直接人工工时为基础分配制造费用如表 10－9 所示。

表 10－9　　制造费用以直接人工工时为基础分配表

项目	产品 X	产品 Y	产品 Z	合计
年直接人工工时（小时）	30 000	80 000	8 000	118 000
分配率（元/小时）	33			
制造费用（元）	990 000	2 640 000	264 000	3 894 000

采用传统成本核算法的产品成本资料如表 10－10 所示。

表 10－10 **传统成本核算法下的产品成本资料表** 金额单位：元

项目	产品 X	产品 Y	产品 Z
直接材料	500 000	1 800 000	80 000
直接人工	580 000	1 600 000	160 000
制造费用	990 000	2 640 000	264 000
合计	2 070 000	6 040 000	504 000
产量（件）	10 000	20 000	4 000
单位产品成本	207	302	126

另外，得知河南红山仪表制造厂的定价策略及产品销售方面的困境如下。

公司采用成本加成定价法作为定价策略，按照产品成本的 125% 设定目标售价，如表 10－11 所示。

表 10－11 **采用成本加成定价法下的定价计算表** 单位：元

项目	产品 X	产品 Y	产品 Z
产品成本	207. 00	302. 00	126. 00
目标售价（产品成本×125%）	258. 75	377. 50	157. 50
实际售价	258. 75	328. 00	250. 00

近几年，公司在产品销售方面出现了一些问题。产品 X 按照目标售价正常出售。但来自外国公司的竞争迫使公司将产品 Y 的实际售价降低到 328 元，远远低于目标售价 377. 5 元。当产品 Z 的售价定为 157. 5 元时，公司收到订单的数量非常多，超过其生产能力，因此公司将产品 Z 的售价提高到 250 元。即使在 250 元这一价格下，公司收到订单依然很多，其他公司在产品 Z 的市场上无力与本公司竞争。上述情况表明，产品 X 的销售及盈利状况正常，产品 Z 是一种高盈利低产量的优势产品，而产品 Y 是公司的主要产品，年销售量最高，但现在却面临困境，因此产品 Y 成为公司管理人员关注的焦点。在分析过程中，管理人员对传统成本核算法提供的成本资料的正确性产生了怀疑。

他们决定使用作业成本核算法重新核算产品成本。

步骤一：管理人员经过分析，认定了公司发生的主要作业并将其划分为几个同质作业成本库，然后将间接费用归集到各作业成本库中。归集的结果如表 10－12 所示。

表 10－12 **间接费用归集到各作业成本库明细表**

制造费用	金额（元）
装配	1 212 600
材料采购	200 000
物料处理	600 000
起动准备	3 000
质量控制	421 000

续表

制造费用	金额（元）
产品包装	250 000
工程处理	700 000
管理	507 400
合计	3 894 000

步骤二：管理人员认定各作业成本库的成本动因（见表 10－13），并核算单位作业成本（见表 10－14）。

表 10－13　　成本动因认定表

制造费用	成本动因	作业量			
		产品 X	产品 Y	产品 Z	合计
装配	机器小时（小时）	10 000	25 000	8 000	43 000
材料采购	订单数量（张）	1 200	4 800	14 000	20 000
物料处理	材料移动（次数）	700	3 000	6 300	10 000
起动准备	准备次数（次数）	1 000	4 000	10 000	15 000
质量控制	检验小时（小时）	4 000	8 000	8 000	20 000
产品包装	包装次数（次）	400	3 000	6 600	10 000
工程处理	工程处理时间（小时）	10 000	18 000	12 000	40 000
管理	直接人工（小时）	30 000	80 000	8 000	118 000

表 10－14　　单位作业成本表

制造费用	成本动因	年制造费用	年作业量	单位作业成本
装配	机器小时	1 212 600 元	43 000 小时	28.2 元/小时
材料采购	订单数量	200 000 元	20 000 张	10 元/张
物料处理	材料移动	600 000 元	10 000 次	60 元/次
起动准备	准备次数	3 000 元	15 000 次	0.2 元/次
质量控制	检验小时	421 000 元	20 000 小时	21.05 元/小时
产品包装	包装次数	250 000 元	10 000 次	25 元/次
工程处理	工程处理时间	700 000 元	40 000 小时	17.5 元/小时
管理	直接人工	507 400 元	118 000 小时	4.3 元/小时

步骤三：将作业成本库的制造费用按单位作业成本分摊到各产品，如表 10－15 所示。

表 10－15　　制造费用分摊表

制造费用	单位作业成本（元/件）	X 产品		Y 产品		Z 产品	
		作业量（件）	作业成本（元）	作业量（件）	作业成本（元）	作业量（件）	作业成本（元）
装配	28.2	10 000	282 000	25 000	705 000	8 000	225 600
材料采购	10	1 200	12 000	4 800	48 000	14 000	140 000

续表

制造费用	单位作业成本（元/件）	X产品		Y产品		Z产品	
		作业量（件）	作业成本（元）	作业量（件）	作业成本（元）	作业量（件）	作业成本（元）
物料处理	60	700	42 000	3 000	180 000	6 300	378 000
起动准备	0.2	1 000	200	4 000	800	10 000	2 000
质量控制	21.05	4 000	84 200	8 000	168 400	8 000	168 400
产品包装	25	400	10 000	3 000	75 000	6 600	165 000
工程处理	17.5	10 000	175 000	18 000	315 000	12 000	210 000
管理	4.3	30 000	129 000	80 000	344 000	8 000	34 400
合计	—	—	734 400	—	1 836 200	—	1 323 400

步骤四：经过重新核算，管理人员得到的产品成本资料如表10－16所示。

表10－16 产品成本资料表（2） 金额单位：元

项目	产品X	产品Y	产品Z
直接材料	500 000	1 800 000	80 000
直接人工	580 000	1 600 000	160 000
装配	2 820 00	705 000	225 600
材料采购	12 000	48 000	140 000
物料处理	42 000	180 000	378 000
起动准备	200	800	2 000
质量控制	84 200	168 400	168 400
产品包装	10 000	75 000	165 000
工程处理	175 000	315 000	210 000
管理	129 000	344 000	34 400
合计	1 814 400	5 236 200	1 563 400
产量（件）	10 000	20 000	4 000
单位产品成本（元/件）	181.44	261.81	390.85

步骤五：进行传统成本核算法与作业成本核算法下有关项目的对比，如表10－17所示。

表10－17 传统成本核算法与作业成本核算法的对比表 单位：元

项目	产品X	产品Y	产品Z
产品成本（传统成本核算法）	207	302	126
产品成本（作业成本核算法）	181.44	261.81	390.85
目标售价（传统成本核算法下产品成本×125%）	258.75	377.50	157.50
目标售价（作业成本核算法下产品成本×125%）	226.8	327.26	488.56
实际售价	258.75	328.00	250.00

采用作业成本核算法取得的产品成本资料令人吃惊。产品 X 和产品 Y 在作业成本法下的产品成本都远远低于传统成本核算法下的产品成本。这为公司目前在产品 Y 方面遇到的困境提供了很好的解释。如表 10 – 17 所示，根据作业成本法核算的产品成本，产品 Y 的目标售价应是 327. 26 元，公司原定 377. 5 元的目标售价显然是不合理的。公司现有的 328 元的实际售价与目标售价基本吻合。产品 X 的实际售价 258. 75 元高于重新确定的目标售价 226. 80 元，是一种高盈利的产品。产品 Z 在传统成本法下的产品成本显然低估了，由于公司制定的目标售价过低，所以导致实际售价 250 元低于作业成本核算得到的产品成本 390. 85 元。如果售价不能提高或产品成本不能降低，公司应考虑放弃生产产品 Z。

河南红山仪表制造厂的管理人员利用作业成本核算法取得较传统成本核算法更为准确的产品信息，对公司的定价策略进行了及时调整，并进一步利用作业成本核算法提供的相对准确的信息对公司的其他决策进行分析调整。

项目总结

本项目共有两个模块，详细讲解了作业成本法。

模块一主要讲述了作业成本法产生的背景与发展，以及作业成本法的基本概念。

模块二主要介绍了作业成本法的核算方法，具体介绍了基本程序以及与传统成本核算方法的差异。最后对作业成本法进行了评价，分别从优点和局限性两方面进行讲述。

项目十一

标准成本法

项目知识点

- □ 了解标准成本法的含义
- □ 了解标准成本法的作用
- □ 了解标准成本法的优缺点
- □ 了解标准成本法的类型

项目技能点

- □ 熟练运用标准成本法核算产品的成本
- □ 掌握标准成本法的核算过程与分析过程

职业核心能力

- □ 掌握单位产品标准成本的制定方法
- □ 熟练运用成本差异解决工作中的成本管控问题

课程思政

全面建设社会主义现代化国家，是一项伟大而艰巨的事业，前途光明，任重道远。

——摘自党的二十大报告

“择一事终一生”的执着专注，“干一行专一行”的精益求精，“偏毫厘不敢安”的一丝不苟，“千万锤成一器”的追求卓越。时代发展，需要大国工匠；迈向新征程，需要大力弘扬工匠精神。

内容导图

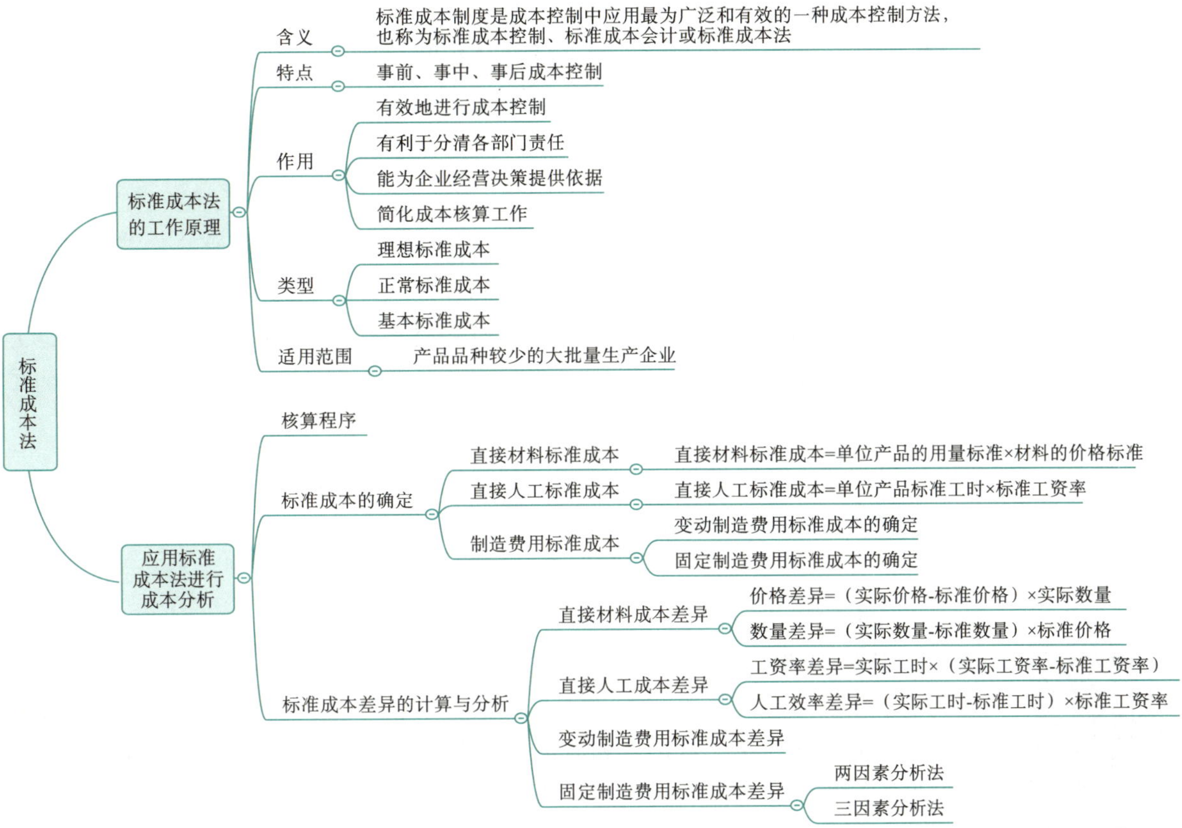

导图讲解

引　言

C企业是隶属于国有集团公司的大型国有制造企业，是国家批准重点保留军品生产能力的骨干企业之一。公司创建于1905年，是一家具有百年历史的国有兵工企业，经过多年的发展，C企业已成为国家特品生产的定点企业，形成重庆、荣昌、宜宾三大加工制造基地的格局。目前C企业的产品主要有特品、汽车零部件、金属材料、高强度螺栓、紧固器材五大系列共60余个品种。作为机械加工制造类企业，成本领先战略是C企业持续发展的基础和必然选择。在近几年的实践中，C企业结合自身管理，建立了具有企业特色的标准成本体系，探索总结出标准成本的“五因素”编制法，编制出科学、可靠、先进的标准成本，有力促进了全面预算、成本领先战略等一系列管理工具的深入实施；同时，其将独具特色的标准成本体系融入生产经营实践，实现了标准成本与其他管理工作的有机对接，为公司全面预算、成本领先、价格管理等战略的实施提供了坚实的数据基础和参照标准，促进了技术、业务与财务的交汇融合，有效提升了企业管控决策质量，为C企业达成具有成本领先核心竞争力的战略目标起到了明显助推作用。那么，什么是标准成本法呢？本模块将进行详细介绍。

模块一　标准成本法的工作原理

任务导入

202×年2月，河南红山仪表制造厂开设了一个实验车间，该车间实行标准成本法核算成本，该实验车间的工人为每项工作任务设定标准，使团队中的每个人都能以相同的方式工作。他们比较不同班次不同任务下的标准，并为每项任务编写详细的书面操作规程，相比那些由工作在“象牙塔”中的工业工程师设定的标准，由工人自己设定的标准能更好地激励他们工作。

知识准备

一、标准成本法的含义

标准成本含义及其分类

20世纪初，伴随着泰罗制在企业管理中的广泛实施，同其有直接联系的标准成本、差异分析等技术方法开始被引入会计中，主要内容是为提高工人劳动生产率而改革工资制度和成本核算方法。以预先设定的科学标准为基础，发展了计件工资制度，采用标准人工成本的概念，此后又把标准人工成本概念引申到标准材料成本和标准制造费用等。

标准成本制度是成本控制中应用最为广泛和有效的一种成本控制方法，也称为标准成本控制、标准成本会计或标准成本法。标准成本制度是西方管理会计的重要组成部分，是指以预先设定的标准成本为基础，用标准成本与实际成本进行比较、核算和分析成本差异的一种产品成本核算方法，也是加强成本控制、评价经济业绩的一种成本控制制度。它的核心是按标准成本记录和反映产品成本的形成过程和结果，并借以实现对成本的控制。

标准成本一词准确地讲有两种含义：一种是单位产品的标准成本，它又被称为成本标准，是根据产品的标准消耗量和标准单价计算出来的。

单位产品标准成本＝单位产品标准消耗量×标准单价

另一种是指实际产量的标准成本，它是根据实际产品产量和成本标准计算出来的，即：

实际产量标准成本＝实际产量×单位产品标准成本

二、标准成本法的特点

（1）标准成本可以起到事前成本控制的作用。由于制定的标准成本一般需要经过努力才能达到，且可以调动广大职工积极工作，使各自负责的成本达到标准的要求。因此，成本可以作为企业职工工作努力的目标，衡量实际成本节约或超支的尺度。

（2）标准成本可以加强成本控制的事中控制。标准成本制度的重要性在于可进行成本的事中控制。用标准成本与实际成本进行比较，可以及时检查差异及差异产生的原因，并采取相应的措施加以改进，从而不断地减少不利差异，对有利差异进行巩固，从而有效地对成本进行控制。

（3）标准成本可以实现事后的成本控制。对于成本实际执行的结果应进行分析和总结；对于实际成本与标准成本产生的各种差异，要进行实事求是的分析，找出产生差异的各种因素；对于各种因素要分析具体情况，针对不同的情况采取不同的措施，在下一阶段的成本核算工作中使成本不断降低，实现成本的事后控制。

除此之外，标准成本制度只核算各种产品的标准成本，不核算各种产品的实际成本。

三、标准成本法的作用

（1）有效地进行成本控制。标准成本是在对实际情况进行认真调查分析的基础上，运用一定的科学方法制定出来的，是比历史成本水平更为优越的控制依据，所以其更具有客观性和科学性。成本差异是成本升降的金额，在日常经济活动中不断地核算和分析差异，可以找到成本升降的真正原因，以便采取有效的措施，消除实际成本超出标准成本的差异，进行成本控制。

（2）有利于分清各部门责任。由于标准成本的每个成本项目均采用单独的价格标准和用量标准，企业管理当局可以及时掌握实际成本与标准成本之间各个成本项目差异的责任归属，从而有利于分清各部门的责任，便于责任会计的推行。

（3）能为企业经营决策提供依据。标准成本能使企业管理者达到期望的预定目标成本，它剔除了各种不合理的因素，因此可以作为确定产品价格的基础，用于产品销售定价决策。同时，由于标准成本是采用科学方法制定的，既不是高不可攀，也并非轻而易举就可以达到。因此，它也可以作为定量化决策成本分析的依据，用于对有关方案的鉴别与优选等。

（4）简化成本核算工作。采用标准成本法时，由于材料、在产品、产成品及产品销售成本均按标准成本计价，标准成本和成本差异分别列示，所以不必将生产费用在完工产品和期末在产品之间进行分配，这就使成本核算的日常账务处理工作大为简化。

四、标准成本的类型

（一）理想标准成本和正常标准成本

标准成本按其制定所依据的生产技术和经营管理水平的不同，分为理想标准成本和正常标准成本。

1. 理想标准成本

理想标准成本是指现有的技术设备和生产经营管理条件处于最佳状态时制定的标准成本，是在排除了工作中的一切失误的基础上设定的，只有最高水平的工作人员在最佳状态下和最优生产条件下尽最大的努力才能实现，是没有任何低效率和损耗的。由于这种标准提出的要求太高，即使最优秀的工作人员也很难达到，按此标准实施会挫伤大多数职工的积极性，因此在实际工作中较少采用。

2. 正常标准成本

正常标准成本是指在效率条件良好的情况下、正常生产能力和有效经营条件下所达到的成本。在制定这种标准成本时，把生产经营活动中一般难以避免的损耗和低效率等情况也核算在内，使之符合实际情况，成为切实可行的控制标准。要达到这种标准虽然困难，但可以达到，故这种标准成本可以调动职工的积极性，在标准成本系统中广泛使用。

（二）现行标准成本和基本标准成本

标准成本按其适用期的不同，分为现行标准成本和基本标准成本。

1. 现行标准成本

现行标准成本，是指根据其适用期间应该发生的价格、效率和生产经营能力利用程度等预计的标准成本。在这些决定因素变化时，需要按照改变了的情况加以修订。这种标准成本可以成为评价实际成本的依据，也可以用来对存货和销货成本计价。

2. 基本标准成本

基本标准成本是指一经制定，只要生产的基本条件无重大变化，就不予变动的一种标准成本。所谓生产的基本条件的重大变化是指产品的物理结构变化，重要原材料和劳动力价格的重要变化，生产技术和工艺的根本变化等。只有这些条件发生变化，基本标准成本才需要修订。由于市场供求变化导致的售价变化和生产经营能力利用程度的变化，以及工作方法改变而引起的效率变化等，不属于生产的基本条件变化，对此不需要修订基本标准成本。基本标准成本与各期实际成本对比，可反映成本变动的趋势。如果基本标准成本不按各期实际进行动态修订，就不宜用来直接评价工作效率和成本控制的有效性。

五、标准成本法的适用范围

标准成本法的基础知识

为每一种产品事先制定标准成本，需要企业各部门的协调配合，因此一般适用于产品品种较少的大批量生产的企业，而单件、批量小和试验性生产的企业比较少用。由于标准成本的采用还经常被用于简化存货的计价，这必然要求存货品种的变化不能太大。另外，标准成本制度的关键是标准成本的制定，而要使制定的标准成本达到多重目的，则应对企业管理水平提出较高的要求。从上述角度看，标准成本制度适用于管理水平较高的大批量生产企业。

模块二　应用标准成本法进行成本分析

任务导入

河南红山仪表制造厂从2月份开设实验车间以来，该车间工人的工作积极性得到提升，每个工人都积极开展工作，完成规定的标准成本，找到了成本差异，使成本得到有效控制。河南红山仪表制造厂准备在其他车间中也进行标准成本法的推广，从而提升公司的利润。

知识准备

一、标准成本法的核算程序

企业实施标准成本法一般按以下几个步骤来进行。

（1）制定单位产品的标准成本。

（2）核算实际产量的标准产品成本（按成本项目计算）。

（3）计算标准成本差异，将计算出来的差异计入各种专设的差异账户中。

（4）根据完工产品的实际产量和单位标准产品成本，核算完工产品的成本，并予以结转。

（5）计算并结转标准成本差异账户，结转销售产品的实际成本。

以上五个步骤就是标准成本法的核算步骤，本模块重点讲解产品标准成本的制定和计算标准成本差异。

标准成本法的核算程序

标准成本是由企业会计部门和采购、行政管理、技术及生产部门一起制定的，是在对企业具体的生产经营条件进行仔细分析研究的基础上来制定的。产品的标准成本是针对产品生产成本的直接材料、直接人工和制造费用三大项目进行的，其基本形式是以“用量标准”与“价格标准”的乘积求得有关项目的标准成本，这样便于计算分析实际成本与标准成本之间的差异及其产生的原因，进而明确责任。

在实际工作中，标准成本的确定，即应根据产品的不同种类、不同规格，编制标准成本卡。标准成本应分不同车间、不同项目，反映单位产品标准成本及其所依据的材料、工时的用量标准、价格标准、工资率、制造费用分配率，直接材料项目应按所耗材料的种类和规格详细列示，直接人工应按不同的工种、不同的工资分别列示。

无论是价格标准还是用量标准，都可以是理想状态的或正常状态的，据此得出理想的标准成本或正常的标准成本。由于理想标准成本在实际工作中一般不用，下面介绍正常标准成本的制定。

（一）直接材料标准成本的确定

1. 直接材料价格标准的制定

直接材料标准价格由采购部门、质量管理部门和财会部门共同确定，标准价格可以考虑现行价格、正常价格或固定价格等多种标准。对于现行价格则还要预测材料的市场价格及未来走势、长期购料协议的签署情况、生产商报价和批量采购的优惠，以及材料的运费、采购验收、挑选整理费用等因素。如果一种产品耗用多种材料，应分别制定这种产品耗用的各种材料的价格标准。

2. 直接材料用量标准的制定

直接材料的标准消耗量，是用统计方法、工业工程法或其他技术分析方法确定的。它是现有技术条件生产单位产品所需要的材料数量，其中包括必不可少的消耗，以及各种难以避免的损失。

3. 直接材料标准成本的制定

直接材料标准成本的基本形式是标准数量乘以标准价格。直接材料标准成本的计算公式如下：

直接材料标准成本 = 单位产品的用量标准 × 材料的价格标准

直接材料的标准消耗量和标准价格的制定可以形成“直接材料标准成本核算表”，如表 11－1 所示。

表 11－1　　直接材料标准成本核算表

产品：某仪表　　202×年度使用

标准	A 材料	B 材料	C 材料
单位产品耗用量（千克）	5	2.5	7.75
材料正常损耗（千克）	0.75	0.35	0.25
废品预计耗用量（千克）	0.25	0.15	—
①用量标准（千克）	6	3	8
发票价格（元）	48	29	9.5
采购相关费用（元）	2	1	0.5
②价格标准（元/千克）	50	30	10
直接材料标准成本①×②（元）	300	90	80
单位产品直接材料标准成本（元）	470		

（二）直接人工标准成本的确定

1. 直接人工价格标准的制定

直接人工的价格标准是指标准工资率，既可能是预定的工资率，也可能是正常的工资率，如果采用计件工资制，标准工资率是预定的每件产品支付的工资除以标准工时或是预定的小时工资；如果采用月工资制，需要根据月工资总额和可用工时总量来计算标准工资率，其计算公式如下：

直接材料、直接人工标准成本的制定

标准工资率 = 标准工资总额 ÷ 标准总工时

2. 直接人工用量标准的制定

直接人工用量标准是单位产品的标准工时，确定单位产品所需要的直接生产工人工时，需要按照产品的加工工序分别进行，再加以汇总。标准工时是指在现有生产技术条件下，生产单位产品所需要的时间，包括直接加工操作必不可少的时间，以及必须必要的间歇和停工，如车间休息、调整睡眠时间、不可避免的废品耗用工时等。标准工时应以作业研究和工时研究为基础，参考有关统计资料来确定。

直接人工价格标准和用量标准的制定可以形成“直接人工标准成本核算表”，如表 11－2 所示。

表 11－2　直接人工标准成本核算表

产品：某仪表　　202×年度使用

项目	第一工序	第二工序
①月标准总工时（小时）	22 800	10 600
②月标准工资总额（元）	182 400	127 200
③单位小时标准工资＝②÷①（元/小时）	8	12
单位产品直接耗用工时（小时）	4. 45	3
车间休息时间（小时）	0. 55	0. 15
设备调整停工时间（小时）		0. 35
④单位产品标准工时（小时）	5	3. 5
⑤直接人工标准成本＝④×③（元）	40	42
单位产品直接人工标准成本（元）	82	

（三）制造费用标准成本的制定

制造费用的标准成本按部门分别编制，然后将同一产品涉及的各部门单位制造费用标准加以汇总，得出整个产品制造费用的标准成本。

各部门的制造费用标准成本分为变动制造费用标准成本和固定制造费用标准成本两部分。

制造费用标准成本的制定

1. 变动制造费用标准成本的制定

变动制造费用的数量标准通常采用单位产品直接人工工时标准，它在直接人工标准成本制定时已经确定。有的企业采用机器工时或其他用量标准作为数量标准的计量单位，应尽可能与变动制造费用保持较好的线性关系。

变动制造费用的价格标准是每一工时变动制造费用的标准分配率，它根据变动制造费用预算和直接人工总工时计算求得。确定数量标准和价格标准之后，两者相乘即可得出变动制造费用标准成本。变动制造费用标准成本制定公式，如表 11－3 所示。

表 11－3　变动制造费用标准成本制定公式

变动制造费用标准分配率	变动制造费用标准分配率＝变动制造费用预算总额÷直接人工标准总工时
变动制造费用标准成本	变动制造费用标准成本＝单位产品直接人工标准工时×每小时变动制造费用标准分配率

各车间变动制造费用标准确定之后，可汇总出单位产品变动制造费用标准成本。“变动制造费用标准成本核算表”，如表 11－4 所示。

表 11－4　　**变动制造费用标准成本核算表**

产品：某仪表　　202×年度使用　　金额单位：元

项目	第一工序	第二工序
变动制造费用预算：		
运输	3 200	600
电力	2 000	200
消耗材料	12 600	2 020
间接人工	22 600	8 600
燃料	3 000	700
其他	2 200	600
①变动制造费用合计	45 600	12 720
②月标准总工时（小时）	22 800	10 600
③单位标准费用率＝①÷②（元/小时）	2	1.2
④单位产品直接人工用量标准（小时）	5	3.5
⑤变动制造费用标准成本＝③×④	10	4.2
单位产品变动制造费用标准成本	14.2	

2. 固定制造费用标准成本的制定

如果企业采用变动成本核算，则固定制造费用不计入产品成本，因此单位产品的标准成本中不包括固定制造费用的标准成本。在这种情况下，不需要制定固定制造费用的标准成本，固定制造费用的控制则通过预算管理来进行。如果采用完全成本核算，固定制造费用不仅需要计入产品成本，还需要确定其标准成本。

固定制造费用的用量标准与变动制造费用的用量标准相同，包括直接人工工时、机器工时、其他用量标准等，并且两者要保持一致，以便进行差异分析，这个标准的数量在制定直接人工用量标准时已经确定。固定制造费用的价格标准是其每小时的标准分配率，根据固定制造费用预算和直接人工标准总工时来计算求得。固定制造费用标准成本的计算公式如表 11－5 所示。

表 11－5　　**固定制造费用标准成本制定公式**

固定制造费用标准分配率	固定制造费用标准分配率＝固定制造费用预算总额÷直接人工标准总工时
固定制造费用标准成本	固定制造费用标准成本＝单位产品直接人工标准工时÷固定制造费用标准分配率

各车间固定制造费用标准确定之后，可汇总出单位产品的固定制造费用标准成本。“固定制造费用标准成本核算表”如表 11－6 所示。

表 11－6　　**固定制造费用成本核算表**

产品：某仪表　　202×年度使用　　金额单位：元

项目	第一工序	第二工序
固定制造费用预算：		
折旧费	800	400
管理人员工资	8 000	5 000
间接人工	2 000	800

续表

项目	第一工序	第二工序
保险费	400	100
其他：	200	60
①固定制造费用合计	11 400	6 360
②月标准总工时（小时）	22 800	10 600
③单位标准费用率 = ① ÷ ②（元/小时）	0.5	0.6
④单位产品直接人工用量标准（小时）	5	3.5
⑤固定制造费用标准成本 = ③ × ④	2.5	2.1
单位产品固定制造费用标准成本	4.6	

（四）单位产品标准成本的制定

单位产品标准成本是在直接材料、直接人工标准成本和制造费用标准成本的基础上汇总而成的。其计算公式如下：

$$\frac{\text{单位产品}}{\text{标准成本}}=\frac{\text{直接材料}}{\text{标准成本}}+\frac{\text{直接人工}}{\text{标准成本}}+\frac{\text{制造费用}}{\text{标准成本}}$$

单位产品标准成本的制定是通过编制单位产品标准成本卡（见表 11 －7）进行的。在每种产品生产之前，该种产品的标准成本卡要送达有关人员，包括各级生产部门负责人、会计部门、仓储部门等，作为领发料、分配员工和支出其他费用的依据。

表 11 －7　　单位产品标准成本卡

成本项目	用量标准	价格标准	标准成本
直接材料：			
A 材料	6 千克	50 元/千克	300 元
B 材料	3 千克	30 元/千克	90 元
C 材料	8 千克	10 元/千克	80 元
直接材料标准成本			470 元
直接人工：			
第一工序	5 小时	8 元/小时	40 元
第二工序	3.5 小时	12 元/小时	42 元
直接人工标准成本			82 元
变动制造费用：			
第一工序	5 小时	2 元/小时	10 元
第二工序	3.5 小时	1.2 元/小时	4.2 元
变动制造费用标准成本			14.2 元
固定制造费用：			
第一工序	5 小时	0.5 元/小时	2.5 元
第二工序	3.5 小时	0.6 元/小时	2.1 元
固定制造费用标准成本			4.6 元
单位产品标准成本合计			570.8 元

二、标准成本差异的计算与分析

成本差异是指产品的实际成本与标准成本的差异，按差异的性质可将成本差异分为有利差异和不利差异。有利差异是标准成本超过实际成本的差异，通常用负数表示；不利差异是实际成本超过标准成本的差异，用正数表示。

标准成本差异，包括直接材料成本差异、直接人工成本差异和制造费用差异三部分，其中制造费用差异又可分为变动制造费用差异和固定制造费用差异。由于标准成本是根据标准用量和标准价格核算的，而实际成本则是根据实际用量和实际价格核算的，因此，虽然差异形成的原因各种各样，但归纳起来只有数量和价格两种因素，由数量因素产生的差异称为数量差异，由价格因素产生的差异称为价格差异。

在标准成本差异分析中，数量差异主要包括直接材料数量差异、直接人工效率差异、变动制造费用效率差异等；价格差异主要包括直接材料价格差异、直接人工工资率差异、变动制造费用耗费差异等。

标准成本差异通用模式如图 11－1 所示。

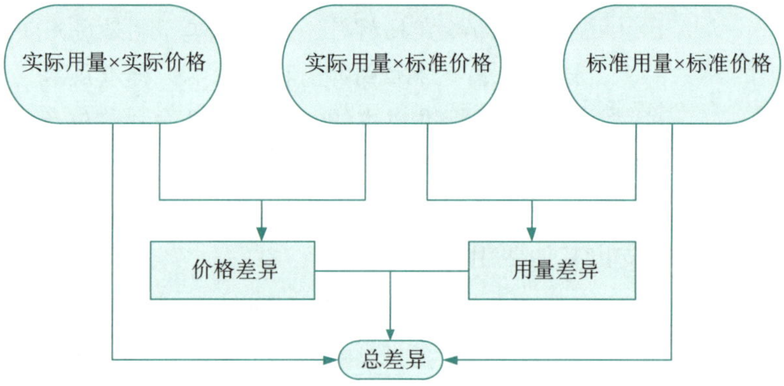

图 11－1 标准成本差异通用模式

（一）直接材料成本差异的计算与分析

直接材料成本差异分析

直接材料实际成本与标准成本之间的差额是直接材料成本差异，该项差异形成的基本原因有两个：一是价格脱离标准；二是用量脱离标准。前者按实际用量计算，称为价格差异；后者按标准价格计算，称为数量差异。差异计算公式如下：

直接材料价格差异＝(实际价格－标准价格)×实际数量

直接材料数量差异＝(实际数量－标准数量)×标准价格

价格差异是在采购过程中形成的，不应由耗用材料的生产部门负责，而应由采购部门对其做出说明，采购部门未能按标准价格进货的原因有很多，如未能经济采购批量订货、未能及时订货造成紧急订货。只有对差异进行具体分析和调查，才能明确最终原因和责任归属。

直接材料数量差异是在材料耗用过程中形成的，反映生产部门的成本控制业绩。直接材料数量差异形成的具体原因有很多，如操作疏忽造成废品和废料增加、工人用料不精心等，有时多用料，并非是生产部门的责任，购入材料质量低劣、规格不符合，也会使材料超过标准，因此只有进行具体的调查研究，才能明确责任归属。

（二）直接人工成本差异的计算与分析

直接人工成本差异，是指直接人工实际成本与标准成本之间的差额。它也被区分为“价差”和“量差”两部分。价差是指实际工资率脱离标准工资率时，其差额按实际工时计算确定的金额，又称为工资率差异。量差是指实际工时脱离标准工时，其差额按标准工资率计算确定金额，又称人工效率差异。

工资率差异 = 实际工时 ×（实际工资率 − 标准工资率）

人工效率差异 =（实际工时 − 标准工时）× 标准工资率

直接人工成本差异分析

工资率差异形成的原因包括直接生产工人升级或降级使用、奖励制度未产生实效、工资率调整、加班或使用临时工出勤率变化等，原因复杂而且难以控制，一般来说应归属于人事劳动部门。差异的具体原因，会涉及生产部门或其他部门。直接人工效率差异形成的原因，包括工作环境不良、工人经验不足、工人劳动情绪不佳、机器或工具选用不当、设备故障较多等，它主要是生产部门的责任，但这也不是绝对的，也是要具体问题具体分析。

（三）制造费用差异的计算与分析

1. 变动制造费用标准成本差异的计算

变动制造费用标准成本的差异，是指实际变动制造费用与标准变动制造费用之间的差额，它也可以分解为“价差”和“量差”两部分。价差是指变动制造费用的实际小时分配率脱离标准，按实际工时计算的金额，反映耗费水平的高低，故称为耗费差异。量差是指实际工时脱离标准工时，按标准的小时费用率计算确定的金额，反映工作效率变化引起的费用节约或超支，故称为变动制造费用效率差异。

变动制造费用标准成本差异分析

变动制造费用标准成本差异计算公式如表 11 − 8 所示。

表 11 − 8　　变动制造费用标准成本差异计算公式

变动制造费用标准成本差异	= 变动制造费用实际成本 − 变动制造费用标准成本
变动制造费用标准成本	= 单位产品变动制造费用的标准成本 × 实际产量
变动制造费用耗费差异	= 变动制造费用实际分配率 × 实际工时 − 变动制造费用标准分配率 × 实际工时
变动制造费用效率差异	= （实际工时 − 标准工时） × 变动制造费用标准分配率

2. 固定制造费用标准成本差异的计算

固定制造费用成本差异是指实际固定制造费用与标准固定制造费用之间的差异，由于固定制造费用总额不受产量变化的影响，产量变动只是对单位产品所负担的固定制造费用产生影响。也就是说，实际产量与设计生产能力规定的产量或预算规定的产量的差异会对产品应负担的固定制造费用产生影响，固定制造费用成本差异分析主要有“两因素分析”和“三因素分析”两种方法。下面我们对“两因素分析法”和“三因素分析法”分别进行介绍。

（1）两因素分析法。两因素分析法将固定制造费用成本差异分为固定制造费用耗费差异和能量差异两种。固定制造费用耗费差异是指实际固定制造费用与计划固定制造费用之间的差异，固定制造费用能量差异是指由设计或

两因素分析法

计划生产能力利用程度的差异而导致的成本差异，也就是由实际产量标准工时脱离设计或计划产量标准工时而产生的成本差异，反映了未能充分使用现有的生产能量而造成的损失。

两因素分析法的固定制造费用标准成本差异计算公式如表 11 -9 所示。

表 11 -9　　固定制造费用标准成本差异计算公式（两因素分析法）

固定制造费用耗费差异	= 实际固定制造费用 - 计划固定制造费用 = 实际固定制造费用 - 计划产量 × 工时标准 × 标准费用分配率 = 实际固定制造费用 - 计划产量标准工时 × 标准费用分配率
固定制造费用能量差异	= 固定制造费用计划额 - 固定制造费用标准成本 = 固定制造费用计划额 - 固定制造费用标准分配率 × 实际产量标准工时 =（计划产量标准工时 - 实际产量标准工时）× 标准费用分配率

三因素分析法

（2）三因素分析法。三因素分析法将固定制造费用成本差异分为耗费差异、效率差异和能力差异三部分。耗费差异的计算与两因素分析法相同，不同的是要将两因素分析法中的“能量差异”进一步分为两部分：一部分是实际工时脱离标准工时而形成的效率；另一部分是实际工时下的实际产量脱离标准工时下的计划产量而引起的未达到生产能量而形成的能力差异。

三因素分析法的计算公式如表 11 -10 所示。

表 11 -10　　固定制造费用标准成本差异计算公式（三因素分析法）

固定制造费用耗费差异	= 实际固定制造费用 - 计划固定制造费用
固定制造费用效率差异	= 实际工时标准固定制造费用 - 标准工时标准固定制造费用 =（实际产量实际工时 - 实际产量标准工时）× 标准费用分配率
固定制造费用能力差异	= 固定制造费用预算额 - 实际产量实际工时的固定制造费用 =（计划产量标准工时 - 实际产量实际工时）× 标准费用分配率

3. 制造费用成本差异的分析

（1）变动制造费用成本差异分析。变动制造费用耗费差异的原因是多方面的，例如构成变动性制造费用的各要素价格上涨；间接材料和间接人工的使用浪费；动力和设备使用的浪费等。变动制造费用能量差异是由于实际工时脱离标准工时造成的，反映的是产出过程中的工时利用情况，其形成原因与人工效率差异相同。

（2）固定制造费用成本差异分析。固定制造费用耗费差异的形成主要是内部原因如研发费的变动、超额雇佣生产管理人员、临时购建固定资产等。固定制造费用的效率差异产生的原因与引起直接人工效率差异的原因相同，即主要是工时利用效率。固定制造费用能力差异反映企业未能充分利用现有生产能力而造成的损失。

任务实施

任务实施　标准成本法核算产品成本

河南红山仪表制造厂五车间生产 A 产品，本月预计生产 220 件，实际生产 200 件，本月投产，本月全部完工，并于当月销售 150 件。每件售价 20 000 元。A 产品的标准成本资料如下：

单件产品耗用甲材料 17 千克，每千克标准单件 4.5 元；耗用乙材料 28 千克，每千克标准单件 9.64 元。单位产品的标准工时为 380 小时，标准工资为 38 元/小时，固定制造费用预算率为 1.3 元/小时，标准变动制造费用率为 2.8 元/小时。

本月发生的其他资料如下。

（1）本月实际耗用甲材料 3 600 千克，每千克 4.4 元，乙材料 5 800 千克，每千克 10.2 元。

（2）本月生产工人的工资总额为 3 200 000 元，生产工时为 80 000 小时。

（3）本月实际发生变动制造费用 216 000 元，固定制造费用 96 000 元，固定制造费用采用三因素分析法。

要求：根据上述资料采用标准成本法核算完工产品的成本。

步骤一：核算单位标准成本。

单位产品直接材料标准成本 = 17 × 4.5 + 28 × 9.64 = 346.42（元）

单位产品直接人工标准成本 = 380 × 38 = 14 440（元）

单位产品标准固定制造费用 = 380 × 1.3 = 494（元）

单位产品标准变动制造费用 = 380 × 2.8 = 1 064（元）

单位产品的标准成本 = 346.42 + 14 440 + 494 + 1 064 = 16 344.42（元）

步骤二：核算直接材料成本差异。

甲材料的标准耗用量 = 17 × 200 = 3 400（千克）

乙材料的标准耗用量 = 28 × 200 = 5 600（千克）

直接材料的标准成本 = 3 400 × 4.5 + 5 600 × 9.64 = 69 284（元）

直接材料的实际成本 = 3 600 × 4.4 + 5 800 × 10.2 = 75 000（元）

直接材料标准成本差异 = 75 000 − 69 284 = 5 716（元）

直接材料价格差异 = (4.4 − 4.5) × 3 600 + (10.2 − 9.64) × 5 800 = 2 888（元）

直接材料的用量差异 = (3 600 − 3 400) × 4.5 + (5 800 − 5 600) × 9.64 = 2 828（元）

根据计算结果，填写“直接材料标准成本差异计算表”（见表 11 − 11）。

> **小贴士：**
> 标准成本制度在全世界的应用很普遍。例如，标准成本法广泛应用在日本、英国、德国和美国，弹性标准成本法被用于成本规划和控制，以弹性标准成本法为基础的报告系统由每个成本中心的实际和计划资源需求、实际成本、标准成本以及不同类型的差异月报组成。

表 11 − 11　　直接材料标准成本差异计算表

材料名称	标准成本			实际成本			成本差异		
	耗用量（千克）	单价（元/千克）	金额（元）	耗用量（千克）	单价（元/千克）	金额（元）	用量差异（元）	价格差异（元）	总差异（元）
甲材料	3 400	4.5	15 300	3 600	4.4	15 840	900	−360	540

续表

材料名称	标准成本			实际成本			成本差异		
	耗用量（千克）	单价（元/千克）	金额（元）	耗用量（千克）	单价（元/千克）	金额（元）	用量差异（元）	价格差异（元）	总差异（元）
乙材料	5 600	9.64	53 984	5 800	10.2	59 160	1 928	3 248	5 176
合计	—	—	69 284	—	—	75 000	2 828	2 888	5 716

步骤三：计算直接人工标准成本差异。

标准工时 =380 ×200 =76 000（小时）

标准直接人工 =76 000 ×38 =2 888 000（元）

直接人工标准成本差异 =3 200 000 −2 888 000 =312 000（元）

直接人工效率差异 =（80 000 −76 000）×38 =152 000（元）

直接人工的工资率差异 =（40 −38）×80 000 =160 000（元）

根据计算结果，填写“直接人工成本差异计算表”（见表 11 −12）。

表 11 −12　直接人工成本差异计算表

标准成本			实际成本			成本差异		
耗用工时（小时）	小时工资率（元/小时）	金额（元）	耗用工时（小时）	小时工资率（元/小时）	金额（元）	效率差异（元）	工资率差异（元）	总差异（元）
76 000	38	2 888 000	80 000	40	3 200 000	152 000	160 000	312 000

步骤四：变动制造费用标准成本差异的计算。

变动制造费用标准成本 =2.8 ×380 ×200 =212 800（元）

变动制造费用标准成本差异 =216 000 −212 800 =3 200（元）

变动制造费用效率差异 =（80 000 −76 000）×2.8 =11 200（元）

实际小时费用率 =216 000 ÷80 000 =2.7（元/小时）

变动制造费用耗费差异 =（2.7 −2.8）×80 000 = −8 000（元）

根据计算结果，填写“变动制造费用成本差异计算表”（见表 11 −13）。

表 11 −13　变动制造费用标准成本差异计算表

标准成本			实际成本			成本差异		
耗用工时（小时）	小时费用率（元/小时）	金额（元）	耗用工时（小时）	小时费用率（元/小时）	金额（元）	效率差异（元）	耗费差异（元）	总差异（元）
76 000	2.8	212 800	80 000	2.7	216 000	11 200	−8 000	3 200

步骤五：计算固定制造费用标准成本差异。

固定制造费用小时费用率 =96 000 ÷80 000 =1.2（元/小时）

固定制造费用标准成本差异 =96 000 −76 000 ×1.3 = −2 800（元）

固定制造费用耗费差异 =96 000 −380 ×1.3 ×220 = −12 680（元）

固定制造费用效率差异 =（80 000 −200 ×380）×1.3 =5 200（元）

固定制造费用能力差异 =（220 ×380 －80 000）×1.3 =4 680（元）

根据计算结果，填写“固定制造费用标准成本差异计算表”（见表11 －14）。

表 11 －14　　固定制造费用标准成本差异计算表

标准成本			实际成本			计划差异			成本差异		
耗用工时（小时）	小时费用率（元/小时）	金额（元）	耗用工时（小时）	小时费用率（元/小时）	金额（元）	计划产量标准工时（小时）	金额（元）	效率差异（元）	能力差异（元）	耗费差异（元）	总差异（元）
76 000	1.3	98 800	80 000	1.2	96 000	83 600	108 680	5 200	4 680	－12 680	－2 800

步骤六：填写“完工产品标准成本表”（见表 11 －15）。

表 11 －15　　完工产品标准成本表

产品名称	单位标准成本（元/件）	完工产品标准成本		销售产品标准成本	
		数量（件）	总成本（元）	数量（件）	总成本（元）
A 产品	16 344.42	200	3 268 884	150	2 451 633

项目总结

项目十一中详细地介绍了标准成本法的工作原理和标准成本法的应用。

标准成本法也称为标准成本制度或标准成本会计，是以预先制定的标准成本为基础，将实际发生的成本与标准成本进行比较，核算和分析成本差异的一种成本核算方法，也是加强成本控制、评价经营业绩的一种成本控制制度。

模块一介绍了标准成本法的原理。标准成本法并不单纯是一种成本核算方法，而是一种将成本核算和成本控制相结合，由一个包括制定标准成本、计算和分析成本差异、处理成本差异三个环节所组成的完整系统。

模块二具体介绍了差异的计算步骤，直接材料、直接人工和制造费用的差异都可以应用二因素分析法，找出差异的原因，从而缩小差异，达到降低成本的目的。

项目十二

成本报表与成本分析

项目知识点

□ 掌握成本报表的概念及特点

□ 了解成本报表的作用

□ 了解成本报表的种类

□ 掌握成本分析的定义

□ 掌握成本分析的一般方法

项目技能点

□ 理解成本报表的编制方法

□ 了解全部商品产品成本计划完成情况分析、主要产品单位成本分析以及各种费用报表的分析方法

职业核心能力

□ 利用成本分析方法分析企业成本报表

□ 根据相关指标撰写成本分析报告

课程思政

广大青年要坚定不移听党话、跟党走，怀抱梦想又脚踏实地，敢想敢为又善作善成，立志做有理想、敢担当、能吃苦、肯奋斗的新时代好青年，让青春在全面建设社会主义现代化国家的火热实践中绽放绚丽之花。

——摘自党的二十大报告

报表是一个企业的年终总结，作为当代青年，我们也应该想一想等到我们的人生走到终点的时候，我们给自己的“人生报告”是什么样的呢？到那时，我们会说些什么？我们会“因为虚度年华而悔恨”吗？我们会“因碌碌无为而羞愧”吗？我们应该怎样做才能“不会因为虚度年华而悔恨，也不因

碌碌无为而羞愧”呢？

内容导图

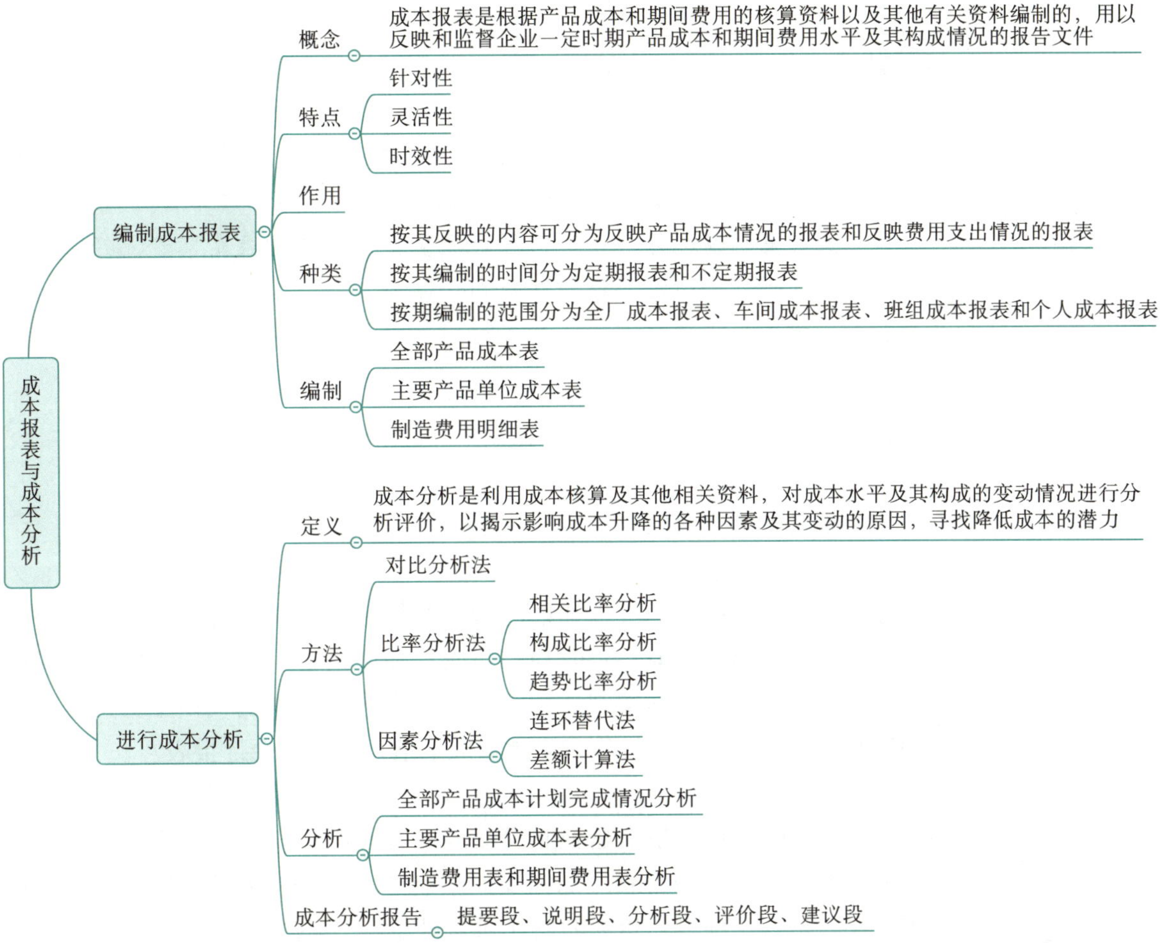

引　言

京东公司（以下简称京东）是中国最大的自营式电商企业。京东于 2014 年 5 月在美国纳斯达克证券交易所正式挂牌上市，是中国第一个成功赴美上市的大型综合电商平台，与腾讯、百度等中国互联网巨头共同跻身全球前十大互联网公司排行榜。京东公司作为一个完全电子商务企业，需要进行成本分析并进行成本控制。那么京东公司如何编制成本报表？通过成本报表京东公司能够获取什么样的信息呢？本项目的内容将为您解决上述问题。

导图讲解

模块一　编制成本报表

任务导入

成本是综合反映企业生产经营和管理工作水平的一项重要质量指标。按照财政部最新颁布的《企业产品成本核算制度（试行）》的要求，河南红山仪表制造厂按月编制产品成本报表，全面反映生产成本、成本计划执行情况、产品成本及其变动情况等。在市场经济环境下，成本报表是向企业经营管理者提供有关生产经营情况、资金耗费和产品成本水平等成本信息，并进行成本分析的一种内部管理报表。

知识准备

一、成本报表的概念及特点

（一）成本报表的概念

成本报表是根据产品成本和期间费用的核算资料以及其他有关资料编制的，用以反映和监督企业一定时期产品成本和期间费用水平及其构成情况的报告文件。正确、及时地编制成本报表是成本会计工作的一项重要内容。成本报表只是作为向企业经营管理者提供成本信息的内部会计报表。

（二）成本报表的特点

从实质上看，成本报表是企业内部成本管理的报表，属于内部报表，主要是为满足企业内部经营管理的需要而编制的，不对外公开。因此，成本报表的种类、格式、项目、指标的设计和编制方法、编报日期、具体报送对象，国家都不作统一规定，而由企业自行决定。成本报表与现行会计制度规定的对外报表（财务报表）相比，具有以下几个特点。

（1）成本报表编制的主要目的是满足企业内部经营管理者的需要，因而内容更具有针对性。企业对外提供的会计报表，是为政府部门、企业投资者和债权人以及企业内部经营管理者服务的，反映企业财务状况和经营成果的财务报表。在市场经济环境下，成本是商业秘密，不对外公开，成本报表作为内部报表主要是为企业内部经营管理者服务，满足企业领导、部门、车间和岗位责任人员对成本信息的需要，因而成本报表的内容要有针对性，不能泛泛地、千篇一律地提供情况；要主动促进各相关部门和人员关心成本，了解其工作成效对成本的影响，明确其在成本存在管理中的责任。

（2）成本报表的种类、内容和格式由企业自行决定，更具有灵活性。现行制度中的财务报表，其种类、内容、格式以及报送对象等均有国家统一规定，企业不能随意改动。成本报表则不同，编制什么表，其内容、格式以及编制方法均由企业自行决定和设计。成本报表应本着实质重于形式的要求力求简明扼要、讲求实效。

（3）成本报表作为对内报表更注重时效性。对外报表（财务报表）一般都是定期编制和报送，而作为对内报表的成本报表，除满足定期考核和分析成本计划完成情况、定期编报一些报表外，为了及时反馈成本信息，揭示成本工作中存在的问题和技术经济指标变动对成本的影响，还可采用日报、周报或旬报的形式，定期或不定期地向有关部门和人员编报不同内容的成本报表，或者是报告直接与成本升降有关的技术经济指标的变动情况，尽可能使报表或报告提供的信息与其反映的内容在时间上保持一致，以发挥成本报表及时指导生产的作用。

成本报表的基础知识

二、成本报表的作用

成本报表是为服务于企业内部管理的需要而编制的，正确、及时地编制成本报表对加强成本管理与提高经济效益有着重要的作用。

（1）企业和主管企业的上级部门（或集团公司）利用成本报表，可以检查企业成本计划的执行情况，考核企业成本工作绩效，对企业成本工作进行评价。

（2）通过成本报表分析，可以揭示影响产品成本指标和费用项目变动的因素和原因，从生产技术、生产组织和经营管理等各个方面挖掘和动员节约费用支出和降低产品成本的潜力，提高企业的经济效益。

（3）成本报表提供的实际产品成本费用支出的资料，不仅可以满足企业、车间和部门加强日常成本、费用管理的需要，而且是企业进行成本、利润的预测和决策，编制产品成本各项费用的计划，制定产品价格的重要依据。

三、成本报表的种类

成本报表是为服务于企业内部管理的需要而编制的，成本报表的内容、种类和格式不是由国家统一规定的，而是由企业根据内部经营管理的需要自行决定的。因此，成本报表具有种类多、涉及面广与生产状况紧密联系的特点。为了加强管理，便于信息使用者更好地利用成本报表，一般可按不同的划分标准分类。

（一）按报表反映的内容分类

成本报表按其反映的内容可分为反映产品成本情况的报表和反映费用支出情况的报表。

（1）反映产品成本情况的报表主要反映企业为生产一定种类和一定数量产品所支出的生产费用的水平及其构成情况，并与计划、上年实际、历史最高水平或同行业同类产品先进水平相比较，反映产品成本的变动情况和变动趋势。属于此类成本报表的有全部产品生产成本表和主要产品单位成本表等。

（2）反映费用支出情况的报表主要反映企业在一定时期内各种费用总额及其构成情况，并与计划（或预算）、上年实际对比，反映各项费用支出的变动情况和变动趋势。属于此类成本报表的有制造费用明细表、销售费用明细表、管理费用明细表和财务费用明细表等。

（二）按编制报表的时间分类

成本报表按其编制的时间可以分为定期报表和不定期报表两大类。

定期报表一般按月、季、半年、年来编制，如全部产品生产成本表、主要产品单位成本表、制造费用明细表等。但为了及时反馈某些重要的成本信息，以便管理部门采取对策，定期报表也可采用旬报、周报和日报的形式。

不定期报表是针对成本管理中出现的问题或急需解决的问题而随时按要求编制的，例如发生了金额较大的内部故障成本，需及时将信息反馈给有关部门而编制的质量成本表等。

（三）按报表编制的范围分类

按报表编制的范围不同，成本报表可分为全厂成本报表、车间成本报表、班组成本报表和个人成本报表。一般地，产品成本报表、主要产品单位成本表等是全厂成本表，而制造费用明细表、责任成本表、质量成本表等，既可以是全厂成本表，也可以是车间（或班组、个人）成本报表。

四、成本报表的编制

成本报表主要反映本期产品的实际成本、本期经营管理费用的实际发生额，以及实际成本或实际费用的累计数。为了考核和分析成本计划的执行情况，反映有关计划数和某些补充资料，企业在编制成本报表时，应根据有关产品成本或费用明细账的实际发生额填列实际成本和费用；根据本期报表的实际成本、费用加上上期报表的累计实际成本、费用计算填列成本报表的累计实际成本和费用。

（一）全部产品成本表的编制

全部产品成本表，是反映企业在报告期内生产的全部产品的总成本以及各种主要产品的单位成本和总成本的报表。

全部产品成本表中的可比产品，是指去年或以前年度正式生产过、具有较完备成本资料的产品；不可比产品，是指去年或以前年度未正式生产过、没有成本资料的产品。该表的具体编制方法如下：

1. 实际产量项目

反映本月和从年初起至本月末止各种主要产品的实际产量，应根据成本核算单或产成品明细账的记录计算填列。

2. 单位成本项目（见表 12－1）

表 12－1　**单位成本项目**

项目	填列要求
上年实际平均单位成本	根据上年度本表所列各种可比产品的全年实际平均单位成本填列
本年计划单位成本	根据年度成本计划的有关数字填列
本月实际和本年累计实际平均单位成本	某产品本月实际单位成本＝（某产品本月实际总成本÷某产品本月实际总产量） 某产品本年累计实际平均单位成本＝（某产品本年累计实际总成本÷某产品本年累计实际总产量）

3. 本月总成本项目和本年累计总成本项目

分别按表 12－1 中的提示计算填列。

（二）主要产品单位成本表

主要产品单位成本表，是反映企业在报告期内生产的各种主要单位产品的构成情况和各项主要技术经济指标执行情况的报表。其格式见表 12－2。

表 12－2　**主要产品单位成本表**

201×年 12 月

产品名称：甲产品　　本年累计计划产量：380 台
本月计划产量：30 台　　本年累计实际产量：400 台
本月实际产量：35 台　　金额单位：元

项目	直接材料	直接人工	制造费用	合计
本期计划	4 100	399	221	4 720
本期实际	4 050	388	232	4 670
上年同期实际	4 120	410	235	4 765
本年累计实际	4 060	390	240	4 690
上年实际平均	4 150	405	230	4 785
历史最高水平（××××年）	4 000	353	207	4 560
国内同业水平	3 900	342	168	4 410
国外同业水平	3 400	296	154	3 850

（三）制造费用明细表

制造费用明细表是反映企业在报告期内所发生的制造费用的报表。制造费用明细表的编制方法如表 12－3 所示。

表 12－3　**制造费用明细表的编制方法**

项目	填列要求
本年计划数	根据本年制造费用计划填列
上年同期实际数	根据本表上年同期的本月实际数填列
本月实际数	根据制造费用总账所属各基本生产车间制造费用明细账的本月合计汇总填列
本年累计实际数	根据上述制造费用明细账本月末的累计数汇总计算填列

制造费用明细表的编制格式如表 12 -4 所示。

表 12 -4 **制造费用明细表**

部门：一车间 201×年 12 月 单位：元

费用项目	本年计划	上年同期实际	本月实际	本年累计实际
薪酬	42 560	4 130	4 244	48 000
折旧费	8 398	840	812	9 600
取暖费	2 440	217	198	2 336
办公费	7 600	823	735	10 400
水电费	9 120	788	805	9 112
机物料消耗	904	88	62	1 008
劳动保护费	12 540	1 295	1 242	14 744
停工损失	0	1 080	0	0
其他	418	50	22	800
合计	83 980	9 311	8 120	96 000

模块二　进行成本分析

任务导入

河南红山仪表制造厂是制造企业，生产的产品较多，成本项目复杂，对于产品成本的核算是一个重要问题。成本分析是成本会计工作的重要环节，是企业成本管理的重要组成部分。通过成本分析，可以反映企业生产经营管理工作质量和劳动耗费水平，以便改进工作质量、降低劳动耗费；可以查明影响成本升降的原因，以便挖掘企业降低成本的潜力；可以为成本预测和决策等提供信息资料，以便指导未来的成本管理工作。

知识准备

一、成本分析的定义

成本分析是利用成本核算及其他相关资料，对成本水平及其构成的变动情况进行分析评价，以揭示影响成本升降的各种因素及其变动的原因，寻找降低成本的潜力。

成本分析可以在成本形成前后进行事前、事中和事后分析。成本分析贯穿于成本会计的全过程，对充分发挥成本会计的积极作用具有重要意义。本模块所讲的成本分析主要是指事后成本分析。事后成本分析是以成本核算提供的数据为主，结合有关的计划、定额、统计、技术和其他调查资料，按照一定的原则，运用一定的方法，对影响成本和成本效益升降的各种因素进行科学的分析，查明成本和成本效益变动的原因、制定降低成本的措施，以便充分挖掘企业内部降低成本和提高成本效益的潜力，用较少的消耗取得较大的经济效益。

二、成本分析的一般方法

成本报表分析的主要方法是研究相关指标间的数量关系，测定相关因素的变动对某因素的影响程度。常用的方法有对比分析法、比率分析法和因素分析法。

（一）对比分析法

对比分析法是指通过指标对比，从数量上确定差异的一种分析方法。其主要作用在于揭示客观上存在的差距，并为进一步分析指明方向。对比分析的基数由于分析目的的不同而有所不同。实际工作中通常有以下几种形式。

（1）以成本的实际指标与成本的计划或定额指标对比，分析成本计划或定额的完成情况。

（2）以本期实际成本指标与前期（上期、上年同期或历史最高水平）的实际成本指标对比，观察企业成本指标的变动情况和变动趋势，了解企业生产经营工作的改进情况。

（3）以本企业实际成本指标（或某项技术经济指标）与国内外同行业先进指标对比，可以在更大的范围内找出差距，推动企业改进经营管理。

比较分析法是经济分析中广泛应用的一种分析方法。对比的范围越广泛，就越能发现差距，越有利于企业挖掘潜力，学习和推广先进经验。

（二）比率分析法

比率分析法是指通过计算和对比经济指标的比率进行数量分析的一种方法。采用此方法，先要把对比的数值变成相对数，求出比率，再进行对比分析。具体形式有以下几种：

1. 相关比率分析

将两个性质不同但又相关的指标对比求出比率，再以实际数与计划（或前期实际数）进行对比分析，以便从经济活动的客观联系中，更深入地认识企业的生产经营状况。比如，将成本指标与反映生产、销售等生产经营成果的产值、销售收入、利润指标对比求出的产值成本率和成本费用利润率指标，可据以分析和比较生产耗费的经济效益。

2. 构成比率分析

构成比率是指某项经济指标的各个组成部分占总体的比重。如将构成产品成本的各个成本项目同产品成本总额相比，计算其占成本的比重，确定成本的构成比率；再将不同时期的成本构成比率相比较，通过观察产品成本构成的变动，掌握经济活动情况，了解企业改进生产技术和经营管理对产品成本的影响。

3. 趋势比率分析

趋势比率分析是将不同时期同类指标的数值对比求出比率，进行动态比较，据以分析该项指标的增减速度和变动趋势，从中发现企业在生产经营方面的成绩或不足。例如，某电机厂在某一时期中连续四年铸件单位成本和趋势比率如表 12 –5 所示。

表 12 –5　　　趋势比率分析表

指标＼年度	第一年	第二年	第三年	第四年
铸件单位成本（元/吨）	385	425	490	650
基期指数（%）	100	110	127	169
环比指数（%）	—	110	115	133

通过表 12 –5，可以看出该电机厂铸件成本逐年提高，而且提高的比率逐年上升，这说明该厂铸造车间在生产和管理上存在严重问题，必须采取及时有力措施扭转这一不良趋势。利用比率分析法计算简便，而且对其结果也比较容易判断；可以使用某些指标在不同规模的企业之间进行比较，甚至也能在一定程度上超越行业间的差别进行比较。

（三）因素分析法

因素分析法是依据分析指标与其影响因素之间的关系，按照一定的程序和方法，确定各因素对分析指标差异影响程度的一种技术分析方法。根据其分析特点，因素分析法可分为连环替代法和差额计算法两种。

1. 连环替代法

连环替代法是从数值上测定各个相互联系的因素对有关经济指标的差异影响程度的一种分析方法。通过这种计算，可以衡量各项因素影响程度的大小，有利于分清原因和责任，使评价工作更有说服力，并可作为定措施、挖潜力的参考。这种分析方法的计算程序如下：

（1）根据影响某项经济指标完成情况的因素，按其依存关系将经济指标的基数（计划数或上期数等）和实际数分解为两个指标体系。

（2）以基数指标体系为计算的基础，用实际指标体系中每项因素的实际数逐步顺序地替换其基数；每次替换后，实际数就被保留下来，有几个因素就替换几次；每次替换后计算出由于该因素变动所得的新结果。

（3）将每次替换所算的结果，与这一因素被替换前的结果进行比较，两者的差额就是这一因素变化对经济指标差异的影响程度。

（4）将各个因素的影响数值相加，其代数和应同该经济指标的实际数与基数之间的总差异数相符。

2. 差额计算法

差额计算法是连环替代法的一种简化形式，它是利用各个因素的实际数与基数之间的差额，直接计算各个因素对经济指标差异的影响数值。这一方法的特点在于运用数学提取因数的原理，来简化连环替代法的计算程序。应用这种方法与应用连环替代法的要求相同，只是在计算上简化一些。因此，在实际工作中应用比较广泛。这种分析方法的计算程序如下：

（1）确定各因素的实际数与基数的差额。

（2）以各因素的差额乘以计算公式中该因素前面的各因素的实际数，以及列在该因素后面的其余因素的基数，就可求得各因素的影响值。

（3）将各个因素的影响值相加，其代数和应同该项经济指标的实际数与基数之差相符。

三、成本报表分析

（一）全部产品成本计划完成情况的分析

全部产品成本计划完成情况的分析，主要是全部产品的计划总成本和实际总成本相比较，确定实际成本比计划成本的降低额和降低率。由于产品成本表中的计划总成本是按实际产量计算的，因此进行对比的产品计划总成本是经过调整后的实际产量的计划总成本，这就剔除了产量变动和产品结构变动对总成本的影响。计算公式如下：

$$全部产品成本降低额 = 实际总成本 - \sum(实际产量 \times 计划单位成本)$$

$$全部产品成本降低率 = 全部产品成本降低额 \div \sum(实际产量 \times 计划单位成本) \times 100\%$$

（二）主要产品单位成本表的分析

分析主要产品单位成本表，是为了揭示各种产品单位成本及各个成本项目的变动情况，尤其是各项消耗定额的执行情况，确定产品结构、工艺和操作方法的改变，以及有关技术经济指标变动对产品单位成本的影响，查明产品单位成本升降的具体原因。

一定时期产品单位成本的高低，是与企业该时期的生产技术、生产组织的状况和经营管理水平，以及采取措施的效果相联系的。因此，进行产品单位成本各成本项目的分析时，应紧密结合企业技术经济方面的资料，查明成本升降的具体原因。现以直接材料、直接人工和制造费用等主要成本项目为例，说明各项目的分析方法。

1. 直接材料费用项目的分析

直接材料费用的变动主要受单位产品直接材料消耗量和材料价格两个因素的变动影响，其分析的程序是：

$$单位产品成本材料费用 = 单位产品材料消耗量 \times 材料单价$$

（1）确定分析对象。

$$差异额 = 实际单位产品成本材料费用 - 计划单位产品成本材料费用$$

（2）因素分析。

材料消耗数量变动的影响 =（材料实际耗用量 − 材料计划耗用量）× 材料计划单价

材料价格变动的影响 =（材料实际单价 − 材料计划单价）× 材料实际耗用量

2. 直接人工费用项目的分析

分析产品单位成本中的直接人工费用，必须按照不同的工资制度和工资费用计入成本的方法来进行。在计件工资制下，计件单价不变，单位成本中的工资一般也不变；在计时工资制下，如果企业生产多种产品，产品成本中的工资费用一般是按生产工时比例分配计入的，产品单位成本中工资费用的多少，取决于生产单位产品的工时消耗和小时工资率两个因素。生产单位产品消耗的工时越少，单位成本分摊的工资费用越少。小时工资率的变动则受计时工资总额和生产工时数的影响，其变动原因需从这两个因素的联系去查明。其分析程序是：

单位产品直接人工成本 = 单位产品工时消耗量 × 工资分配率

（1）确定分析对象。

差异额 = 实际单位产品直接人工成本 − 计划单位产品直接人工成本

（2）因素分析。

单位产品工时消耗量变动的影响 =（实际单位产品工时耗用量 − 计划单位产品工时耗用量）× 计划工资分配率

工资分配率变动的影响 =（实际工资分配率 − 计划工资分配率）× 实际单位产品工时消耗量

制造费用项目的分析：制造费用项目的分析与直接人工费用项目的分析原理完全相同，故不再赘述。

（三）制造费用表和期间费用表的分析

对制造费用明细表和期间费用明细表的分析，主要采用“比较分析法”，将费用总额以及各费用项目的本年实际累计数与上年同期实际数相比较，了解各项费用的变化趋势；与计划数相比较，了解各项费用比计划的节约或超支数，即计划的完成情况。对于增减变动较大的费用项目应作重点分析，探究其升降的具体原因。

四、成本分析报告

成本分析报告是对企业成本管理的实际情况、成本分析结果、成本差异原因和成本管理工作改进建议等内容，所做的书面形式的汇报材料。

成本分析报告是对会计人员及相关部门成本核算和管理工作的全面总结，是成本报表与分析的最后一环。一份完整的成本分析报告一般应当包含以下几个部分。

（一）提要段

概括企业成本核算方法和成本管理的情况，让信息接收者对企业的成本情况有一个总括的认识。

（二）说明段

对企业成本现状的介绍，尽可能运用确凿的数据，分类说明报告期企业成本的各方面情况，并附各种成本报表、计划预算表及其他相关材料。

（三）分析段

运用适当方法进行定性和定量分析，揭示问题，寻找差异的原因。分析要做到有理有据、逻辑严密、抓住要点、善于运用表格、图示等直观形式。

（四）评价段

分析之后，对企业成本管理运行情况和成本预算计划执行情况等进行客观地评价和预测，并指明问题的利弊、严重程度、关键症结。

（五）建议段

针对问题，提出切实可行的改进方案。特别要注意方案的可操作性，具体实施步骤和关键控制点要尽可能表述清楚。

实务中，成本分析报告要会同相关部门及各级管理层共同商讨后，再形成文本，之后请管理层审阅批示。这一过程最能体现会计人员的职业能力和工作价值。

任务实施

任务实施一　全部产品成本表的分析

资料：某企业全部产品成本表如表 12 -6 所示。

表 12 -6　　全部产品成本表

编制单位：× ×企业　　201 ×年 12 月

产品名称		实际产量（件）		单位成本（元/件）				本月总成本（元）			本年累计总成本（元）		
		本月	本年累计	上年实际平均	本年计划	本月实际	本年累计实际平均	按上年实际平均计算	按本年计划单位成本核算	本月实际	按上年实际平均计算	按本年计划单位成本核算	本年实际
		(1)	(2)	(3)	(4)	(5) = (9) ÷ (1)	(6) = (12) ÷ (2)	(7) = (1) × (3)	(8) = (1) × (4)	(9)	(10) = (2) × (3)	(11) = (2) × (4)	(12)
可比产品	A	50	500	84	82	83	81	4 200	4 100	4 150	42 000	41 000	40 500
	B	20	300	760	750	735	763	15 200	15 000	1 4700	228 000	225 000	228 900
	合计	—	—	—	—	—	—	19 400	19 100	18 850	270 000	266 000	269 400
不可比产品	C	8	70		125	128	126		1 000	1 024		8 750	8 820
	D	3	40		370	365	374		1 110	1 095		14 800	14 960
	合计	—	—	—	—	—	—	—	2 110	2 119	—	23 550	23 780
全部商品		—	—	—	—	—	—	—	21 210	20 969	—	289 550	293 180

要求：根据表12－6中有关资料，对全部产品成本计划完成情况进行分析。

步骤一：根据表12－6中有关资料，编制"全部产品成本计划完成情况分析表"，如表12－7所示。

表12－7　　全部产品成本计划完成情况分析表　　金额单位：元

产品名称		计划总成本	实际总成本	实际比计划降低数	实际比计划降低率（%）
可比产品	A产品	41 000	40 500	－500	－1.22
	B产品	225 000	228 900	+3 900	+1.73
	……	……	……	……	……
	合计	266 000	269 400	+3 400	+1.28
不可比产品	C产品	8 750	8 820	+70	+0.80
	D产品	14 800	14 960	+160	+1.08
	……	……	……	……	……
	合计	23 550	23 780	+230	+0.98
全部商品		289 550	293 180	+3 630	+1.25

步骤二：对全部产品成本计划完成情况进行分析。

本年累计全部产品成本计划完成率

$=\sum$各种产品实际单位成本×实际产量÷$\sum$各种产品计划单位成本×实际产量

$=293\ 180\div289\ 550=101.25\%$

成本上升率$=101.25\%-100\%=1.25\%$

其中：可比产品成本超支额为3 400元，不可比产品成本超支额为230元。可比产品A产品成本是下降的，而B产品是超支的，应进一步分析B产品超支的原因。

任务实施二　主要产品单位成本表的分析

资料：某企业主要产品单位成本的有关资料，如表12－8所示。

表12－8　　主要产品单位成本表

产品名称：甲　　计量单位：件　　本月计划产量：18件

产品规格：××　　销售单价：860元/件　　本月实际产量：20件

全年计划产量：200件　　本年实际产量：300件

金额单位：元

成本项目		历史先进水平	上年实际平均	本年计划	本年累计实际平均
直接材料			485	480	482
直接人工			93	84	90
制造费用			152	126	150
产品单位成本（元/件）			730	690	722
主要技术经济指标	计量单位	耗用量	耗用量	耗用量	耗用量
A材料	千克		21	20	18
B材料	千克		33	32	34
工时	小时		30	28	25

要求：对甲产品单位成本变动情况进行分析。

步骤一：编制“甲产品单位成本分析表”（见表12－9），对甲产品单位成本变动情况进行分析。

表12－9　**甲产品单位成本分析表**

成本项目	相比上年实际平均		相比本年计划	
	降低额（元/件）	降低率（%）	降低额（元/件）	降低率（%）
直接材料	3	0.62	－2	－0.42
直接人工	3	3.23	－6	－7.14
制造费用	2	1.32	－24	－19.04
合计	8	1.11	－32	－4.64

从表12－9可知，每件甲产品本年累计实际单位成本比上年实际降低了8元，但未完成本年计划，比计划超支了32元，从成本项目的对比中可看出，直接人工和制造费用的超支额度较大，应进一步分析超支原因，查找薄弱环节。

步骤二：单位产品成本项目变动情况分析。

（1）直接材料成本项目变动情况的分析。根据表12－8及有关资料，编制“甲产品直接材料费用分析表”，如表12－10所示。

表12－10　**甲产品直接材料费用分析表**

材料名称	耗用量（千克）		单价（元/千克）		直接材料费用（元）		
	计划	实际	计划	实际	计划	实际	差异
A材料	20	18	13.5	14	270	252	－18
B材料	32	34	8.75	9	280	306	26
合计					550	558	8
减：废料回收					70	76	6
合计					480	482	2

甲产品直接材料费用实际比计划升高了2元，扣除回收废料因素，实际耗用A、B材料比计划升高了8元，其中：

由于耗用量变动：

A材料：$-2\times13.5=-27$（元）

B材料：$2\times8.75=+17.50$（元）

合计：$-27+17.5=-9.5$（元）

由于价格变动：

A材料：$(14-13.5)\times18=9$（元）

B材料：$(9-8.75)\times34=8.50$（元）

合计：$9+8.5=17.5$（元）

两个因素变动共同影响程度 $=-9.5+17.50=8$（元）

（2）直接人工费用成本项目变动情况的分析。根据表12－8及有关资料，编制“甲产品直接人工费用分析表”，如表12－11所示。

表12－11 甲产品直接人工费用分析表

甲产品	消耗量（工时）		工资分配率（元/小时）		直接人工成本（元）		
	计划	实际	计划	实际	计划	实际	差异
生产工时	28	25	3	3.6	84	90	+6

直接人工成本超支6元，其中：

由于工时消耗量变动的影响：

(25－28)×3＝－9（元）

由于工资分配率变动的影响：

(3.6－3)×25＝＋15（元）

两个因素变动共同影响程度＝－9＋15＝6（元）

生产单位产品工时消耗越少，劳动生产率越高，成本中分摊的工资费用也就越少。反之，成本中分摊的工资费用则越多。另外，工资分配率的提高是产品单位成本中工资费用增加的因素，工资分配率的变动既受计时工资总额变动的影响，也受工时利用程度高低的影响。这两项因素的变动需通过工资总额分析和工时利用分析才能查明，所以对产品单位成本中工资费用的分析应结合生产、工艺、劳动组织等方面的情况进行。

（3）制造费用成本项目的分析。影响制造费用实际脱离计划的原因主要是工时消耗和制造费用分配率两个因素。根据表12－8及有关资料，编制“甲产品制造费用分析表”，如表12－12所示。

表12－12 甲产品制造费用分析表

甲产品	消耗量（工时）		制造费用分配率（元/小时）		制造费用成本（元）		
	计划	实际	计划	实际	计划	实际	差异
生产工时	28	25	4.5	6	126	150	+24

从表12－12所列的分析资料可看出，甲产品的制造费用实际超支24元，其中：

由于工时消耗量变动的影响：

(25－28)×4.5＝－13.5（元）

由于制造费用分配率变动的影响：

(6－4.5)×25＝37.5（元）

两个因素共同变动影响程度＝－13.5＋37.5＝24（元）

任务实施三　成本报表分析

运用连环替代法分析各因素变化对材料费用差异的影响。

资料：某产品材料费用的有关计划数和实际数如表 12－13 所示。

表 12－13　　产量及材料费用资料

指标	计划数	实际数	差异
产品产量（件）	1 000	1 200	+200
单位产品材料用量（千克/件）	10	9	－1
材料单价（元/千克）	10	10. 5	+0. 5
材料费用总额（元）	100 000	113 400	+13 400

要求：根据上述资料，运用连环替代法和差额分析法计算分析产品产量、材料单耗和材料单价对直接材料费用总额的影响程度。

1. 连环替代法

步骤一：按各指标的计划数计算直接材料费用总额。

$1\ 000 \times 10 \times 10 = 100\ 000$（元）　　（1）

步骤二：按顺序用实际指标替代计划指标，计算各项指标的变动对材料费用总额的影响。

第 1 次替代：$1\ 200 \times 10 \times 10 = 120\ 000$（元）　　（2）

（2）－（1）得：$120\ 000 - 100\ 000 = 20\ 000$（元）

由于产品产量增加了 200 件，导致直接材料费用总额增加了 20 000 元。

第 2 次替代：$1\ 200 \times 9 \times 10 = 108\ 000$（元）　　（3）

（3）－（2）得：$108\ 000 - 120\ 000 = -12\ 000$（元）

由于材料单耗下降，使直接材料费用总额减少了 12 000 元。

第 3 次替代：$1\ 200 \times 9 \times 10.5 = 113\ 400$（元）　　（4）

（4）－（3）得：$113\ 400 - 108\ 000 = 5\ 400$（元）

由于材料价格上涨，使直接材料费用总额增加了 5 400 元。

步骤三：将以上各个因素变动对材料费用总额的影响进行合计。

$20\ 000 + (-12\ 000) + 5\ 400 = 13\ 400$（元）

在表 12－13 中，直接材料费用总额的实际数与计划数的差额为（113 400 －100 000）13 400 元，与上述分析结果一致。

2. 差额分析法

步骤一：计算产品产量变动对材料费用总额的影响。

$(1\ 200 - 1\ 000) \times 10 \times 10 = 20\ 000$（元）

步骤二：计算材料单耗变动对材料费用总额的影响。

$1\ 200 \times (9 - 10) \times 10 = -12\ 000$（元）

步骤三：计算材料单价变动对材料费用总额的影响。

$1\ 200 \times 9 \times (10.5 - 10) = 5\ 400$（元）

三个因素共同作用，使直接材料费用总额上升了 13 400 元。计算分析的结果和连环替代法完全一样，而且比较简便，因此，在实际工作中得到广泛的应用。

项目总结

本项目共有两个模块，详细讲解了成本报表及成本分析。

模块一主要讲解了成本报表的概念及其特点，成本报表的作用、种类和定义，以及成本报表的编制方法。

模块二主要讲解了成本分析的定义以及成本分析的一般方法，具体介绍了全部商品产品成本计划完成情况分析、主要产品单位成本分析以及各种费用报表的分析方法。

通过本项目的学习，我们了解了常用的成本报表的编制与分析方法。成本报表作为内部报表，与对外提供的财务报表不同，是没有统一模式的，应当根据企业的管理需求设计，分析内容也应当结合企业的信息需求进行。只有符合企业实际情况的成本报表和指标分析，才是有价值的成本信息。

参考文献

[1] 程坚．成本核算与管理［M］．北京：高等教育出版社，2016.
[2] 徐晓敏．成本会计［M］．北京：人民邮电出版社，2015.
[3] 贾成海．成本会计［M］．北京：北京邮电大学出版社，2016.
[4] 财政部会计资格评价中心．初级会计实务［M］．北京：经济科学出版社，2017.
[5] 杨敏．企业成本会计实务［M］．郑州：河南科学技术出版社，2014.
[6] 贾宗武．成本会计［M］．上海：立信会计出版社，2015.
[7] 于富生．成本会计学［M］．北京：中国人民大学出版社，2015.
[8] 周列平．成本会计实务［M］．大连：东北财经大学出版社，2014.
[9] 刘爱荣．成本会计［M］．大连：大连理工大学出版社，2017.
[10] 于富生．成本会计学［M］．北京：中国人民大学出版社，2018.